Wirtschaft – Schnell erfasst

Reihenherausgeber
Detlef Kröger, Gannertshofen, Deutschland

Wirtschaftliche Kenntnisse sind in Studium, Beruf und Gesellschaft von besonderer Bedeutung. Die Reihe „*Wirtschaft – Schnell erfasst*" setzt genau hier an und stellt in jedem Band ein Teilgebiet der Wirtschaftswissenschaften gut nachvollziehbar, kompakt und kompetent dar.

Durch die *verständliche Sprache,* die *Übersichtlichkeit der Darstellung* und die *Konzentration auf das Wesentliche* werden auch komplexe und umfassende Bereiche gut und gründlich präsentiert.

Zielgruppen der Buchreihe sind Studierende, die BWL oder VWL als Haupt- oder Nebenfach studieren, sowie alle, die sich schnell einen Überblick zum aktuellen Stand des ausgewählten Faches oder einfach den „wirtschaftlichen Durchblick" verschaffen wollen.

Weitere Bände in der Reihe ▶ https://link.springer.com/bookseries/6975

Robert Richert

Mikroökonomik – Schnell erfasst

2. Auflage

Robert Richert
Hochschule Schmalkalden
Fakultät Wirtschaftswissenschaften
Schmalkalden, Deutschland

ISSN 1861-7719   ISSN 2363-9490   (electronic)
Wirtschaft – Schnell erfasst
ISBN 978-3-662-63188-1   ISBN 978-3-662-63189-8   (eBook)
https://doi.org/10.1007/978-3-662-63189-8

Die Deutsche Nationalbibliothek verzeichnet diese Publikation in der Deutschen Nationalbibliografie; detaillierte bibliografische Daten sind im Internet über ▶ http://dnb.d-nb.de abrufbar.

Cartoons: Dirk Hoffmann

Lektorat: Margit Schlomski
Springer Gabler ist ein Imprint der eingetragenen Gesellschaft Springer-Verlag GmbH, DE und ist ein Teil von Springer Nature.
Die Anschrift der Gesellschaft ist: Heidelberger Platz 3, 14197 Berlin, Germany

Vorwort zur zweiten Auflage

Das vorliegende Lehrbuch gibt einen Überblick über die traditionelle mikroökonomische Theorie: die Haushaltstheorie, die Unternehmungstheorie sowie die Markttheorie. Es richtet sich an Studenten der Volkswirtschaftslehre, Betriebswirtschaftslehre und Wirtschaftswissenschaften an Universitäten, an Hochschulen angewandter Wissenschaften sowie an Dualen Hochschulen. Durch Zusammenfassungen, Wiederholungsfragen und Übungsaufgaben mit Lösungen zu jedem Kapitel ist dieses Buch sehr gut zum Selbststudium geeignet. Zahlreiche Grafiken sorgen für eine hohe Anschaulichkeit, algebraische und grafische Darstellungen werden ausführlich verbal kommentiert, sodass sie für den Leser leicht nachzuvollziehen sind.

Im Vergleich zur ersten Auflage zeichnet sich diese zweite, vollständig überarbeitete Auflage insbesondere dadurch aus, dass den Zusammenfassungen mehr Raum geschenkt wird. Diese eignen sich gut als Lernskript.

Für die Bearbeitung der Grafiken danke ich in besonderer Weise Frau Diplom-Betriebswirtin (FH) Franziska Ewald, M. A.

Prof. Dr. Robert Richert
Berlin
im Dezember 2020

Vorwort zur ersten Auflage (Auszug)

Großer Dank gebührt meinen langjährigen Mitarbeitern und Kollegen an der Fachhochschule Schmalkalden: In besonderer Weise danke ich Frau Diplom-Betriebswirtin (FH) Franziska Ewald, die mit ihrer unerschöpflichen Energie über einhundert papierne Grafiken in digitale transformiert und sich einmal mehr als Meisterin des Formatierens erwiesen hat. Frau Diplom Volkswirtin (FH) Ellen Haustein, M. A., MBA, suchte mit ihrem gewohnten Scharfsinn nach Unstimmigkeiten im Text. Frau Diplom-Betriebswirtin (FH) Mareike Hornung achtete mit ihrem mathematisch geschulten Verstand auf die nötige Präzision. Herr Benjamin Gloy, B. A., prüfte den Text mit dem Blick für das Ganze. Herrn Prof. Dr. Konrad Beiwinkel danke ich für wertvolle inhaltliche und sprachliche Hinweise und Herrn Prof. Dr. Manfred Herbert für seine ausgezeichneten Formulierungsvorschläge.

Auch mein Mikrokosmos Familie wurde mit mikroökonomischer Lektüre versorgt: Für wichtige Anregungen danke ich meinem Vater Dr. Günter Richert, meiner in Frankreich lebenden und im Trubel von drei Kindern Korrektur lesenden Schwester Dr. Karen Denni sowie meinem in Korea sesshaften Bruder Diplom-Kaufmann Alden Lee, der es verstand, das Manuskript in der einen und seine kleine Tochter in der anderen Hand zu halten. Meiner Frau sei gedankt für den immer rechtzeitigen Nachschub an Rumkugeln, meiner kleinen Tochter für das Training meiner Konzentrationsfähigkeit durch ihren nicht enden wollenden Redefluss während meiner Schreibarbeiten. Mein Sohn bescherte mir erfreuliche Abwechslung durch das alle Sinne belebende Windelwechseln. Verbliebene Fehler (auch beim Windelwechseln) gehen selbstverständlich zu meinen Lasten.

Prof. Dr. Robert Richert
Schmalkalden
im August 2009

Einführung

In diesem Buch werden die Grundlagen der mikroökonomischen Theorie vermittelt.

Im *ersten* Hauptkapitel wird die **Haushaltstheorie** behandelt: Wir gehen auf die Prinzipien ökonomischen Denkens ein, bevor wir zum Kern der Haushaltstheorie vorstoßen: der Analyse des Konsumoptimums in Abhängigkeit von den Präferenzen der privaten Haushalte und den Restriktionen, denen sie sich gegenübersehen. Das Konsumverhalten wird stark von den Nachfrageelastizitäten bestimmt, die ebenfalls untersucht werden. Das Studium von Substitutions- und Einkommenseffekten, die im Zuge relativer Preisänderungen auftreten, erlaubt vielfältige Einsichten in die Verhaltensmuster der Marktteilnehmer. Agieren private Haushalte auf dem Gütermarkt als Nachfrager, so treten sie auf dem Arbeitsmarkt als Anbieter ihrer Arbeitskraft in Erscheinung. Die Betrachtung des Kalküls der Arbeitsanbieter bildet den Abschluss der haushaltstheoretischen Überlegungen.

Im *zweiten* Hauptkapitel wenden wir uns der **Unternehmungstheorie** zu: Die produktionstheoretischen Überlegungen konzentrieren sich auf die allgemeinen und spezifischen Charakteristika von Produktionsfunktionen. Produktions-, Skalen- sowie Substitutionselastizitäten, die für den unternehmerischen Kalkül von hohem Wert sind, werden erläutert. In der Kostentheorie untersuchen wir die Zusammenhänge zwischen Kosten, Erlösen, Gewinnen und dem Angebot einer Unternehmung. Wir analysieren die für Unternehmer typischen Kalküle der Kostenminimierung beziehungsweise Gewinnmaximierung. Abschließend werden die Angebotselastizitäten betrachtet, welche die Reagibilität der Unternehmer auf Preisänderungen offenlegen.

Im *dritten* Hauptkapitel werden die haushalts- und unternehmungstheoretischen Erkenntnisse in der **Markttheorie** zusammengeführt: Nach einem Überblick über die Marktformen untersuchen wir die angemessenen Verhaltensweisen auf unterschiedlichen Märkten. Zunächst studieren wir den Referenzfall einer Marktwirtschaft: die vollständige Konkurrenz, das Polypol. Danach schließen wir Marktunvollkommenheiten nicht mehr aus und betrachten die Marktformen des Monopols sowie der monopolistischen Konkurrenz. Zum Abschluss werden die unterschiedlichen Strategien von Oligopolisten untersucht.

Inhaltsverzeichnis

Haushaltstheorie

Inhaltsverzeichnis

© Springer-Verlag GmbH Deutschland, ein Teil von Springer Nature 2021
R. Richert, *Mikroökonomik – Schnell erfasst,*
Wirtschaft – Schnell erfasst, https://doi.org/10.1007/978-3-662-63189-8_1

1.1 Einleitung

Lernziele dieses Kapitels

Die Studenten sollen in der Lage sein,
- das Rational-, Utilitäts- und Marginalprinzip als zentrale Prinzipien ökonomischen Denkens zu verstehen,
- allgemeine und spezielle Präferenzen sowie Indifferenzkurven zu interpretieren,
- Restriktionen sowie statische und komparativ-statische Eigenschaften von Budgetgeraden zu analysieren,
- Bedingungen für ein statisches und für ein intertemporales Konsumoptimum zu identifizieren,
- Preis-, Kreuzpreis- und Einkommenselastizitäten der Nachfrage zu untersuchen,
- Substitutions- und Einkommenseffekte im Zuge von Änderungen der relativen Preise zu ermitteln,
- die positive Abhängigkeit des Arbeitsangebots vom Reallohnsatz zu begründen.

In der (mikroökonomischen) **Haushaltstheorie** werden die Kalküle privater Haushalte, die auf dem Gütermarkt als Nachfrager und auf dem Arbeitsmarkt als Anbieter auftreten, analysiert.

Im der Einleitung folgenden *zweiten* Abschnitt der haushaltstheoretischen Ausführungen werden zentrale **Prinzipien ökonomischen Denkens** erläutert: das Rational-, Utilitäts- sowie Marginalprinzip, drei Prinzipien, an denen sich der Idealtypus eines homo oeconomicus, des wirtschaftlich orientierten Menschen, ausrichtet.

1

Während die im *dritten* Abschnitt untersuchten **Präferenzen und Indifferenzkurven** das *Wollen* eines privaten Haushalts ausdrücken, setzen die im *vierten* Abschnitt analysierten **Restriktionen und Budgetgeraden** diesem Wollen Grenzen. Diese Nebenbedingungen beschränken sein *Können*. Die Synthese aus dem Nutzenmaximierungskalkül, den Präferenzen sowie den Restriktionen liefert das im *fünften* Abschnitt ausgearbeitete **Konsumoptimum** eines privaten Haushalts. Dieses wird auch in einem intertemporalen Kalkül hergeleitet.

Das Nachfrageverhalten wird durch Elastizitäten beeinflusst, die als dimensionslose Maße die Reagibilitäten abhängiger Größen auf Änderungen unabhängiger Größen anzeigen. Im *sechsten* Abschnitt werden die wichtigsten **Nachfrageelastizitäten** bestimmt: die Preis-, Kreuzpreis- sowie Einkommenselastizität der Nachfrage.

Verändern sich die relativen Preise, treten **Substitutions- und Einkommenseffekte** auf, die teilweise gegenläufige Verhaltensabsichten eines privaten Haushalts offenlegen. Beide Effekte werden im *siebten* Abschnitt sowohl nach der Hicks- als auch nach der Slutsky-Zerlegung bestimmt.

Bezogen sich die bisherigen Überlegungen auf den Gütermarkt, wird im *achten* Abschnitt der Kalkül eines privaten Haushalts auf dem Arbeitsmarkt erläutert, bevor die Ableitung des **Arbeitsangebots** folgt.

Den Abschluss der Haushaltstheorie bilden Wiederholungsfragen in Abschnitt *neun* sowie Übungsaufgaben mit Lösungsvorschlägen in Abschnitt *zehn*. Wiederholungsfragen und Übungsaufgaben unterscheiden sich dadurch, dass sich die Antworten auf Wiederholungsfragen im Text wiederfinden, während die Bearbeitung von Übungsaufgaben eine stärkere Transferleistung erfordert.

1.2 Prinzipien ökonomischen Denkens

1.2.1 Einführung

> Das Rational-, Utilitäts- und Marginalprinzip sind **zentrale Prinzipien** *ökonomischen* Denkens.

An diesen Prinzipien orientiert sich der homo oeconomicus, der das zentrale referentielle Menschenbild der

Wirtschaftstheorie verkörpert. Dieser zeichnet sich durch ein rationales, nutzenmaximierendes und marginalanalytisches Verhalten aus, das im Folgenden näher untersucht wird.

1.2.2 Rationalprinzip

Der **homo oeconomicus**, „der auf die (haus)wirtschaftlichen Regeln ausgerichtete", kurz: „der *wirtschaftlich* orientierte Mensch" (vgl. griechisch: „oikos" – „Haus [und Hof]"; griechisch: „nomos" – „Gesetz", „Regel"), kann als idealtypischer Referenzmensch der traditionellen Wirtschaftstheorie angesehen werden.

homo oeconomicus

Das Konzept des homo oeconomicus hat viel Kritik auf sich gezogen: Der österreichisch-amerikanische Ökonom **Fritz Machlup** (1902–1983) nennt den homo oeconomicus abschätzig einen „homunculus oeconomicus" (vgl. Machlup 1960, S. 42), ein künstlich geschaffenes „wirtschaftlich orientiertes Menschlein", das keine Ähnlichkeit mit natürlich geschaffenen Menschen aufweist.

Wohl wissend, dass der reine homo oeconomicus in der Realität nicht existiert, hat es sich in den Wirtschaftswissenschaften dennoch aus analytischen Gründen als zweckmäßig erwiesen, sich seiner zu bedienen. Kritik an seiner mangelnden Realitätsnähe läuft ins Leere, wenn es gar nicht das Ziel ökonomischer Theoriebildung ist, die Realität zu *beschreiben,* sondern stattdessen bedeutende wirtschaftliche Zusammenhänge zu *erklären,* die gelten, *sofern* sich der Mensch allein an seinen individuellen ökonomischen Zielen ausrichtet. Als Referenz, nicht als Abbild der Wirklichkeit kommt dem homo oeconomicus somit seine bedeutende Rolle zu. Solange man sich auf der Ebene des *Potentialis* bewegt, die Handlungs*möglichkeiten* unter bestimmten Bedingungen aufzeigt, hat der homo oeconomicus seine Berechtigung. Sobald es aber um das *Gestalten* wirtschaftspolitischer Handlungsempfehlungen geht, wiegen seine Defizite schwer, sodass in diesem Fall die Annahme eines differenzierten realistischen Menschenbildes angemessen ist, wie es verhaltensökonomische Ansätze nahelegen. Da sich dieses Buch dem Studium der *traditionellen* mikroökonomischen Theorie widmet, wird grundsätzlich der Kalkül des homo oeconomicus zugrunde gelegt.

1

> Das **Rationalprinzip** ist das Prinzip des *„vernunftgelei-teten"* Handelns, kurz: das Vernunftprinzip (vgl. latei-nisch: „ratio" – „Verstand", „Vernunft"). Ein rationa-les Individuum verhält sich gemäß dem ökonomischen Prinzip.

ökonomische
Rationalität

Ein rational handelnder Mensch braucht sich nicht sämt-liche Informationen zu beschaffen, bevor er eine wichtige Entscheidung trifft. Er sollte seine Auswahl auf die ent-scheidungs*relevanten* Informationen beschränken und die Kosten der Informationssuche, -verarbeitung und -aus-wertung in Betracht ziehen. Als **ökonomisch-rational** be-zeichnen wir jemanden, der so lange Informationen sucht, verarbeitet und auswertet, bis der *zusätzliche* Nutzen der *letzten* Informationseinheit nicht mehr größer ist als es die *zusätzlichen* Kosten dieser Informationseinheit sind. Dem-nach gibt es eine optimale Informationsmenge. Diese An-nahme hält allerdings den Gesetzen der Logik nicht stand, da wir den Nutzen einer Information erst kennen, wenn wir diese verarbeitet und ausgewertet haben. Mithin stellt sich erst ex post (im Nachhinein) heraus, ob sich die Infor-mationssuche, -verarbeitung und -auswertung gelohnt ha-ben. Dies müsste aber bereits ex ante (im Vorhinein) be-kannt sein. Eine Analyse, bei der wir etwas – zum Beispiel den Nutzen einer Information – „vorher" (vgl. lateinisch: „prae" – „vor[zeitig]") wissen *müssten,* aber erst „später" (vgl. lateinisch: „posterior" – „der Spätere") wissen *kön-nen,* bezeichnen wir als **Praeposteriori-Analyse.**

Entscheidungen werden gemäß dem ökonomischen Prinzip getroffen:

ökonomisches Prinzip

> Das **ökonomische Prinzip** gibt es in mehreren Ausprä-gungen: Gemäß dem *Maximum*-**Prinzip** verhält sich ein Individuum rational, wenn es sein Ziel (Ertrag) bei ge-gebenem Mitteleinsatz (Aufwand) maximiert. Gemäß dem *Minimum*-**Prinzip** verhält es sich rational, wenn es seinen Mitteleinsatz (Aufwand) bei gegebenem Ziel mi-nimiert. Gemäß dem *Optimum*-**Prinzip** verhält es sich rational, wenn es seine Ziel-Mittel-Relation optimiert.

Umgangssprachlich wird oft formuliert, dass man den größt-möglichen Ertrag mit dem geringstmöglichen Aufwand erzie-len muss. Diese Aussage ist falsch, da der geringstmögliche

Aufwand bei null liegt und somit einen Ertrag von null nach sich zieht. Wir betrachten jedoch Situationen, in denen der Aufwand der Handelnden größer ist als null.

Neben den beiden grundsätzlichen Prinzipien, dem Maximum- und dem Minimum-Prinzip, ist eine weitere Ausprägung des ökonomischen Prinzips denkbar, das allgemeine Optimum-Prinzip: Während beispielsweise ein am Maximum-Prinzip Orientierter versucht, mit einem gegebenen Budget seinen Konsum zu maximieren, und ein am Minimum-Prinzip Orientierter, sein gegebenes Konsumniveau mit minimalem Budget zu realisieren, strebt ein am Optimum-Prinzip Orientierter nach dem besten Preis-Leistungs-Verhältnis, ohne vorher seine Ausgaben und sein Konsumniveau exakt festgelegt zu haben.

Am ökonomischen Prinzip lässt sich der entscheidende Unterschied zwischen den Begriffen Effektivität und Effizienz deutlich machen, die umgangssprachlich nur allzu oft als Synonyma verwendet werden, jedoch mitnichten die gleiche Bedeutung haben: **Effektivität**

> Ein Individuum handelt **effektiv**, wenn es seinem Ziel näherkommt, unabhängig davon, welchen Mitteleinsatzes es dazu bedarf.

Beispielsweise handelt ein Student, der für eine Klausur lernt, effektiv, wenn er am Tag vor der Klausur zwölf Stunden lang studiert, sofern er in dieser Zeit seine Kenntnisse erweitert. Allerdings ist er in seiner ersten täglichen Studierstunde aufnahmefähiger als in seinen Studierstunden zwei bis zwölf, da seine Konzentration naturgemäß nachlässt. Die Grenzerträge des Lernens sinken. Deshalb ist sein Verhalten nicht effizient. Er lernt mehr, wenn er sich in den Dutzend Tagen vor der Klausur jeweils eine Stunde lang auf seine Klausur vorbereitet. Mit dem gleichen gegebenen Einsatz von insgesamt zwölf Arbeitsstunden kann er seine Kenntnisse in größerem Ausmaß erweitern. **Effizienz**

> Ein Individuum handelt **effizient**, wenn es sich gemäß dem ökonomischen Prinzip verhält.

Eine ökonomische Analyse erschöpft sich nicht in der Prüfung der Effektivität einer Maßnahme, vielmehr ist

1

die Effizienz eines Vorhabens auch bei hoher Effektivität zu hinterfragen. Ein Mangel an Effizienz ist gleichbedeutend mit einer Verschwendung knapper Ressourcen. Dies sollte ein Ökonom stets vor Augen haben, da so mancher Politiker versucht, durch den Verweis auf die hohe Effektivität seines politischen Programms die Zustimmung der Wähler zu erlangen, und dadurch den Blick für die (mangelnde) Effizienz seiner beabsichtigten Maßnahme trübt.

Opportunitätskosten

Mit jeder Aktivität sind Opportunitätskosten verbunden.

> **Opportunitätskosten** sind Kosten monetärer und nicht-monetärer Art, die dadurch entstehen, dass ein Individuum, indem es sich für eine Option entscheidet, auf die *nächstbeste* „Handlungs*möglichkeit"* verzichtet. Effizientes Verhalten minimiert die Opportunitätskosten.

Zeit ist eine wichtige „Währung", in der Opportunitätskosten gemessen werden: Beispielsweise können wir in der Zeit, in der wir als Studenten aktiv eine Vorlesung verfolgen, nicht gleichzeitig ein intensives Literaturstudium betreiben.

> Aufgrund *verzerrter* und *selektiver* **Wahrnehmung** ist die Rationalität menschlichen Verhaltens in der Realität eingeschränkt.

Risikowahrnehmung

Beispielsweise folgt die **Risikowahrnehmung** nicht unbedingt rationalen Kalkülen: Viele Menschen sind risikoavers (vgl. Novemsky und Kahneman 2005, S. 119–128) und orientieren sich bei risikobehafteten Entscheidungen nicht nüchtern an den jeweiligen Erwartungswerten ihrer Handlungsmöglichkeiten, sondern streben generell danach, mögliche Verluste gering zu halten. Mögliche positive Ergebnisse gewichten sie geringer als gleichwahrscheinliche mögliche negative Ergebnisse. Risikofreudige Spielertypen verhalten sich umgekehrt: Sie vernachlässigen die Risiken möglicher Verluste zugunsten der Chancen möglicher Gewinne.

Ankereffekte

Ankereffekte verzerren die Rationalität von Entscheidungen, indem Menschen auf vergangene Entscheidungen als „Anker" für neue Entscheidungen zurückgreifen (vgl. Tversky und Kahneman 1974, S. 1124–

1131). Dies suggeriert Halt und Verhaltenssicherheit, obwohl in einem vergangenen Kontext gewählte Entscheidungsmuster für anstehende Entscheidungen irrelevant sein können. Zum Beispiel sollte sich im Zuge des demografischen Wandels und der Digitalisierung das strategische Verhalten der Marktteilnehmer rechtzeitig an die veränderten Rahmenbedingungen anpassen, anstatt dem traditionellen Muster geburtenstarker Jahrgänge in einer analogen Wirtschaft (Anker) verhaftet zu bleiben. Die Corona-Krise 2020 offenbarte einige dieser Defizite.

Bracketing, das „Einklammern" von Gewohntem, folgt einer Habitualisierung von Verhaltensmustern, auch wenn diese nicht rational begründbar sind, sondern nur aus Gewohnheit fortgeführt werden. Zum Beispiel wird die mangelnde ökologische Anreizkompatibilität eines Steuersystems selten berücksichtigt, weil schon immer *tatsächliche* Lasten (die *gewohnte* „Klammer") zu einer Reduktion der Steuerbemessungsgrundlage geführt haben, unabhängig davon, ob dadurch ökologisch erwünschtes oder unerwünschtes Verhalten belohnt wird. Im deutschen Steuersystem ist die Absetzbarkeit der Fahrtkosten zum Arbeitsplatz ein Beispiel mangelnder ökologischer Anreizkompatibilität.

Selektive **Wahrnehmung,** die beispielsweise eigene Erfahrungen stärker berücksichtigt als allgemeine, trägt ebenfalls zur Irrationalität menschlichen Entscheidens und Handelns bei. Wir sind nicht in der Lage, sämtliche entscheidungsrelevanten Phänomene und Aspekte wahrzunehmen, sondern konzentrieren uns in der Regel nur auf einen kleinen Ausschnitt der Lebenswirklichkeit, die wir zudem verzerrt wahrnehmen.

Da der menschliche Verstand beschränkt ist, sind wir nicht imstande, bei Änderungen von Variablen sämtliche Interdependenzen zu berücksichtigen. Deshalb werden Änderungen isoliert betrachtet, unter der Annahme sonst gleicher Bedingungen. „Wenn das Übrige gleichbleibt" (vgl. lateinisch: „ceteris paribus"), können wir uns auf die ausschlaggebenden Variablen konzentrieren. Diese **Ceteris-paribus-Klausel** ergibt allerdings nur dann Sinn, wenn Übertragungs- und Rückwirkungseffekte vernachlässigt werden können, sodass eine Analyse „unter sonst gleichen Bedingungen" zu rechtfertigen ist.

> Bracketing

> selektive Wahrnehmung

> Ceteris-paribus-Klausel

1

1.2.3 Utilitätsprinzip

Die Utilitaristen waren – wie ihr Name bereits andeutet – die Wegbereiter, die dafür sorgten, dass das Nutzenprinzip (vgl. lateinisch: „utilitas" – „Nutzen") eines der grundlegenden Prinzipien ökonomischen Denkens wurde. Die drei wichtigsten Vertreter des klassischen Utilitarismus sind: Jeremy Bentham (1748–1832), der als Begründer der utilitaristischen Schule gilt (vgl. Bentham 1907 [1789]), John Stuart Mill (1806–1873), ein englisches Universalgenie (vgl. Mill 2003 [1863], S. 181–235), sowie Henry Sidgwick (1838–1900), Ethik-Professor in Cambridge (vgl. Sidgwick 2011 [1874]). Weiterentwickelt wurde der Utilitarismus von Moralphilosophen wie Richard Hare (1919–2002), Ethik-Professor in Oxford (vgl. Hare 1981), und Peter Singer (*1946), australischer Bioethiker in Princeton (vgl. Singer 1975).

Utilitätsprinzip

> Gemäß dem **Utilitätsprinzip** strebt ein privater Haushalt nach Nutzenmaximierung.

Das Nutzenmaximierungsprinzip der privaten Haushalte enthält zwei wichtige Aussagen:

Erstens ist der **Nutzen** gemäß diesem Prinzip **messbar,** da er sonst nicht zu maximieren ist. Dabei ist kritisch anzumerken, dass der Nutzen genau genommen erst ex post ermittelt werden kann und nur der *erwartete* Nutzen, der sich in den Präferenzen (Vorlieben) der privaten Haushalte widerspiegelt, ex ante bestimmbar ist. Wir gehen in der traditionellen Mikroökonomik davon aus, dass der im Vorhinein *erwartete* Nutzen mit dem im Nachhinein *realisierten* Nutzen übereinstimmt. Diese Beziehung verkörpert den Idealzustand, kommt in der Realität aber nur bedingt zur Geltung, wie es beispielsweise die Prospect-Theorie kritisiert (vgl. Kahneman und Tversky 1979, S. 263–291). Ereignisse, von denen wir uns im Vorhinein einen hohen Nutzen versprochen haben, werden im Nachhinein den Erwartungen nicht immer gerecht.

Zweitens streben private Haushalte in Übereinstimmung mit dem Prinzip der Nutzen*maximierung* nach ihrem *größtmöglichen* **Nutzen** und geben sich nicht mit einem Nutzenniveau unterhalb des Nutzenmaximums zufrieden. Private Haushalte begnügen sich nicht mit einem Satisfizierungsziel, also einem *angemessenen* Nutzenniveau, sondern streben nach Maximierung. Diese Annahme kommt mathematischen Optimierungsalgorithmen entgegen, deckt sich aber nicht unbedingt mit der Erfahrungswelt.

Bemerkenswert ist die Annahme, dass der Nutzen durch den Erwerb oder Besitz eines Gutes, nicht aber durch den bewussten Verzicht auf ein Gut zu mehren ist. Widersteht beispielsweise ein dicker Mensch der Versuchung, sich drei Stück Sacher-Torte zu kaufen, ist sein Nutzen vielleicht höher als wenn er seinen Gelüsten freien Lauf lässt. In der traditionellen Volkswirtschaftslehre wird dies jedoch genau andersherum bewertet.

In der ökonomischen Theorie gehen wir vom Nicht-Sättigungsprinzip aus:

Nicht-
Sättigungsprinzip

> Gemäß dem **Nicht-Sättigungsprinzip** steigt mit steigendem Konsum der Nutzen.

Diese Annahme ist plausibel, solange sich das ökonomische Erkenntnisinteresse auf den Bereich konzentriert, der sich durch das Vorliegen von Knappheiten auszeichnet. Ökonomen verhehlen nicht, dass andere Situationen denkbar sind. Diese gehören aber nicht zum primären *ökonomischen* Erkenntnisbereich, der *Knappheits*probleme umfasst.

> *Wirtschaftliche* Güter zeichnen sich durch **Knappheit** aus.

wirtschaftliche Güter

Um diese Probleme besser zu verstehen, unterscheiden wir zwischen Bedürfnis, Bedarf und Nachfrage:

> Ein **Bedürfnis** ist ein abstrakter Wunsch, **Bedarf** ein konkretes Bedürfnis, **Nachfrage** ein am Markt geäußerter Bedarf, der mit Kaufkraft unterlegt ist.

Bedürfnis
Bedarf
Nachfrage

Beispielsweise ist es ein Bedürfnis, sich zu kleiden (abstrakter Wunsch). Bedarf ist das Bedürfnis nach Bermuda Shorts (konkretes Bedürfnis). Nachfrage liegt vor, wenn die Bermuda Shorts gekauft werden *können* (mit Kaufkraft unterlegtes Bedürfnis). Erwirbt der Käufer auf dem Markt das nachgefragte Gut, liegt Konsum, also Bedürfnisbefriedigung vor.

1

Knappheit

Knappheit besteht, wenn der Bedarf an einem Gut durch Ausschöpfen aller Produktionsmöglichkeiten nicht voll gedeckt werden kann. Knappheit ist demzufolge ein relativer Begriff, kein absoluter:

Es gibt *seltene* Güter, die *nicht knapp* sind, weil der Bedarf an ihnen gering ist, und häufig vorkommende Güter, die knapp sind, weil ihr hoher Bedarf nicht gedeckt werden kann. Ein seltenes, aber nicht knappes Gut ist zum Beispiel die Malaria übertragende Anopheles-Mücke im Thüringer Wald, weil ein Bedarf an Anopheles-Mücken in dieser Mittelgebirgsregion nicht existiert. Ein knappes, obwohl häufig vorkommendes Gut ist die Garnele im Golf von Siam, da der in- und ausländische Bedarf an diesen thailändischen Meeresfrüchten über die Fangmenge hinausgeht. Bei freier Preisbildung ist der Preis ein Knappheitsindikator:

Signalfunktion der Preise

Die **Signalfunktion der Preise** besteht darin, dass *hohe* Preise *Knappheit* an Gütern, *niedrige* Preise *Überfluss* an Gütern signalisieren. Liegen die Preise bei *null*, handelt es sich um *freie* Güter.

klassisches Wertparadoxon

In diesem Zusammenhang ist das klassische Wertparadoxon von Bedeutung, das dem schottischen Glücksspieler und Finanzfachmann John Law (1671–1729) zugeschrieben wird, der es 1705 auf folgende Weise (in weitgehend originaler Orthographie und Interpunktion) erläutert (Law 1705, S. 4):

» *„Goods have a value from the uses they are applyed to; and their value is greater or lesser, not so much from their more or less valuable, or necessary uses, as from the greater or lesser quantity of them in proportion to the demand for them. [E]xample[:] water is of great use, yet of little value; because the quantity of water is much greater than the demand for it. [D]iamonds are of little use, yet of great value, because the demand for diamonds is much greater, than the quantity of them."*

Das klassische Wertparadoxon beschreibt den Unterschied zwischen dem Gebrauchswert (erwarteter Nutzen) und dem Tauschwert (Marktwert, Verkehrswert, Preis) eines Gutes: Auf der einen Seite ist – um nach Laws Vergleich von Wasser mit Diamanten ein weiteres Beispiel zu nennen – der Nutzen von Sauerstoff für den Menschen unermesslich hoch. Der Preis für die Zufuhr von Sauerstoff liegt jedoch grundsätzlich bei null, weil Menschen in der Regel für ihre Atemluft nichts zu zahlen brauchen. Sauerstoff ist ein freies Gut, das sich der marktwirtschaftlichen Preisanalyse entzieht, weil diese sich der Verteilung knapper Güter verschrieben hat. Von einigen Ausnahmen wie beispielsweise der zu bezahlenden Sauerstoffzufuhr mithilfe von Sauerstoffgeräten in Hotels in der tibetanischen Hochebene, wo die Luft „dünn" ist und Flachländern das Atmen schwerfällt, sehen wir ab. Auf der anderen Seite ist beispielsweise der Nutzen eines elektrischen Brieföffners gering, da sich Briefe auch manuell ohne zusätzliches Hilfsgerät öffnen lassen. Dennoch wird für den Erwerb eines elektrischen Brieföffners ein Preis verlangt. Klassische Ökonomen – so auch Adam Smith (1723–1790) – unterstellen daher ein Wertparadoxon:

> Gemäß dem **klassischen Wertparadoxon** besteht ein Unterschied zwischen dem *Gebrauchswert* (erwarteter Nutzen) und dem *Tauschwert* (Marktwert, Verkehrswert, Preis) eines Gutes.

Wir kennen zwei Arten der Messbarkeit von Nutzen: Die *ordinale* Nutzenmessung nimmt eine Reihung von Gütern entsprechend ihren Nutzen vor, ohne auf die Nutzenabstände zwischen den Rängen einzugehen. Dagegen zeigt die *kardinale* Nutzenmessung nicht nur, welches Gut gegenüber welchem präferiert wird, sondern auch, um wie viel jenes diesem vorgezogen wird. Die kardinale Nutzenmessung gibt Auskunft über die Nutzen*abstände* zwischen den betrachteten Gütern. Nach ordinalem Sprachgebrauch lässt sich beispielsweise sagen, dass A gegenüber B bevorzugt wird, nach kardinaler Sprechart lässt sich dem hinzufügen, dass A zum Beispiel einen doppelt so hohen Nutzen stiftet wie B.

ordinale und kardinale Nutzenmessung

In der modernen Volkswirtschaftslehre wird die Mangelhaftigkeit kardinaler Nutzenmessung gerügt. Als „modern" wird daher die ordinale Nutzenmessung bezeichnet. Allerdings kann auch für die kardinale Nutzenmessung eine Lanze gebrochen werden: Im Bewusstsein, es mit Tausenden von Gütern zu tun zu haben, kommen wir mit einer vollständigen Reihung sämtlicher Güter einer kardinalen Nutzenmessung sehr nahe: Beispielsweise ist der Nutzenabstand zwischen dem Konsum eines

1

Gutes, das in der Nutzenskala auf Platz 12.456 liegt, und dem Konsum eines anderen Gutes auf Platz 12.457 gering. Wir sind nur dann imstande, die Reihung der Güter nach ihrem gestifteten Nutzen korrekt vorzunehmen, wenn wir sicher sind, dass der Nutzen, der durch den Konsum des Gutes auf Platz 12.457 hervorgerufen wird, geringer ist als der Nutzen, der durch den Konsum des Gutes auf Platz 12.456 generiert wird, aber höher ist als der Nutzen, der durch den Konsum des Gutes auf Platz 12.458 gestiftet wird. Wer dies konsistent festlegen kann, offenbart damit implizit seine Fähigkeit zu einer nahezu kardinalen Nutzenmessung. Deshalb konzedieren wir zwar die grundsätzlichen theoretischen Defizite kardinaler Nutzenmessung, veranschlagen die Bedeutung dieser Mängel für die praktische Umsetzung aber als nicht besonders hoch.

Um der unterschiedlichen Nutzenbewertung eines Gutes in Abhängigkeit von der jeweiligen Raum-Zeit-Stelle Rechnung zu tragen, empfiehlt sich aus analytischen Gründen, ein Gut, das an verschiedenen Orten und/oder zu verschiedenen Zeiten konsumiert wird, gedanklich als unterschiedliche Güter anzusehen: Ein Liter Wasser im Zentrum der arabischen Rub al-Khali, der größten Sandwüste der Welt von der doppelten Größe Deutschlands, ist zum Beispiel ein „anderes" Gut als ein Liter Wasser auf einem Grundstück der Mecklenburgischen Seenplatte. Ebenso werden Güter mit den gleichen physischen Eigenschaften, die am selben Ort zu unterschiedlichen Zeiten gehandelt werden, als unterschiedliche Produkte betrachtet: Der Preis eines Hirschbratens mit Klößen, Rotkohl und Preiselbeeren kann in demselben Restaurant variieren, je nachdem, ob diese Mahlzeit als „Business Lunch" während der Mittagszeit oder in den Abendstunden eingenommen wird.

beliebige Teilbarkeit von Gütern

Aus Gründen der besseren Kalkulierbarkeit nehmen wir an, dass Güter beliebig teilbar sind. Diese Annahme ist für viele Güter unverfänglich, da beispielsweise das Gut Reis in kleine Einheiten wie „Reiskörner" oder „Reis in Gramm" zerlegt werden kann. Schwieriger wird es mit Gütern, die sich offensichtlich nicht zerlegen lassen, ohne ihren Status als Gut zu verlieren: Mit 0,3 iphones ist die Nutzung sozialer Medien unmöglich. Auch Produktionsfaktoren sind annahmegemäß beliebig teilbar: Für den Produktionsfaktor Arbeit heißt dies beispielsweise, dass eine Vollzeitstelle, eine Halbtagsstelle und eine Stelle über zehn Stunden pro Woche in geeigneter Weise auf einen gemeinsamen Nenner gebracht wird, indem der Produktionsfaktor Arbeit in Arbeitsstunden gemessen wird.

1.2.4 Marginalprinzip

Ein weiteres charakteristisches Prinzip ökonomischen Denkens ist das Marginalprinzip, das Prinzip des Denkens in „Grenzen" und Änderungen (vgl. lateinisch: „margo" – „Grenze").

> Gemäß dem **Marginalprinzip** orientieren sich Individuen an „*Grenz*werten" statt an Durchschnittswerten.

Marginalprinzip

Für den wirtschaftlichen Kalkül eines Individuums mögen Durchschnittswerte von gewissem Interesse sein, entscheidungsrelevant sind aber oft *marginale* Größen. So zeigt beispielsweise die durchschnittliche Konsumquote eines privaten Haushalts, wie viel Prozent seines Einkommens er zu Konsumzwecken verwendet. Für die Frage, um wie viel sein Konsum im Zuge von Einkommenserhöhungen steigt, ist jedoch nicht seine bisherige *durchschnittliche*, sondern seine *marginale* Konsumquote von Bedeutung.

> *Ökonomisch* zeigt die *marginale* Konsumquote, wie viel des *zusätzlichen* Einkommens zu Konsumzwecken verwendet wird. *Geometrisch* entspricht sie der Steigung der Konsumkurve in einem Punkt. *Algebraisch* ist sie die erste Ableitung der Konsumfunktion und somit der Quotient aus der Änderung des Konsums zur Änderung des Einkommens: dC/dY.

marginale Konsumquote

In der Grenznutzentheorie nehmen wir an, dass der Nutzen nicht nur ordinal, sondern kardinal messbar ist. Dies bedeutet, dass der private Haushalt nicht nur Angaben der Art machen kann, dass ihm der Konsum einer Gütereinheit einen höheren Nutzen stiftet als der einer weiteren, sondern dass er darüber hinaus den Nutzenabstand exakt quantifizieren kann. Der Haushalt ist folglich in der Lage festzustellen, um wie viel ihm der Konsum einer Gütereinheit lieber ist als der Konsum einer weiteren. Ein

1

einfaches Zahlenbeispiel möge diesen Sachverhalt in der folgenden Tabelle verdeutlichen:

Mengeneinheiten X	Gesamtnutzen U_X	Grenznutzen U_X'
1	8	8
2	15	7
3	21	6
4	26	5
5	30	4
6	33	3
7	35	2
8	36	1
9	36	0
10	35	-1

In der ersten Spalte sind die Mengeneinheiten des Gutes X aufgeführt, die sukzessive konsumiert werden. Die zweite Spalte misst den Gesamtnutzen U_X, der sich aus der Addition aller Nutzeneinheiten ergibt. Die dritte Spalte misst den Grenznutzen U_X' jeder einzelnen Einheit.

Grenznutzen

> *Ökonomisch* zeigt der **Grenznutzen** (marginale Nutzen) den Nutzen einer *zusätzlichen* – beziehungsweise der *letzten* – Konsumeinheit. *Geometrisch* entspricht er der Steigung der Nutzenkurve in einem Punkt. *Algebraisch* ist er die erste Ableitung der Nutzenfunktion und somit der Quotient aus der Änderung des Nutzens zur Änderung des Konsums: $U_X' = dU/dC$.

Der Gesamtnutzen lässt sich auch aus der Addition sämtlicher Grenznutzen ermitteln:

Nehmen wir an, ein Konsument kauft zehn Rumkugeln. Isst er die erste Rumkugel, entsteht ihm ein Nutzen in Höhe von acht Nutzeneinheiten. Nach der zweiten Rumkugel kommt er auf einen Gesamtnutzen in Höhe von 15 Nutzeneinheiten. Es fällt auf, dass der zusätzliche Nutzen, der durch die *letzte* – hier zweite – Rumkugel generiert wird, geringer ist als der Nutzen der vorherigen – hier ersten – Rumkugel. Mithin ist der Grenznutzen von acht (nach der ersten Rumkugel) auf sieben (nach der zweiten Rumkugel) gesunken. Während sich der Konsument auf die erste Rumkugel mit Heißhunger stürzt, ist vor dem Verzehr seiner zweiten

Rumkugel ein Teil seiner Bedürfnisse – Stillen von Hunger, Mäßigen des Appetits, Vermeiden von Unterzuckerung – bereits durch den Genuss der ersten Rumkugel befriedigt. Mit jeder weiteren Rumkugel, die er isst, sinkt der Grenznutzen, bleibt aber noch bis zur achten Rumkugel positiv. Danach sind die Bedürfnisse des Konsumenten gestillt. Die neunte Rumkugel bringt ihm keinen zusätzlichen Nutzen, der Grenznutzen liegt bei null. Macht der Konsument sich nun daran, alle Reste zu vertilgen, und isst er auch noch die zehnte Rumkugel, entsteht ihm ein negativer zusätzlicher Nutzen, also ein Schaden, der sich in einem unangenehmen Völlegefühl widerspiegeln kann. Der Sättigungspunkt ist mit der zehnten Rumkugel bereits überschritten, ein homo oeconomicus verzehrt die neunte und zehnte Rumkugel nicht mehr, da durch sie zusätzliche Kosten anfallen, aber kein zusätzlicher Nutzen entsteht.

In ◼ Abb. 1.1 ergibt sich eine Gesamtnutzenkurve, die immer geringere Steigerungsraten aufweist, zwischen der achten und neunten Rumkugel parallel zur Abszisse verläuft und schließlich – nach der neunten Rumkugel – sinkt, weil der Grenznutzen negativ wird. Dieser Verlauf der Gesamtnutzenkurve resultiert aus ihrer korrespondierenden Grenznutzenkurve, die eine negative Steigung aufweist.

An diesem Beispiel ist das Erste Gossensche Gesetz zu beobachten, das der preußische Ökonom und Jurist Hermann Heinrich Gossen (1810–1858) aufgestellt hat (vgl. Gossen 1854, S. 4–5):

Erstes Gossensches Gesetz

> Gemäß dem **Ersten Gossenschen Gesetz** (Gesetz des von Anfang an abnehmenden Grenznutzens, Sättigungsgesetz) nimmt mit *zunehmendem* Konsum der Grenznutzen eines Gutes von Anfang an ab.

1

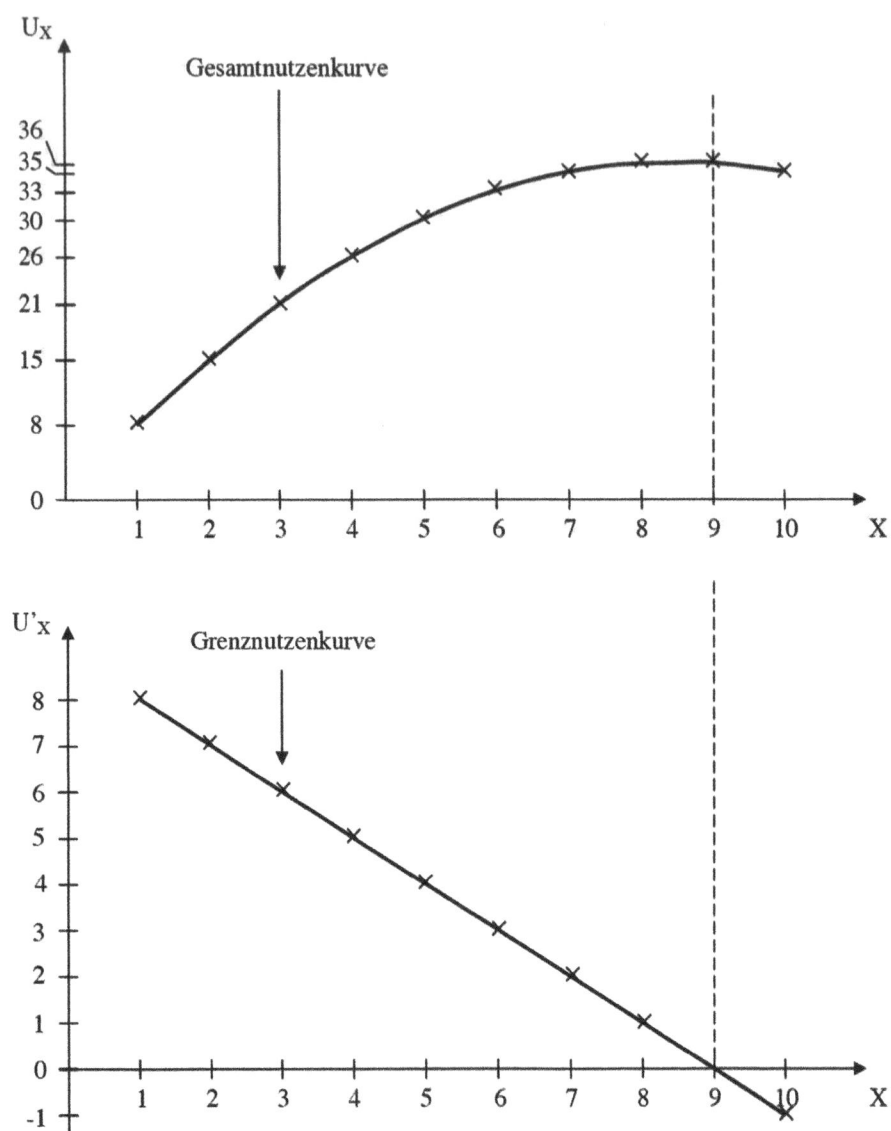

◻ **Abb. 1.1** Gesamtnutzen- und Grenznutzenkurve

1.2.5 **Zusammenfassung**

1. In der (mikroökonomischen) **Haushaltstheorie** werden die Kalküle privater Haushalte, die auf dem Güter-markt als Nachfrager und auf dem Arbeitsmarkt als Anbieter auftreten, analysiert.

2. Das Rational-, Utilitäts- und Marginalprinzip sind **zentrale Prinzipien** *ökonomischen* Denkens.

3. Der **homo oeconomicus,** „der *wirtschaftlich* orientierte Mensch", kann als idealtypischer Referenzmensch der traditionellen Wirtschaftstheorie angesehen werden.

4. Das **Rationalprinzip** ist das Prinzip des *„vernunftgeleiteten"* Handelns, kurz: das Vernunftprinzip. Ein rationales Individuum verhält sich gemäß dem ökonomischen Prinzip.

5. Das **ökonomische Prinzip** gibt es in mehreren Ausprägungen: Gemäß dem *Maximum*-Prinzip verhält sich ein Individuum rational, wenn es sein Ziel (Ertrag) bei gegebenem Mitteleinsatz (Aufwand) maximiert. Gemäß dem *Minimum*-Prinzip verhält es sich rational, wenn es seinen Mitteleinsatz (Aufwand) bei gegebenem Ziel minimiert. Gemäß dem *Optimum*-Prinzip verhält es sich rational, wenn es seine Ziel-Mittel-Relation optimiert.

6. Ein Individuum handelt **effektiv,** wenn es seinem Ziel näherkommt, unabhängig davon, welchen Mitteleinsatzes es dazu bedarf.

7. Ein Individuum handelt **effizient,** wenn es sich gemäß dem ökonomischen Prinzip verhält.

8. **Opportunitätskosten** sind Kosten monetärer und nicht-monetärer Art, die dadurch entstehen, dass ein Individuum, indem es sich für eine Option entscheidet, auf die *nächstbeste* „Handlungsmöglichkeit" verzichtet. Effizientes Verhalten minimiert die Opportunitätskosten.

9. Aufgrund *verzerrter* und *selektiver* **Wahrnehmung** ist die Rationalität menschlichen Verhaltens in der Realität eingeschränkt.

10. Gemäß dem **Utilitätsprinzip** strebt ein privater Haushalt nach „Nutzen"maximierung.

11. Gemäß dem **Nicht-Sättigungsprinzip** steigt mit steigendem Konsum der Nutzen.

12. *Wirtschaftliche* Güter zeichnen sich durch **Knappheit** aus.

1

13. Ein **Bedürfnis** ist ein abstrakter Wunsch, **Bedarf** ein konkretes Bedürfnis, **Nachfrage** ein am Markt geäußerter Bedarf, der mit Kaufkraft unterlegt ist.

14. Die **Signalfunktion der Preise** besteht darin, dass *hohe* Preise *Knappheit* an Gütern, *niedrige* Preise *Überfluss* an Gütern signalisieren. Liegen die Preise bei *null,* handelt es sich um *freie* Güter.

15. Gemäß dem **klassischen Wertparadoxon** besteht ein Unterschied zwischen dem *Gebrauchswert* (Nutzen) und dem *Tauschwert* (Marktwert, Vekehrswert, Preis) eines Gutes.

16. Gemäß dem **Marginalprinzip** orientieren sich Individuen an „*Grenz*werten" statt an Durchschnittswerten.

17. *Ökonomisch* zeigt die *marginale* **Konsumquote,** wie viel des *zusätzlichen* Einkommens zu Konsumzwecken verwendet wird. *Geometrisch* entspricht sie der Steigung der Konsumkurve in einem Punkt. *Algebraisch* ist sie die erste Ableitung der Konsumfunktion und somit der Quotient aus der Änderung des Konsums zur Änderung des Einkommens: dC/dY.

18. *Ökonomisch* zeigt der *Grenz***nutzen** (marginale Nutzen) den Nutzen einer *zusätzlichen* – beziehungsweise der *letzten* – Konsumeinheit. *Geometrisch* entspricht er der Steigung der Nutzenkurve in einem Punkt. *Algebraisch* ist er die erste Ableitung der Nutzenfunktion und somit der Quotient aus der Änderung des Nutzens zur Änderung des Konsums: $U'_X = dU/dC$.

19. Gemäß dem **Ersten Gossenschen Gesetz** (Gesetz des von Anfang an abnehmenden Grenznutzens, Sättigungsgesetz) nimmt mit *zunehmendem* Konsum der Grenznutzen eines Gutes von Anfang an ab.

1.3 Präferenzen und Indifferenzkurven

1.3.1 Einführung

Präferenzen sind die Vorlieben eines Konsumenten (vgl. lateinisch: „praeferre" – „vorziehen"). Grafisch wird die Präferenzordnung eines Haushalts in einem Zwei-Güter-Fall durch ein System von Indifferenzkurven repräsentiert.

Dem Zwei-Güter-Fall kommt nur eine didaktische, keine essenzielle Bedeutung zu. Qualitativ sind die Ergebnisse in einem Mehr-Güter-Fall nicht anders, die Analyse ist nur erheblich komplizierter, sodass wir vereinfachend annehmen, dass der Haushalt zwischen zwei Gütern wählen kann, die auch als zwei Güterbündel interpretiert werden können.

1.3.2 Präferenzen

Zunächst werden *allgemeine* Präferenzen untersucht, bevor einige *spezielle* Präferenzen näher erläutert werden.

1.3.2.1 Allgemeine Präferenzen

Eine **konsistente Präferenzordnung** muss die drei Axiome der Vollständigkeit, Reflexivität und Transitivität erfüllen.

konsistente Präferenzordnung

Im Folgenden werden diese drei zentralen Anforderungen an eine konsistente Präferenzordnung genauer betrachtet:

Das Axiom der **Vollständigkeit** bedeutet, dass sämtlichen Gütern Präferenzen zugeordnet werden können, die in einer der folgenden fünf Beziehungen zueinanderstehen:

Vollständigkeit

$$X_1 \succ X_2 : \quad X_1 \text{ wird } X_2 \text{ } streng \text{ vorgezogen.} \tag{1.1}$$

$$X_1 \geq X_2 : \quad X_1 \text{ wird } X_2 \text{ } schwach \text{ vorgezogen.} \tag{1.2}$$

$$X_1 \sim X_2 : \quad X_1 \text{ und } X_2 \text{ genießen die gleiche Präferenz, es besteht } Indifferenz. \tag{1.3}$$

$$X_1 \leq X_2 : \quad X_2 \text{ wird } X_1 \text{ } schwach \text{ vorgezogen.} \tag{1.4}$$

$$X_1 \prec X_2 : \quad X_2 \text{ wird } X_1 \text{ } streng \text{ vorgezogen.} \tag{1.5}$$

Die Validität dieses Axioms bedeutet, dass der Konsument immer in der Lage ist, eine Entscheidung zu treffen. Dies mag trivial klingen und ist für wirtschaftlich relevante Entscheidungssituationen in der Regel auch der Fall. Aber jeder Mensch kennt Situationen, in denen er sich nicht rational entscheiden kann. Bei einem Schiffsunglück zum Beispiel kann ein hervorragender Schwimmer in der Zwickmühle stecken, sich nicht entscheiden zu können, welchen der beiden mit ihm über Bord gegangenen Nichtschwimmer er retten soll, wenn er weiß, dass nur einer zu retten ist. Bei dieser unter äußerstem Druck zu treffenden Entschei-

1

dung mangelt es dem Entscheider an der notwendigen Zeit und am notwendigen Gemütszustand, um auf rationalem Wege zu einem Ergebnis zu kommen, sodass sein Entschluss vielmehr auf Affekt und Zufall als auf nüchterner Überlegung beruht. Gleichwohl wird in der neoklassischen mikroökonomischen Theorie nach Antworten gesucht, die auf rationalem Verhalten basieren. Selbst wenn dieses in der Lebenswirklichkeit nicht immer zu beobachten ist, stellt die Annahme rationalen Verhaltens einen aufschlussreichen Referenzfall dar: Er zeigt, wie sich jemand auf der Suche nach der optimalen Lösung verhalten sollte.

Reflexivität

Das Axiom der **Reflexivität** bedeutet, dass jedes Gut mindestens ebenso gut bewertet wird wie es selbst, dass folglich der Konsum eines Gutes unabhängig von Präferenzen zeitlicher, räumlicher, sachlicher oder persönlicher Art immer den gleichen Nutzen stiftet:

$$X_1 \geq X_2 \tag{1.6}$$

Präferenzen *zeitlicher* Art werden vernachlässigt, indem beispielsweise unberücksichtigt bleibt, dass der Kauf eines Snowboards zum Winteranfang einen höheren Nutzen stiften kann als der Kauf desselben zum Frühlingsanfang. Präferenzen *räumlicher* Art werden vernachlässigt, indem beispielsweise unberücksichtigt bleibt, dass ein Paar Abfahrtski in einem erschlossenen Skigebiet einen höheren Nutzen stiften kann als an einem Hausberg mit einem einzigen Sessellift. Präferenzen *sachlicher* Art werden vernachlässigt, indem beispielsweise unberücksichtigt bleibt, dass eine vielbeworbene Markencreme subjektiv einen höheren Nutzen stiften kann als eine andere Creme mit objektiv ähnlichen Inhaltsstoffen. Präferenzen *persönlicher* Art werden vernachlässigt, indem beispielsweise unberücksichtigt bleibt, dass die Übernachtung in einem Hotel einen höheren Nutzen stiften kann, wenn dort ein hilfsbereiter Mitarbeiter an der Rezeption arbeitet, als die Übernachtung im selben Hotelzimmer, wenn der Mitarbeiter an der Rezeption nicht hilfsbereit ist.

Von *kognitiven* Dissonanzen, die sich beispielsweise in einer verzerrten Wahrnehmung widerspiegeln, wird ebenfalls abgesehen: Wenn Produkte an exponierter Stelle präsentiert und geschickt beworben werden, werden sie durch den Halo-Effekt (Salienzeffekt), der ein „hervorspringendes" Merkmal in besonderem „Licht(hof)" erscheinen lässt, oft höher bewertet als wenn sie in der Masse anderer Produkte „untergehen". Diese realistische menschliche Schwäche wird in der theoretischen Analyse, die den Idealtypus einer konsistenten Präferenzordnung beleuchten soll, vernachlässigt.

Das Axiom der **Transitivität** bedeutet: Wenn Gut 1 Gut 2 vorgezogen wird und Gut 2 Gut 3 vorgezogen wird, dann muss auch Gut 1 Gut 3 vorgezogen werden:

Wenn $X_1 \succ X_2$ und $X_2 \succ X_3$, dann $X_1 \succ X_3$ (1.7)

Transitivität

Die Erfüllung dieses dritten Axioms ist bei einer Vielzahl von Gütern schon für individuelle Präferenzen nicht leicht zu erfüllen. Bei *kollektiven* Entscheidungen, in denen mehrere Personen danach trachten, sich auf eine Rangordnung von Handlungsmöglichkeiten zu verständigen, ist der Mangel an Transitivität besonders virulent, wie das Arrow-Paradoxon offenlegt. Das Arrow-Paradoxon, das auf den Marquis de Condorcet (1743–1794) zurückgeht (vgl. Condorcet 1785), aber dem Wirtschaftsnobelpreisträger (1972) Kenneth Joseph Arrow (1921–2017) zugeschrieben wird (vgl. Arrow 1951), verdeutlicht bei Entscheidungen mit mehreren Entscheidern das schwierige Verhältnis zwischen *individueller* und *kollektiver* **Rationalität**: Selbst bei Transitivität individueller Präferenzen ist die Transitivität kollektiver Präferenzen nicht gewährleistet, sodass kollektive Entscheidungen nicht ohne Weiteres aus der Präferenzordnung abgeleitet werden können. Das Arrow-Paradoxon soll an einem Beispiel mit den drei Personen A, B, und C sowie den drei Handlungsmöglichkeiten a, b und c erläutert werden.

Die jeweiligen Präferenzordnungen lauten: Person A bevorzugt Vorschlag a gegenüber Vorschlag b, der Vorschlag c vorgezogen wird. Die erste Wahl der Person B ist b, gefolgt von c, am wenigsten hält B von Vorschlag a. Der Favorit von Person C ist Vorschlag c, Vorschlag a wird für besser befunden als Vorschlag b:

A: $a \succ b \succ c$

B: $b \succ c \succ a$

C: $c \succ a \succ b$

Wir unterstellen eingipflige Präferenzen: Jede Variante ist einmal an erster Stelle, einmal an zweiter Stelle sowie einmal an letzter Stelle der bevorzugten Optionen. Eine einzige Abstimmung über alle drei Vorschläge

Mehrheitsentscheidung

1

führt deshalb zu keinem Ergebnis. Wird in einer Mehrheitsentscheidung in Paaren abgestimmt und tritt anschließend die siegreiche Variante der ersten Paar-Abstimmung gegen die verbliebene Variante an, gibt es drei Abstimmungsvarianten: Es können erstens a und b gegenübergestellt werden, bevor deren Sieger gegen c antritt; zweitens kann zunächst über b und c abgestimmt werden, bevor deren Siegervariante mit Option a verglichen wird; drittens können zuerst a und c gegeneinander antreten, um schließlich die siegreiche Variante gegen b ins Spiel zu bringen.

Wir spielen alle drei Varianten durch und vergleichen die Ergebnisse der unterschiedlichen Abstimmungsmodi:

Abstimmungen:	1. Variante:	**a**:b	2:1
		c:a	2:1
		Ergebnis: c siegt	
	2. Variante:	**b**:c	2:1
		a:b	2:1
		Ergebnis: a siegt	
	3. Variante:	a:**c**	1:2
		b:c	2:1
		Ergebnis: b siegt	

Arrow-Paradoxon

Aus der ersten Abstimmung geht Option c als Sieger hervor, aus der zweiten Abstimmung Option a und aus der dritten Abstimmung Option b. Somit könnte jede mögliche Variante unter dem Deckmantel einer ordnungsgemäßen Abstimmung den Anspruch erheben, die kollektiv gewünschte zu sein. Der Abstimmungsmodus entscheidet über die kollektive Präferenz, ein Umstand, der dem Zufall oder der Manipulation überlassen bleibt, nicht aber die Kriterien einer rationalen und konsistenten Entscheidung erfüllt. In unserem Beispiel sollte ein zielorientierter Entscheider die Agenda an sich reißen und zunächst über die beiden Optionen abstimmen lassen, die er nicht favorisiert. Erst danach sollte er seinen präferierten Vorschlag gegen die Siegervariante aus der ersten Abstimmung zur Wahl stellen. In diesem Fall gewinnt er immer.

Das **Arrow-Paradoxon** zeigt (bei eingipfligen Präferenzen) die *Inkonsistenz* kollektiver Entscheidungen auf.

Die Anforderungen an konsistente kollektive Entscheidungen lauten:

Erstens sind aus vollständigen, reflexiven und transitiven *individuellen* Präferenzen vollständige, reflexive und transitive *kollektive* Präferenzen zu entwickeln.

Zweitens ist in der kollektiven Präferenzordnung Option a der Option b vorzuziehen, wenn gemäß sämtlichen individuellen Präferenzen Option a der Option b vorgezogen wird.

Drittens soll die kollektive Präferenz von a gegenüber b nur von der jeweiligen Reihung der individuellen Präferenzen von a und b abhängen, nicht aber von der Anzahl weiterer Handlungsoptionen. Dies bedeutet, dass beispielsweise Option a auch dann Option b vorgezogen wird, wenn nicht nur die Optionen a, b und c, sondern auch noch die Optionen d, e und f zur Auswahl stehen.

1.3.2.2 Spezielle Präferenzen

Neben den allgemeinen Präferenzen gibt es auch einige spezielle:

*Meta*präferenzen sind Präferenzen über Präferenzen.

Metapräferenzen

Reflektieren Menschen ihre eigenen Präferenzen und denken darüber nach, ob das, was sie anstreben, überhaupt gut ist, bilden sie Metapräferenzen. Diese Reflexion kann dazu führen, dass sie ihre originären Präferenzen ändern. Zu Abweichungen kann es aufgrund verzerrter Präferenzen kommen, wenn nämlich die Ex-ante-Bewertungen (Präferenzen) nicht mit den Ex-post-Bewertungen (Nutzen) übereinstimmen. Ein erwarteter Nutzen wird als vermeintlicher, nicht als tatsächlicher entlarvt. Beispielsweise kann die Willensschwäche eines Fast-Food- „Gourmets", der sich seiner Sucht zu entledigen versucht, Ursache für die Inkompatibilität seiner originären Präferenzen (Verzehr von Fast Food) mit seinen Metapräferenzen (Verzicht auf den Verzehr von Fast Food) sein. Begrenzt wird die Verhaltensteuerung über Metapräferenzen durch das Vorliegen von Non-Intentionalitäten, von etwas, das nicht gewollt werden kann: Ein Student beispielsweise,

1

der einen Vortrag in der Weise halten möchte, dass er *na-türlich* wirkt, wird in dem Augenblick, in dem er seiner Natürlichkeit gewahr wird, eben diese verlieren.

Wenn Menschen den erwarteten Nutzen von Gütern falsch einschätzen, liegen *verzerrte* **Präferenzen** vor:

meritorische Güter

> *Meritorische* **Güter** sind „gute" („verdienstvolle") Gü-ter, deren Nutzen *unter*schätzt wird.

Beabsichtigt die Regierung, Anreize für den Ge- bezie-hungsweise Verbrauch meritorischer Güter zu setzen, subventioniert sie den Konsum dieser Güter. Ein typi-sches meritorisches Gut ist Bildung. Die Schulpflicht so-wie die Subventionierung nicht nur öffentlicher, sondern auch privater (Hoch-)Schulen und anderer Bildungsein-richtungen ist Ausprägung einer staatlichen Intervention zugunsten eines erhöhten Konsums dieses meritorischen Gutes.

demeritorische Güter

> *Demeritorische* **Güter** sind „schlechte" („nicht-verdienst-volle") Güter, deren Nutzen *über*schätzt wird.

Deshalb neigt der Staat dazu, spezielle Verbrauchsteu-ern auf demeritorische Güter zu erheben, um Negativan-reize für deren Ge- beziehungsweise Verbrauch zu setzen. Erdöl ist ein typisches demeritorisches Gut, wenn die ne-gativen langfristigen Wirkungen der erdölbedingten Ein-griffe in die Natur, zum Beispiel durch Fracking, unter-schätzt und die kürzerfristigen positiven Effekte der Erd-ölförderung überschätzt werden.

Problematisch an meritorischen und demeritorischen Gütern ist der Umstand, dass es schwierig zu rechtferti-gen ist, welche Instanz die „wahren" Präferenzen festle-gen soll, die man kennen muss, um von verzerrten Prä-ferenzen zu sprechen. Zum Beispiel ist Morphium für einen Kranken Medizin, für einen Süchtigen ein Sucht-mittel. Ein Gläschen Wein könnte als demeritorisches Gut gebrandmarkt werden, da es Alkohol enthält, an-dererseits als meritorisches Gut klassifiziert werden, da dem Rotwein in Maßen durchaus eine positive medizini-sche Wirkung zugesprochen wird. Früher wurde Schul-milch als „gutes" Gut mit öffentlichen Geldern subventio-niert, heute wird Milch – nicht nur aufgrund steigender

Laktoseintoleranz in der Bevölkerung – vor allem in ökologisch orientierten Milieus mit veganer Ernährung zunehmend als „schlechtes" Gut betrachtet. Die Frage, ob ein Gut ein meritorisches oder ein demeritorisches ist, hängt auch von der konsumierten Menge ab: Ein Gläschen Rotwein ist der Gesundheit eines Menschen eher zuträglich als ein kleines Glas einschlägiger zuckerhaltiger Getränkemischungen. Mit zunehmender Menge kehrt sich dieses Verhältnis jedoch um.

> **Adaptive Präferenzen** sind *nachträglich* „angepasste" Präferenzen, die *indirekt* über die Änderung von Restriktionen und damit einhergehende Selbstbindungsstrategien gesteuert werden.

adaptive Präferenzen

Versuchen Individuen, ihre originären Präferenzen nicht direkt über eine Änderung ihrer Präferenzen (wie bei Metapräferenzen), sondern indirekt „anzupassen", indem sie sich Beschränkungen auferlegen, liegen adaptive Präferenzen vor. Beispielsweise können „Chocoholics" ihre Schokoladenvorräte zu Hause so beschränken, dass ihre originäre Präferenz, 200 g dieser kakaohaltigen Masse zu essen, zu einer adaptiven Präferenz mutiert, die nunmehr den Verzehr der halben Menge im Sinn hat, wohl wissend, dass mehr als 100 g gar nicht vorrätig sind. Selbst wenn „Chocoholics" 200 g essen wollten (originäre Präferenz), könnten sie realistisch nur die Hälfte dieser Menge wollen (adaptive Präferenz). Gemäß der Idee adaptiver Präferenzen ist die beste der nach der Beschränkung realisierbaren Alternativen auch die beste, wenn diese Beschränkung nicht vorliegt.

Eine sinnvolle Methode, Präferenzen durch eine **Selbstbindungsstrategie** über die Änderung von Restriktionen anzupassen, stellen Nebenwetten dar: Eine Partei kann sich beispielsweise *intern* absprechen, im Parlament den Haushalt nur dann zu verabschieden, wenn er ohne eine geplante Neuverschuldung auskommt. Ist diese Nebenwette wie im vorliegenden Fall revidierbar, da die Öffentlichkeit über die ursprüngliche parteiinterne Absicht nicht informiert ist, liegt eine *private* Nebenwette vor. Ist sie hingegen nicht revidierbar und wird die maximale öffentliche Neuverschuldung beispielsweise *transparent* im Grundgesetz (vgl. Art. 109 Abs. 3 GG) limitiert, handelt es sich um eine *öffentliche*

öffentliche Nebenwetten

1

Nebenwette. Ein Abweichen von dieser Verfassungs-regel ist dann nur in einem Ausnahmefall wie einer Corona-Pandemie mit Lockdown möglich. Mangelnde Sanktionsmechanismen unterlaufen allerdings die Wirksamkeit öffentlicher Nebenwetten.

> *Öffentliche* **Nebenwetten** liegen vor, wenn die messbaren Ziele von Maßnahmen in Verbindung mit den möglichen Sanktionen, die den Verantwortlichen im Fall des Scheiterns auferlegt werden, öffentlich bekanntgegeben werden.

Zeitinkonsistenzen

Eine öffentliche Nebenwette bietet sich insbesondere bei Zeitinkonsistenzen an, wenn sich eine bestimmte Politik erst langfristig, aber noch nicht kurz- oder mittelfristig vor dem nächsten Wahltermin auszahlt:

> **Zeitinkonsistenzen** liegen vor, wenn der relevante Zeithorizont des Entscheiders kürzer ist als der relevante Zeithorizont, dessen die nachhaltige Lösung eines Problems bedarf.

Beispielsweise endet in einer Demokratie der Zeithorizont eines Politikers mit dem Ende seiner Wahlperiode. Jedoch beträgt der Zeithorizont, der für die nachhaltige Sicherung der Zahlungen von Renten und Pensionen relevant ist, mehrere Dekaden.

In der traditionellen Mikroökonomik vernachlässigen wir die mögliche Variabilität der Präferenzen und gehen stattdessen von stabilen Präferenzen aus.

1.3.3 Indifferenzkurven

> Eine **Präferenzordnung** wird grafisch durch ein System von Indifferenzkurven repräsentiert.

Indifferenzkurven wurden durch den irisch-britischen Ökonomen Francis Ysidro Edgeworth (1845–1926) in die Wirtschaftswissenschaften eingeführt (vgl. Edgeworth 1994 [1881]).

1.3.3.1 Allgemeine Indifferenzkurven

> Eine **Indifferenzkurve** ist der geometrische Ort aller Kombinationen von Gütermengen, bei denen das (erwartete) Nutzenniveau gleich hoch ist.

Indifferenzkurven

Eine Indifferenzkurve zeigt, bei welchen Gütermengenkombinationen sich der Haushalt indifferent verhält.

> **Gütermengenkombinationen** auf *derselben* Indifferenzkurve repräsentieren das *gleiche* Nutzenniveau.

Für den Verlauf von Indifferenzkurven sind fünf Annahmen zu beachten. Die ersten drei Annahmen resultieren aus den Axiomen, deren Geltung für eine konsistente Präferenzordnung unabdinglich ist. Die letzten beiden Annahmen sind uns bereits aus der Nutzentheorie bekannt:

Prinzipien einer konsistenten Präferenzordnung	Eigenschaften von Indifferenzkurven
Vollständigkeit	ordinal vergleichbar
Reflexivität	dürfen sich nicht schneiden
Transitivität	dürfen sich nicht schneiden
Nicht-Sättigungsprinzip	monoton fallend
abnehmende Grenzrate der Substitution	konvex zum Ursprung

Erstens gilt das Axiom der **Vollständigkeit,** sodass der Nutzen sämtlicher Güterpaare ordinal vergleichbar ist. Ein Indifferenzkurvensystem erfasst somit alle denkbaren Kombinationen von Gütermengen, eine einzelne Indifferenzkurve alle denkbaren Kombinationen von Gütermengen gleichen Nutzenniveaus.

Vollständigkeit

Zweitens gilt das Axiom der **Reflexivität:** Ein Güterbündel kann nur auf einer einzigen Indifferenzkurve liegen, da es ansonsten unterschiedliche Nutzenniveaus repräsentiert.

Reflexivität

Drittens dürfen sich gemäß dem Axiom der **Transitivität** Indifferenzkurven nicht schneiden. In ◘ Abb. 1.2 wird deutlich, warum dies so ist.

Transitivität

Der Nutzen des Güterbündels A müsste gleich dem Nutzen des Güterbündels B sein, da beide Punkte auf

1

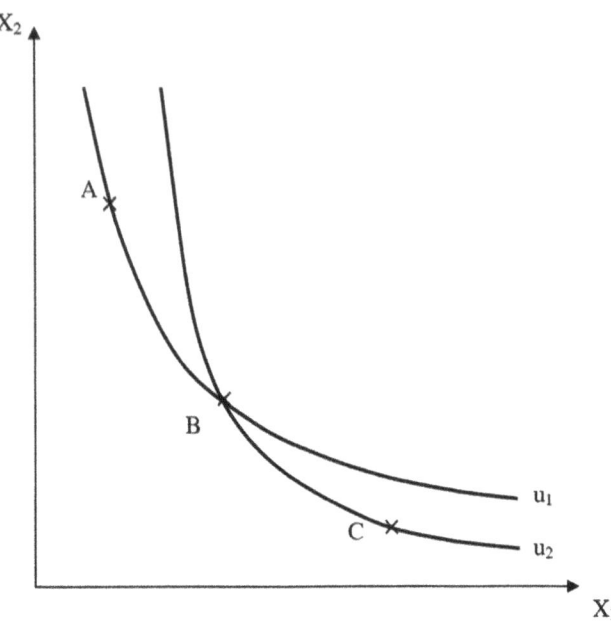

⬛ Abb. 1.2 Falsche, sich schneidende Indifferenzkurven

derselben Indifferenzkurve u_1 liegen. Der Nutzen der Gütermengenkombination B müsste zudem gleich dem Nutzen der Gütermengenkombination C sein, weil beide Punkte auf derselben Indifferenzkurve u_2 liegen. Gemäß dem Axiom der Transitivität müsste sich der Haushalt deshalb zwischen dem Güterbündel A und dem Güterbündel C indifferent verhalten:

$$\text{Wenn } A \sim B \text{ und } B \sim C \Rightarrow A \sim C$$

A und C liegen in ⬛ Abb. 1.2 jedoch auf unterschiedlichen Indifferenzkurven: A auf u_1 und C auf u_2. Der Haushalt kann sich zwischen diesen beiden Gütermengenkombinationen nicht indifferent verhalten, weil unterschiedliche Indifferenzkurven unterschiedliche Nutzenniveaus repräsentieren. Somit ist das Axiom der Transitivität, aber auch das der Reflexivität verletzt. Diese Präferenzordnung ist nicht konsistent. Konsistenz ist nur gewährleistet, wenn sich die Indifferenzkurven eines privaten Hauhalts nicht schneiden.

Nicht-Sättigungsprinzip

Viertens gilt das **Nicht-Sättigungsprinzip,** wonach ein Mehr einem Weniger eines Gutes vorgezogen wird, sodass Indifferenzkurven monoton fallend verlaufen. Eine Indifferenzkurve mit einem höheren Nutzenniveau liegt weiter außen (rechts oben), eine Indifferenzkurve, die ein niedrigeres Nutzenniveau repräsentiert, weiter innen (links unten). Die Geltung des Prinzips der Monotonie bedeutet nicht wider alle Erfahrung, dass immer und überall mehr besser ist als weniger, sondern nur, dass der typische Erkenntnisbereich der Ökonomik der Bereich ist, in dem private Haushalte ihren Konsum zu steigern gedenken. Ist dies nicht der Fall, ist das ökonomische Problem der Knappheit für den Konsum dieses Gutes gelöst.

Wenn auf die Annahme kardinaler Messbarkeit verzichtet wird und man sich auf die ordinale Messbarkeit beschränkt, dann werden nicht die Grenznutzen zweier Güter verglichen, sondern dann zeigt die Grenzrate der Substitution das Austauschverhältnis beider Güter an:

Grenzrate der Substitution

> *Ökonomisch* zeigt die **Grenzrate der Substitution,** mit wie vielen Einheiten eines Gutes ein privater Haushalt kompensiert werden muss, um sein bisheriges Nutzenniveau zu halten, wenn er auf eine Einheit eines *anderen* Gutes verzichtet. *Geometrisch* wird die Grenzrate der Substitution durch die Steigung der Indifferenzkurve in einem Punkt repräsentiert. *Algebraisch* ist sie der Quotient aus der Änderung der Menge des *einen* Gutes und der Änderung der Menge des *anderen* Gutes.

Die Grenzrate der Substitution $\Delta X_2 / \Delta X_1$ kann zum einen als Tauschverhältnis interpretiert werden, bei dem sich der Haushalt zwischen Tausch und Nicht-Tausch von Gütereinheiten zweier Güter indifferent verhält. Zum anderen kann die Grenzrate der Substitution als *marginale* Zahlungsbereitschaft angesehen werden, die angibt, bei welcher „Zahlung" mit Einheiten des einen Gutes der Haushalt auf Einheiten des anderen Gutes verzichtet.

marginale Zahlungsbereitschaft

> Die *marginale* **Zahlungsbereitschaft** zeigt, welchen Preis ein Konsument gerade noch zu zahlen bereit ist.

Somit impliziert *fünftens* die Annahme einer abnehmenden Grenzrate der Substitution, dass Indifferenzkurven (im Normalfall) konvex zum Ursprung verlaufen. Die Opportunitätskosten eines Verzichts sind bei geringeren Mengeneinheiten höher als bei größeren.

1

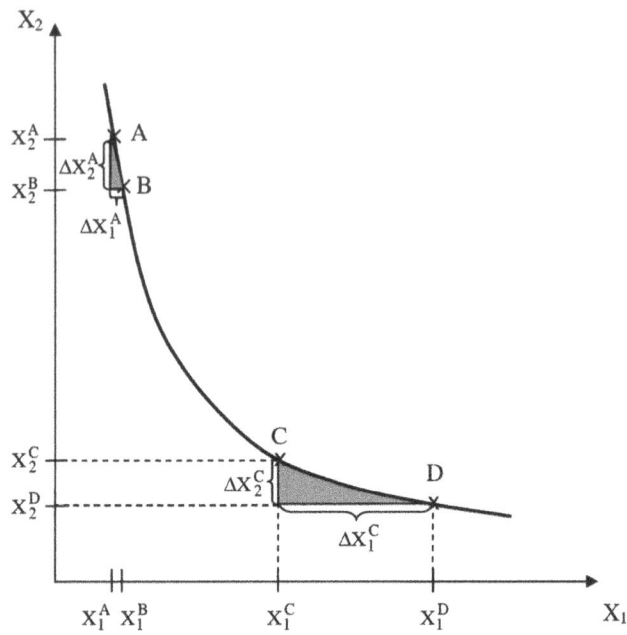

> **Indifferenzkurven** müssen folgende **Anforderungen** erfüllen: Sie sind ordinal vergleichbar *(Vollständigkeit)*, dürfen sich nicht schneiden *(Reflexivität, Transitivität)*, verlaufen monoton fallend *(Nicht-Sättigungsprinzip)* und sind konvex zum Ursprung *(abnehmende Grenzrate der Substitution)*.

❑ Abb. 1.3 zeigt unterschiedliche Grenzraten der Substitution:

In A konsumiert der Haushalt wenige Einheiten von Gut eins und viele Einheiten von Gut zwei. Wird der Konsum des im Überfluss konsumierten Gutes zwei um ΔX_2^A reduziert, genügt als Kompensation ein geringer Anstieg des Konsums des knappen Gutes eins um ΔX_1^A, um das Nutzenniveau in A auch in B zu halten. Anders hingegen in C, wo viel von Gut eins und wenig von Gut zwei konsumiert wird: Sinkt der Konsum des Gutes zwei um den gleichen Betrag $\Delta X_2^C = \Delta X_2^A$, benötigt der Haushalt eine größere Konsumsteigerung des Gutes eins um $\Delta X_1^C > \Delta X_1^A$, um seinen durch die Konsumminderung von Gut zwei erlittenen Nutzenverlust auszugleichen, sodass die Nutzenniveaus in C und D gleich sind.

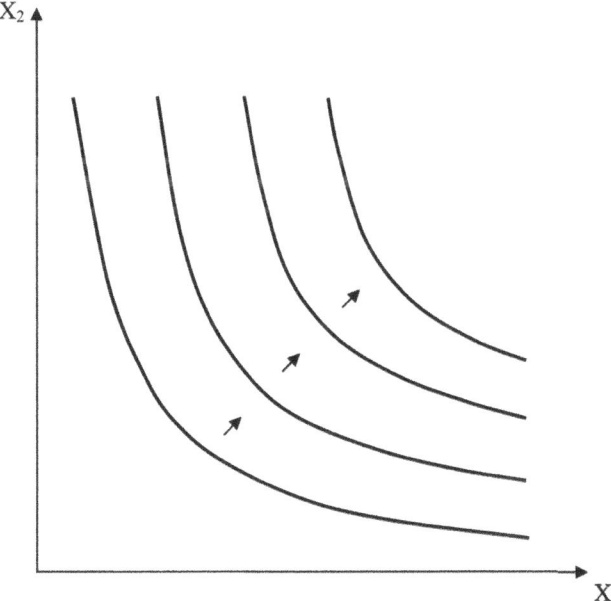

◘ **Abb. 1.4** Indifferenzkurven „normaler" Güter

Die Konvexität ergibt sich also aus der abnehmenden Grenzrate der Substitution und führt dazu, dass gut gemischte Güterkombinationen gegenüber extremen Güterbündeln, die von einem Gut sehr viel und vom anderen sehr wenig enthalten, bevorzugt werden. Konvexität bedeutet auch, dass Güter gemeinsam konsumiert werden können. In ◘ Abb. 1.4 sind typische Indifferenzkurven dargestellt. Indifferenzkurven, die weiter außen liegen, verkörpern ein höheres Nutzenniveau.

Die Nutzenfunktion, die durch eine typische, zum Ursprung konvexe, monoton fallende Indifferenzkurve beschrieben wird, hat folgende Grundform:

$$U(X_1, X_2) = X_1 \cdot X_2 \qquad (1.8)$$

1.3.3.2 Spezielle Indifferenzkurven

Um den normalen Verlauf von Indifferenzkurven besser zu verstehen, überlegen wir uns im Folgenden, welchen Verlauf von der Norm abweichende spezielle Indifferenzkurven aufweisen können:

> *Konkave* **Präferenzen** liegen vor, wenn der *gemeinsame* Konsum von Gütern geringgeschätzt wird.

konkave Präferenzen

1

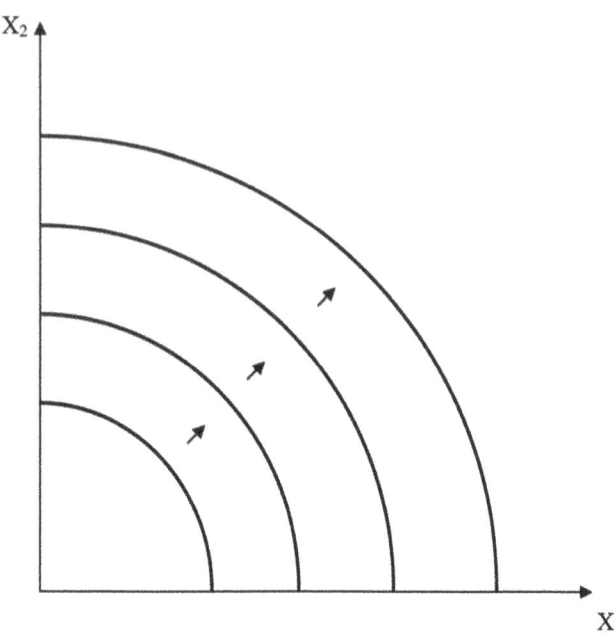

◨ **Abb. 1.5**   Konkave Indifferenzkurven 19)   S. 32

Das Nicht-Sättigungsprinzip gilt, sodass die Indifferenzkurven wie im Normalfall fallend verlaufen. Die Konka-
vität der Indifferenzkurven wie in ◨ Abb. 1.5 deutet darauf hin, dass es dem Konsumenten gerade dann schwe-
rer fällt, auf einzelne Gütereinheiten zu verzichten, wenn
er bereits viele Einheiten dieses Gutes konsumiert. Hingegen gibt er einzelne Gütereinheiten leichter auf, wenn
er von diesem Gut bisher wenig konsumiert. Mit zunehmender Konsummenge sinkt der Grenznutzen des Konsums nicht, sondern er steigt. Wir können zum Beispiel
den Besuch eines Hard-Rock-Konzerts genauso lieben
wie die Meditation. Da wir sowohl mehr Zugaben einer
Rockband als auch mehr Zeit zum Meditieren schätzen,
haben die Indifferenzkurven eine negative Steigung. Auf
einem Heavy-Metal-Konzert führen Meditationsübungen
in Verbindung mit einem Luftgitarrenspiel nur zu einer
unwesentlichen Nutzensteigerung. Während einer Medi-
tationsübung erhöht eine musikalische Zugabe in der ex-
trovertierten Atmosphäre eines Konzerts den Nutzen nur
in geringem Ausmaß. Simultanes Headbanging und Meditieren im Lotussitz sind weniger empfehlenswert als die
vollständige Hingabe an die Musik beziehungsweise an
die Meditation.

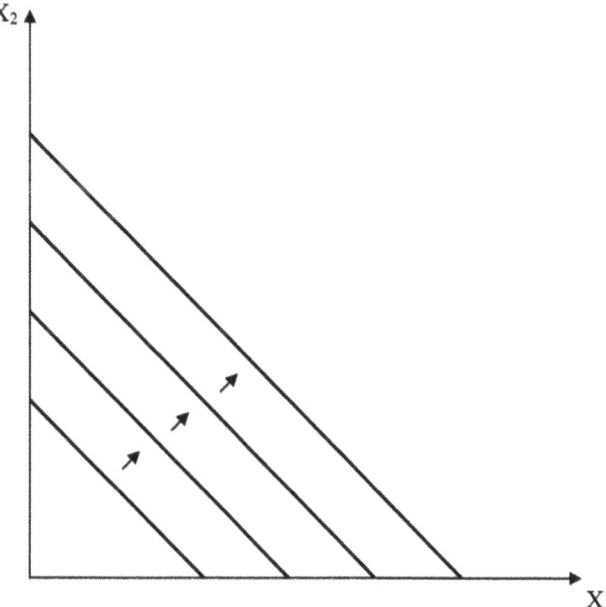

● **Abb. 1.6** Indifferenzkurven perfekter Substitute

> **Perfekte *Substitute*** sind Güter, die sich beliebig „aus-
> tauschen" lassen, sodass ihre Grenzrate der Substitu-
> tion konstant ist.

perfekte Substitute

Zum Beispiel ist es für viele Schreibarbeiten unerheblich,
ob ein blauer oder ein schwarzer Kugelschreiber zum
Schreiben benutzt wird. Die Grundform der Nutzenfunktion perfekter Substitute lautet:

$$U(X_1, X_2) = a \cdot X_1 + b \cdot X_2 \tag{1.9}$$

Die in ● Abb. 1.6 abgetragenen Indifferenzkurven perfekter Substitute verlaufen linear fallend:

> **Perfekte *Komplemente*** sind Güter, die sich gegenseitig
> „ergänzen", sodass sie in einem konstanten Verhältnis zuei-
> nander konsumiert werden und ihre Grenzrate der Substitu-
> tion entweder bei null liegt oder gegen unendlich strebt.

perfekte Komplemente

Steigt beispielsweise die Verfügbarkeit eines der beiden
Komplementärgüter, steigt der Nutzen nicht, solange sich
die Verfügbarkeit des anderen Gutes nicht ändert. Die-

1

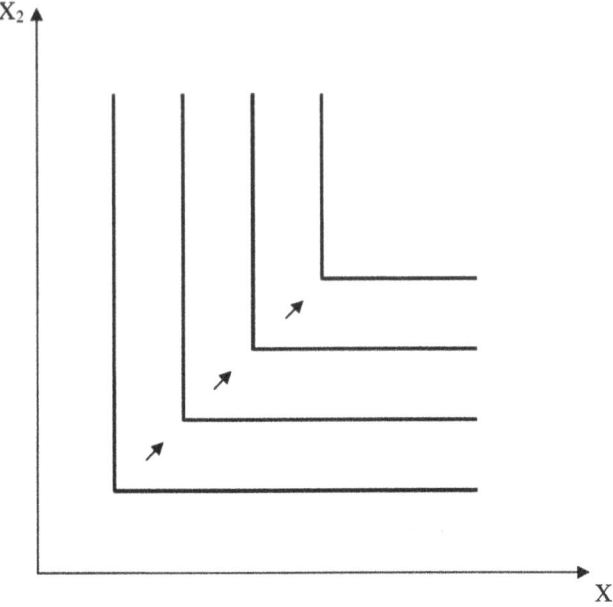

⬛ Abb. 1.7   Indifferenzkurven perfekter Komplemente

ses benötigt der Haushalt zum Konsum des ersten Gutes. Deshalb kann das Nutzenniveau nur steigen, wenn die Verfügbarkeiten beider Güter zunehmen. Perfekte Komplemente sind zum Beispiel rechte und linke Schuhe, sie „ergänzen" sich. Die Grundform der Nutzenfunktion perfekter Komplemente lautet:

$$U(X_1, X_2) = \min \{X_1, X_2\} \qquad (1.10)$$

Die Indifferenzkurven verlaufen in diesem Fall in einem Teil senkrecht, im anderen Teil waagerecht, wie wir in ⬛ Abb. 1.7 sehen:

neutrale Güter

> ***Neutrale* Güter** sind Güter, deren Konsum keinen Einfluss auf den Nutzen hat, sodass die Grenzrate der Substitution gegen unendlich strebt.

Im Fall eines nützlichen und eines neutralen Gutes verlaufen die Indifferenzkurven entweder als senkrechte oder als waagerechte Geraden, wie wir in ⬛ Abb. 1.8 erkennen können. Zum Beispiel ist der Nutzen, der aus dem Verspeisen von Eis entsteht, unabhängig davon, wie viele Paar Jeans jemand in seinem Kleiderschrank hat. Der Sättigungs- oder Blisspunkt des neutralen Gutes ist bereits erreicht.

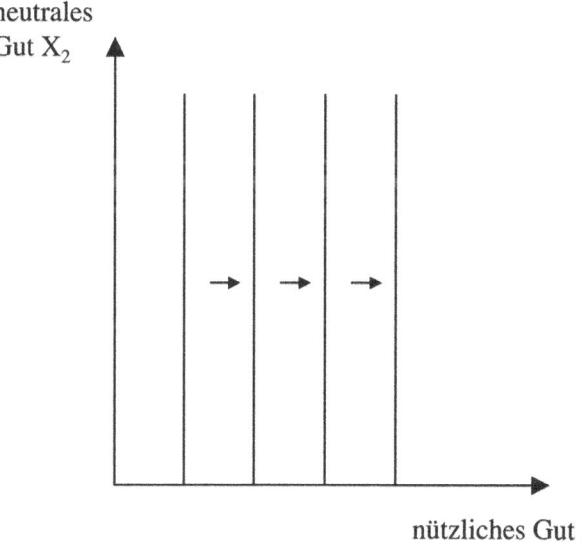

neutrales
Gut X_2

nützliches Gut X_1

◘ Abb. 1.8 Indifferenzkurven eines nützlichen und eines neutralen Gutes

---

Schädliche **Güter** sind Güter, deren Nutzen mit zunehmendem Konsum abnimmt, sodass die Grenzrate der Substitution schädlicher Güter (durch nützliche Güter) positiv ist.

schädliche Güter

Im Fall eines nützlichen und eines schädlichen Gutes versucht der Konsument den Konsum des schädlichen Gutes so gering wie möglich zu halten. Nutzensteigerungen sind nur möglich, wenn die Verfügbarkeiten des nützlichen Gutes zunehmen und/oder die des schädlichen Gutes abnehmen. Essen wir beispielsweise als Rosinenverächter ein Stück Weihnachtsstollen, steigt unser Nutzen, wenn wir mehr Stollen und/oder weniger Rosinen pro Stollen erhalten. Die Indifferenzkurven verlaufen wie in ◘ Abb. 1.9 linear steigend:

*Sättigungs*güter sind Güter, deren Nutzen sowohl mit zunehmendem als auch mit abnehmendem Konsum sinkt, wenn die Sättigungsmenge bereits erreicht ist.

Sättigungsgüter

Im Fall von Sättigungsgütern verlaufen die Indifferenzkurven wie in ◘ Abb. 1.10 ovalförmig. Die „Kurve" mit dem höchsten Nutzenniveau ist Punkt A, der Sättigungspunkt.

1

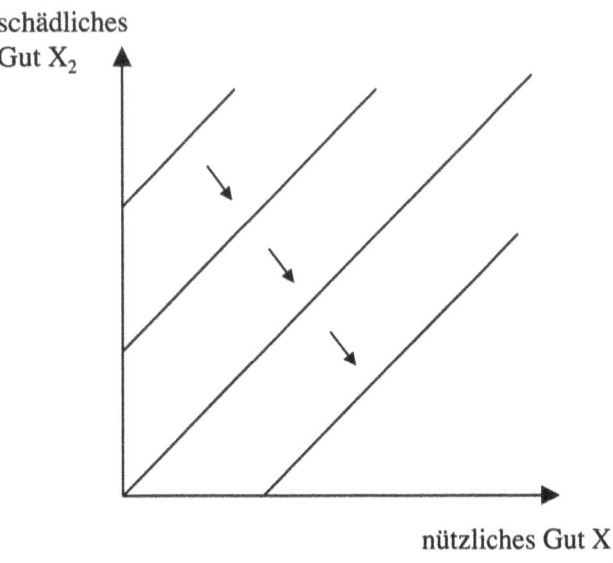

○ Abb. 1.9 Indifferenzkurven eines nützlichen und eines schädlichen Gutes

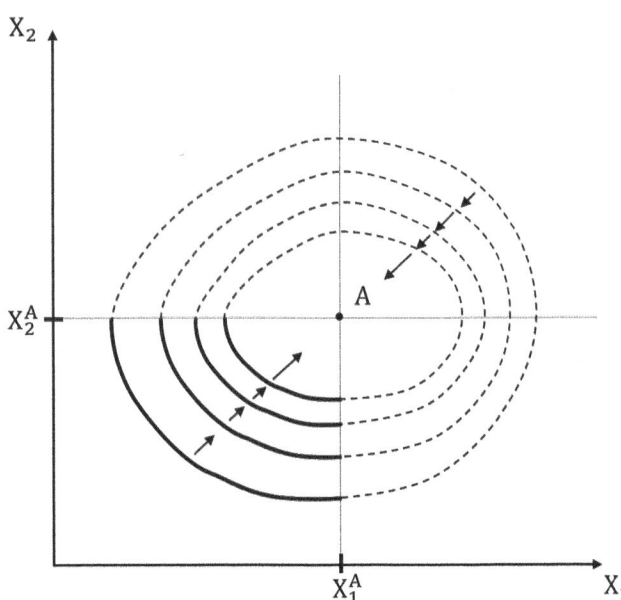

○ Abb. 1.10 Indifferenzkurven von Sättigungsgütern

X_1^A ist die Sättigungsmenge des Gutes eins, X_2^A diejenige des Gutes zwei. Sowohl ein Weniger als auch ein Mehr reduzieren das Nutzenniveau im Vergleich zum

Nutzenniveau im Sättigungspunkt. Zum Beispiel sind bei einem Kaffeetrinken zwei Stück Torte zu wenig und drei Stück Torte zu viel, wenn der Sättigungspunkt bei zweieinhalb Stück Torte liegt. Jedes Abweichen, sei es nach oben oder nach unten, vermindert den Nutzen. Wir betrachten den Fall von Sättigungsgütern als Ausnahme, wohl wissend, dass im realen Leben fast alle Güter Sättigungsgüter sind. Die ökonomische Sphäre zeichnet sich jedoch durch Knappheiten aus.

Für sogenannte Cobb-Douglas-Präferenzen lautet die typische Nutzenfunktion:

Cobb-Douglas-Präferenzen

$$U(X_1, X_2) = X_1^a \cdot X_2^b \qquad (1.11)$$

Die Ausgabenanteile eines Gutes bleiben gleich. Wenn sich die Exponenten zu eins addieren, gibt a den Ausgabenanteil des einen Gutes und b denjenigen des anderen Gutes an. Ihr zum Ursprung konvexer, fallender Verlauf entspricht dem einer „typischen" Indifferenzkurve.

1.3.4 Zusammenfassung

1. Eine *konsistente* **Präferenzordnung** muss die drei Axiome der Vollständigkeit, Reflexivität und Transitivität erfüllen.

2. Das Axiom der **Vollständigkeit** bedeutet, dass sämtlichen Gütern Präferenzen zugeordnet werden können, die in einer der folgenden fünf Beziehungen zueinanderstehen: Gut 1 wird Gut 2 *streng* vorgezogen; Gut 1 wird Gut 2 *schwach* vorgezogen; zwischen Gut 1 und Gut 2 besteht *Indifferenz*; Gut 2 wird Gut 1 *schwach* vorgezogen, Gut 2 wird Gut 1 *streng* vorgezogen.

3. Das Axiom der **Reflexivität** bedeutet, dass jedes Gut mindestens ebenso gut bewertet wird wie es selbst, dass folglich der Konsum eines Gutes unabhängig von Präferenzen zeitlicher, räumlicher, sachlicher oder persönlicher Art immer den gleichen Nutzen stiftet: $X_1 \geq X_2$

4. Das Axiom der **Transitivität** bedeutet: Wenn Gut 1 Gut 2 vorgezogen wird und Gut 2 Gut 3 vorgezogen wird, dann muss auch Gut 1 Gut 3 vorgezogen werden:
Wenn $X_1 \succ X_2$ und $X_2 \succ X_3$, dann $X_1 \succ X_3$

5. Das **Arrow-Paradoxon** zeigt (bei eingipfligen Präferenzen) die *Inkonsistenz* kollektiver Entscheidungen auf.

6. **Meta**präferenzen sind Präferenzen über Präferenzen.

7. *Meritorische* **Güter** sind „gute" („verdienstvolle") Güter, deren Nutzen *unter*schätzt wird.

8. *Demeritorische* **Güter** sind „schlechte" („nicht-verdienstvolle") Güter, deren Nutzen *über*schätzt wird.

9. *Adaptive* **Präferenzen** sind *nachträglich* „angepasste" Präferenzen, die *indirekt* über Änderungen von Restriktionen und damit einhergehende Selbstbindungsstrategien gesteuert werden.

10. *Öffentliche* **Nebenwetten** liegen vor, wenn die messbaren Ziele von Maßnahmen in Verbindung mit den möglichen Sanktionen, die den Verantwortlichen im Fall des Scheiterns auferlegt werden, öffentlich bekanntgegeben werden.

11. **Zeitinkonsistenzen** liegen vor, wenn der relevante Zeithorizont des Entscheiders kürzer ist als der relevante Zeithorizont, dessen die nachhaltige Lösung eines Problems bedarf.

12. Eine **Präferenzordnung** wird grafisch durch ein System von Indifferenzkurven repräsentiert.

13. Eine **Indifferenzkurve** ist der geometrische Ort aller Kombinationen von Gütermengen, bei denen das (erwartete) Nutzenniveau gleich hoch ist.

14. **Gütermengenkombinationen** auf *derselben* Indifferenzkurve repräsentieren das *gleiche* Nutzenniveau.

15. **Indifferenzkurven** müssen folgende **Anforderungen** erfüllen: Sie sind ordinal vergleichbar *(Vollständigkeit)*, dürfen sich nicht schneiden *(Reflexivität, Transitivität)*, verlaufen monoton fallend *(Nicht-Sättigungsprinzip)* und sind konvex zum Ursprung *(abnehmende Grenzrate der Substitution)*.

16. *Ökonomisch* zeigt die **Grenzrate der Substitution**, mit wie vielen Einheiten eines Gutes ein privater Haushalt kompensiert werden muss, um sein bisheriges Nutzenni-

veau zu halten, wenn er auf eine Einheit eines *anderen* Gutes verzichtet. *Geometrisch* wird die Grenzrate der Substitution durch die Steigung der Indifferenzkurve in einem Punkt repräsentiert. *Algebraisch* ist sie der Quotient aus der Änderung der Menge des *einen* Gutes und der Änderung der Menge des *anderen* Gutes: $\Delta X_2 / \Delta X_1$

17. Die *marginale* **Zahlungsbereitschaft** zeigt, welchen Preis ein Konsument gerade noch zu zahlen bereit ist.

18. *Konkave* **Präferenzen** liegen vor, wenn der *gemeinsame* Konsum von Gütern geringgeschätzt wird.

19. **Perfekte** *Substitute* sind Güter, die sich beliebig „austauschen" lassen, sodass ihre Grenzrate der Substitution konstant ist.

20. **Perfekte** *Komplemente* sind Güter, die sich gegenseitig „ergänzen", sodass sie in einem konstanten Verhältnis zueinander konsumiert werden und ihre Grenzrate der Substitution entweder bei null liegt oder gegen unendlich strebt.

21. *Neutrale* **Güter** sind Güter, deren Konsum keinen Einfluss auf den Nutzen hat, sodass die Grenzrate der Substitution neutraler Güter gegen unendlich strebt.

22. *Schädliche* **Güter** sind Güter, deren Nutzen mit zunehmendem Konsum abnimmt, sodass die Grenzrate der Substitution schädlicher Güter (durch nützliche Güter) positiv ist.

23. *Sättigungs*güter sind Güter, deren Nutzen sowohl mit zunehmendem als auch mit abnehmendem Konsum sinkt, da die Sättigungsmenge bereits erreicht ist.

1.4 Restriktionen und Budgetgeraden

1.4.1 Einführung

Restriktionen sind die Nebenbedingungen, die den Handlungsspielraum „einschränken" (vgl. lateinisch: „restringere" – „beschränken", „einschränken"). Präferenzen sind Vorlieben. Restriktionen beschränken die Möglichkeit, Vorlieben auf höchstem Niveau zu realisieren. In den Wirt-

1

schaftswissenschaften konzentrieren wir uns zumeist auf finanzielle Restriktionen. Da finanzielle Mittel nicht unerschöpflich sind, müssen wir mit knappen Budgets haushalten: Wir unterliegen einer Budgetrestriktion. Der Einfachheit halber nehmen wir an, dass das Budget einzig durch das Einkommen Y determiniert ist. Von anderen Bestimmungsgrößen wie Vermögen oder Krediten wird abgesehen.

Budgetrestriktion

> Die **Budget*restriktion*** ist erfüllt, wenn die Summe aller mit ihrem jeweiligen Preis bewerteten Gütermengen *kleiner oder gleich* dem Einkommen ist:
>
> $$P_1 \cdot X_1 + P_2 \cdot X_2 + P_3 \cdot X_3 + \cdots + P_n \cdot X_n \leq Y \quad (1.12)$$

Budgetgleichung

> Die **Budget*gleichung*** ist erfüllt, wenn die Summe aller mit ihrem jeweiligen Preis bewerteten Gütermengen *gleich* dem Einkommen ist:
>
> $$P_1 \cdot X_1 + P_2 \cdot X_2 + P_3 \cdot X_3 + \cdots + P_n \cdot X_n = Y \quad (1.13)$$

Budgetgerade

> Die **Budget*gerade*** ist der geometrische Ort aller Kombinationen von Gütermengen, bei denen das Budget ausgeschöpft wird, die Budgetrestriktion folglich als Budgetgleichung gilt.

1.4.2 Statische Eigenschaften

Während die Indifferenzkurve zeigt, was sich ein Individuum leisten *will,* zeigt die Budgetgerade, was sich ein Individuum leisten *kann.*

Zur weiteren Vereinfachung konzentrieren wir uns auf den Zwei-Güter-Fall, der qualitativ die gleichen Ergebnisse liefert wie der n-Güter-Fall. Die Budgetgleichung lautet:

$$P_1 \cdot X_1 + P_2 \cdot X_2 = Y \quad (1.14)$$

Tragen wir in ◘ Abb. 1.11 die Budgetgerade ab, die auf der Abszisse die Menge von Gut eins und auf der Ordinate die Menge von Gut zwei misst, erhalten wir eine fallende Gerade. Denn sofern das Budget nicht unerschöpflich ist, gilt: Je mehr von Gut eins konsumiert wird, desto weniger kann von Gut zwei konsumiert werden und umgekehrt.

Im Ordinatenabschnitt der Budgetgeraden gilt, dass der Konsument sein gesamtes Einkommen für Gut zwei ausgibt und die Nachfrage nach Gut eins null ist:

$$X_1 = 0 \quad (1.15)$$

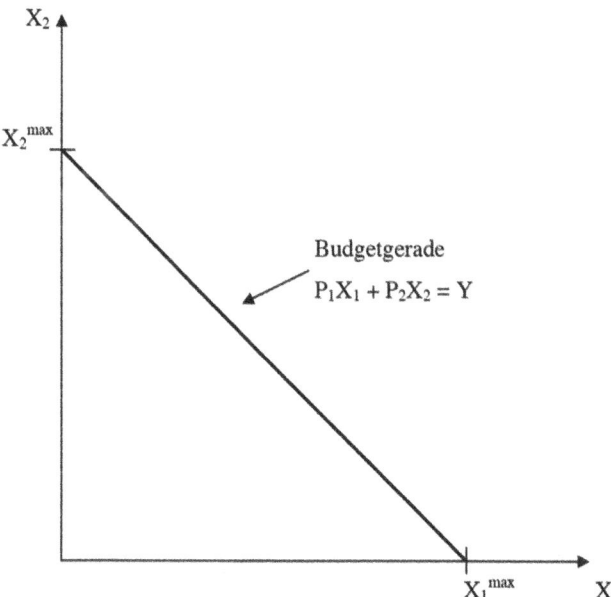

⬤ Abb. 1.11 Budgetgerade

Setzen wir Gl. (1.15) in die Budgetgleichung (1.14) ein und lösen nach X_2 auf, erhalten wir den Ordinatenabschnitt der Budgetgeraden:

$$\Rightarrow P_2 \cdot X_2 = Y \tag{1.16}$$

$$\Leftrightarrow X_2 = \frac{Y}{P_2} \tag{1.17}$$

Im Abszissenabschnitt der Budgetgeraden gilt, dass der Konsument sein gesamtes Einkommen für Gut eins ausgibt und die Nachfrage nach Gut zwei null ist:

$$X_2 = 0 \tag{1.18}$$

Setzen wir Gl. (1.18) in die Budgetgleichung (1.14) ein und lösen nach X_1 auf, erhalten wir den Abszissenabschnitt der Budgetgeraden:

$$\Rightarrow P_1 \cdot X_1 = Y \tag{1.19}$$

$$\Leftrightarrow X_1 = \frac{Y}{P_1} \tag{1.20}$$

Um die Steigung der Budgetgeraden zu ermitteln, lösen wir die Budgetgleichung (1.14) nach X_2 auf:

$$P_1 \cdot X_1 + P_2 \cdot X_2 = Y \tag{1.14}$$

1

$$\Leftrightarrow P_2 \cdot X_2 = Y - P_1 \cdot X_1 \qquad (1.21)$$

$$\Leftrightarrow X_2 = \frac{Y}{P_2} - \frac{P_1}{P_2} \cdot X_1 \qquad (1.22)$$

Steigung der
Budgetgeraden

Der Minuend Y/P_2 zeigt den bekannten Ordinatenabschnitt, der erste Faktor des Subtrahenden $-P_1/P_2$ ist die Steigung der Budgetgeraden, die – wie das Vorzeichen zu erkennen gibt – negativ ist, sodass es sich um eine fallende Gerade handelt.

> Die **Steigung** der Budgetgeraden repräsentiert das Preisverhältnis (die relativen Preise).

Von den relativen Preisen hängt ab, inwieweit der Konsument Einheiten von Gut eins durch Einheiten von Gut zwei substituieren kann et vice versa. Nach der Substitution des einen durch das andere Gut muss die Budgetgleichung weiterhin erfüllt sein. Die neue Budgetgleichung mit den entsprechenden Mengenänderungen lautet:

$$P_1(X_1 + \Delta X_1) + P_2(X_2 + \Delta X_2) = Y \qquad (1.23)$$

Subtrahieren wir die alte Budgetgleichung (1.14) von der neuen (1.23), erhalten wir:

$$\Rightarrow P_1(X_1 + \Delta X_1) + P_2(X_2 + \Delta X_2) - P_1 \cdot X_1 - P_2 \cdot X_2$$
$$= Y - Y = 0 \qquad (1.24)$$

Ausklammern führt zu:

$$\Leftrightarrow P_1 \cdot X_1 + P_1 \cdot \Delta X_1 + P_2 \cdot X_2 +$$
$$P_2 \cdot \Delta X_2 - P_1 \cdot X_1 - P_2 \cdot X_2 = 0 \qquad (1.25)$$

$P_1 \cdot X_1$ und $-P_1 \cdot X_1$, sowie $P_2 \cdot X_2$ und $-P_2 \cdot X_2$ heben sich gegenseitig auf, sodass wir Gl. (1.25) vereinfachen können zu:

$$\Leftrightarrow P_1 \cdot \Delta X_1 + P_2 \cdot \Delta X_2 = 0 \qquad (1.26)$$

Gl. (1.26) verdeutlicht, dass die Summe der bewerteten Konsumänderungen null ergeben muss, wenn weiterhin die Budgetgleichung erfüllt sein soll. Dies bedeutet, dass der Wert der Konsumänderung für Gut eins dem negativen Wert der Konsumänderung für Gut zwei entsprechen muss, ein Ergebnis, das wir nach Umformung von Gl. (1.26) erhalten:

$$\Leftrightarrow P_1 \cdot \Delta X_1 = -P_2 \cdot \Delta X_2 \qquad (1.27)$$

Bei Geltung der Budgetgleichung entspricht die (negative) **Grenzrate der Substitution** zweier Güter ihrem **umgekehrten Preisverhältnis:**

$$\Leftrightarrow -\frac{\Delta X_2}{\Delta X_1} = \frac{P_1}{P_2} \qquad (1.28)$$

Die Steigung der Budgetgeraden gibt somit an, bei welcher Grenzrate der Substitution gerade noch getauscht werden *kann*, ohne die Budgetgleichung zu verletzen. Die Steigung der Budgetgeraden misst zudem die Opportunitätskosten des Konsums eines Gutes, weil das eine Gut immer auf Kosten des anderen Gutes konsumiert wird und nicht gleichzeitig mehr von Gut eins und mehr von Gut zwei konsumiert werden kann, ohne die Budgetgleichung zu verletzen.

1.4.3 Komparativ-statische Eigenschaften

Änderungen der Ausgangssituation können endogener oder exogener Natur sein:

Endogene **Änderungen** sind Änderungen von Variablen, die „innerhalb" des Modells bestimmt sind.

endogene Änderungen

Steigt beispielsweise in einem Zwei-Güter-Diagramm mit einer Budgetgeraden die Menge des einen Gutes, findet eine Bewegung entlang der Kurve statt, die uns anzeigt, dass in diesem Fall die Menge des anderen Gutes sinken muss, um weiterhin die Budgetrestriktion zu erfüllen. Endogene Variablen sind in der Regel die Größen, die wir auf den Achsen eines Koordinatenkreuzes messen.

Exogene **Änderungen** sind Änderungen von Variablen, die „außerhalb" des Modells bestimmt sind.

exogene Änderungen

Steigt beispielsweise in einem Zwei-Güter-Diagramm mit einer Budgetgeraden das Einkommen, das weder auf der Ordinate noch auf der Abszisse explizit gemessen wird, findet eine Rechtsverschiebung der Budgetgeraden statt, die uns anzeigt, dass in diesem Fall die Menge beider Güter steigen kann, ohne die Budgetrestriktion zu verletzen. Exogene Variable sind *Lageparameter* einer Kurve. Änderungen exogener Größen werden auch als exogene Schocks bezeichnet.

1

komparativ-statische
Analysen

> **Komparativ-statische Analysen** gehen von einem Anfangsgleichgewicht aus, das durch einen *exogenen Schock* ins Ungleichgewicht gebracht wird und über Anpassungsprozesse in ein Endgleichgewicht mündet. „Vergleichend" werden zwei „Zustände" betrachtet: der Anfangszustand und der Endzustand.

Für die Untersuchung der komparativ-statischen Eigenschaften der Budgetgeraden ist genau zu unterscheiden, ob Preisänderungen Änderungen der relativen Preise oder Änderungen des Preisniveaus bedeuten.

1.4.3.1 Änderungen der relativen Preise

Änderungen der
relativen Preise

Ändern sich die relativen Preise, ändert sich das Preisverhältnis zwischen beiden Gütern und somit die Steigung der Budgetgeraden.

> **Änderungen der *relativen Preise*** führen zu *Drehungen* der Budgetgeraden.

Wird beispielsweise wie in ◘ Abb. 1.12 Gut eins teurer, steigen für den Haushalt die Opportunitätskosten für den Kauf von Gut eins, da er in diesem Fall auf mehr Einheiten von Gut zwei verzichten muss.

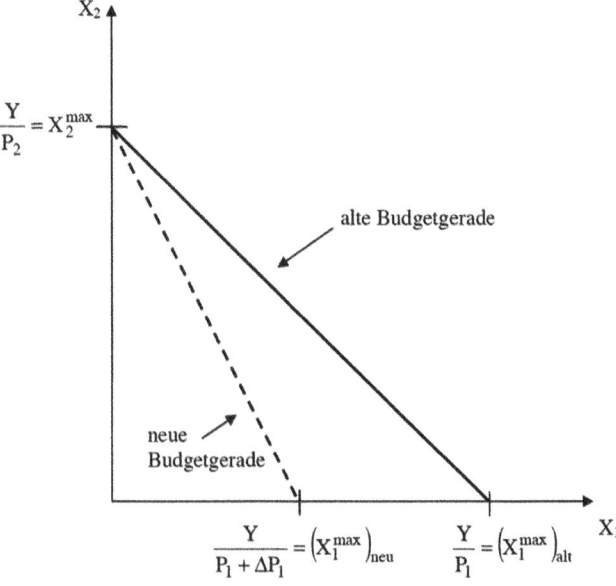

◘ **Abb. 1.12**   Änderung der relativen Preise – Anstieg des Preises für Gut 1

Die Opportunitätskosten für den Kauf von Gut zwei sinken, weil der Haushalt in diesem Fall auf weniger Einheiten von Gut eins verzichten muss. Am deutlichsten werden diese Implikationen aus der Änderung der relativen Preise, wenn wir uns die beiden Extremfälle vorstellen, in denen der Haushalt sein gesamtes Einkommen entweder für Gut eins oder für Gut zwei ausgibt: Steigt der Preis für Gut eins, ist die auf der Abszisse gemessene maximale Menge von Gut eins geringer als vorher, der Wert $(X_1^{max})_{alt}$ sinkt auf $(X_1^{max})_{neu}$, sodass die Budgetgerade die Abszisse weiter links schneidet als zuvor. Dies kommt einer Drehung der Budgetgeraden nach unten um den unveränderten Punkt X_2^{max} gleich. Die Budgetgerade ist nun steiler, das Preisverhältnis hat sich geändert, X_1 ist teurer geworden, X_2 ist relativ – nicht absolut, aber im Vergleich zu X_1 – billiger geworden.

Steigt der Preis für Gut zwei wie in ◘ Abb. 1.13, steigen für den Haushalt die Opportunitätskosten für den Kauf von Gut zwei, da er in diesem Fall auf mehr Einheiten von Gut eins verzichten muss.

Die Opportunitätskosten für den Kauf von Gut eins sinken, weil der Haushalt in diesem Fall auf weniger Einheiten von Gut zwei verzichten muss. Die auf der Ordinate gemessene maximale Menge von Gut zwei $(X_2^{max})_{alt}$ sinkt auf $(X_2^{max})_{neu}$, sodass die Budgetgerade die Ordinate weiter unten schneidet als zuvor. Dies kommt einer Drehung der Budgetgeraden nach unten um den unveränderten Punkt X_1^{max} gleich. Die Budgetgerade ist

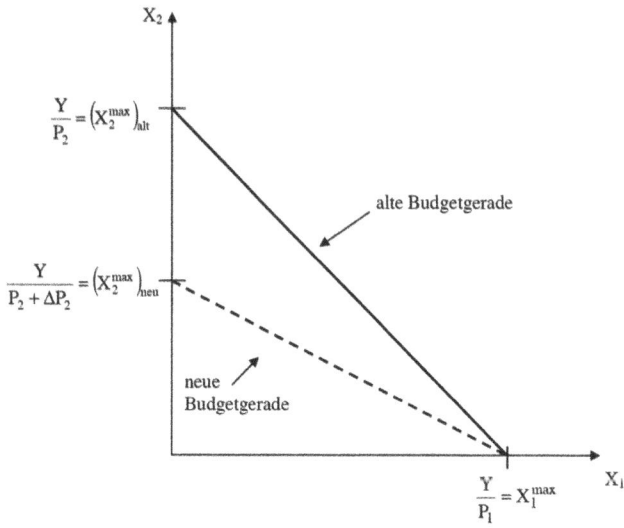

◘ **Abb. 1.13** Änderung der relativen Preise – Anstieg des Preises für Gut 2

1

nun flacher, das Preisverhältnis hat sich geändert, X_2 ist teurer geworden, X_1 ist relativ – nicht absolut, aber im Vergleich zu X_2 – billiger geworden.

1.4.3.2 Änderungen des Preisniveaus

Änderungen des Preisniveaus

Ändern sich die Preise beider Güter um denselben Prozentsatz, so variieren die absoluten Preise. Das Preisniveau verändert sich, die relativen Preise bleiben davon unberührt. Deshalb ist das Preisverhältnis das gleiche wie zuvor, sodass die Steigung der Budgetgeraden, die das Preisverhältnis repräsentiert, unverändert bleibt. Es treten nur Realeinkommenseffekte auf, die sich in einer Parallelverschiebung der Budgetgeraden niederschlagen:

> **Änderungen** des *Preisniveaus* (und des Einkommens) führen zu *Verschiebungen* der Budgetgeraden.

Steigt wie in ◨ Abb. 1.14 das Preisniveau, ohne dass sich die relativen Preise ändern, sinkt die maximale Konsummenge beider Güter, da ceteris paribus zwar nicht das Nominal-, aber das Realeinkommen abnimmt. Demzufolge sinken $(X_1^{max})_{alt}$ und $(X_2^{max})_{alt}$ auf $(X_1^{max})_{neu}$ beziehungsweise $(X_2^{max})_{neu}$. Da sich das Preisverhältnis und damit die Steigung der Budgetgeraden nicht ändert, verschiebt sich die Budgetgerade parallel nach links unten.

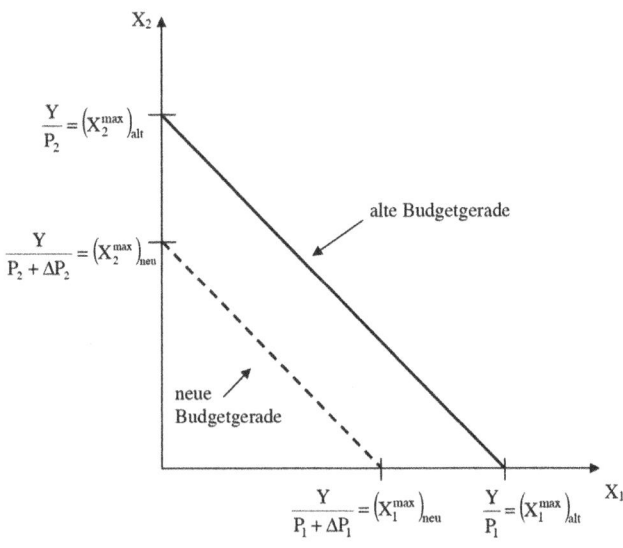

◨ **Abb. 1.14** Anstieg des Preisniveaus

Sinkt das Preisniveau, steigt die maximale Konsummenge beider Güter, da ceteris paribus das Realeinkommen zunimmt. Die Budgetgerade verschiebt sich parallel nach rechts oben. Einkommenssenkungen führen bei konstanten Preisen ebenso zu einer Verschiebung der Budgetgeraden nach links unten wie Preisniveauerhöhungen. Einkommenserhöhungen münden bei unveränderten Preisen ebenso in eine Verschiebung der Budgetgeraden nach rechts oben wie Preisniveausenkungen.

1.4.4 Zusammenfassung

1. Die **Budget*restriktion*** ist erfüllt, wenn die Summe aller mit ihrem jeweiligen Preis bewerteten Gütermengen *kleiner oder gleich* dem Einkommen ist:
   $P_1 \cdot X_1 + P_2 \cdot X_2 + P_3 \cdot X_3 + \ldots + P_n \cdot X_n \leq Y$

2. Die **Budget*gleichung*** ist erfüllt, wenn die Summe aller mit ihrem jeweiligen Preis bewerteten Gütermengen *gleich* dem Einkommen ist.
   $P_1 \cdot X_1 + P_2 \cdot X_2 + P_3 \cdot X_3 + \ldots + P_n \cdot X_n = Y$

3. Die **Budget*gerade*** ist der geometrische Ort aller Kombinationen von Gütermengen, bei denen das Budget ausgeschöpft wird, die Budgetrestriktion folglich als Budgetgleichung gilt.

4. Die **Steigung** der Budgetgeraden repräsentiert das Preisverhältnis (die relativen Preise) von Gütern.

5. Bei Geltung der Budgetgleichung entspricht die (negative) **Grenzrate der Substitution** zweier Güter ihrem *umgekehrten* **Preisverhältnis:**
   $-\dfrac{\Delta X_2}{\Delta X_1} = \dfrac{P_1}{P_2}$

6. *Endogene* **Änderungen** sind Änderungen von Variablen, die „innerhalb" des Modells bestimmt sind.

7. *Exogene* **Änderungen** sind Änderungen von Variablen, die „außerhalb" des Modells bestimmt sind.

8. **Komparativ-statische Analysen** gehen von einem Anfangsgleichgewicht aus, das durch einen *exogenen Schock* ins Ungleichgewicht gebracht wird und über Anpassungsprozesse in ein Endgleichgewicht mündet. „Vergleichend" werden zwei „Zustände" betrachtet: der Anfangszustand und der Endzustand.

1

9. **Änderungen** der *relativen Preise* führen zu *Drehungen* der Budgetgeraden.

10. **Änderungen** des *Preisniveaus* (und des Einkommens) führen zu *Verschiebungen* der Budgetgeraden.

1.5 Konsumoptimum

1.5.1 Einführung

In diesem Abschnitt führen wir das oben Erläuterte zusammen: Ein nutzenmaximierender privater Haushalt mit einer gegebenen Präferenzordnung strebt unter Berücksichtigung seiner Budgetrestriktion für eine gegebene Periode sein Konsumoptimum an. Dieses Konsumoptimum, das auch unter den Termini „Haushaltsoptimum", „optimale Konsumentscheidung", „Konsumgleichgewicht", und „Haushaltsgleichgewicht" bekannt ist, wird zunächst für eine Periode ermittelt. Anschließend führen wir komparativ-statische Analysen durch, indem wir die neuen Konsumoptima ermitteln, wenn wir Einkommensänderungen, direkte Preisänderungen und Kreuzpreisänderungen vornehmen. Danach untersuchen wir die Konsumentenrente, die für die privaten Haushalte einen zusätzlichen Nutzen verkörpert, da der von ihnen zu entrichtende Marktpreis in der Regel unterhalb ihrer jeweiligen marginalen Zahlungsbereitschaften liegt. Zum Abschluss dieses Abschnitts analysieren wir, wie der private Haushalt sein mehrperiodiges intertemporales Konsumoptimum ermittelt.

1.5.2 Statisches Konsumoptimum

Im statischen Konsumoptimum erzielt der private Haushalt in einer gegebenen Periode sein maximales Nutzenniveau, ohne seine Budgetrestriktion zu verletzen.

Zweites Gossensches Gesetz

Maximiert er seinen Konsum, wird er sein Budget ausschöpfen. Wer bei gegebener Bedarfsstruktur danach strebt, seinen Nutzen zu maximieren, ohne aufgrund der Güterknappheit seinen Gesamtbedarf voll befriedigen zu können, muss seine Mittel so einsetzen, dass im Konsumoptimum die Grenznutzen aller konsumierten Güter gleich sind. Dies ist der Inhalt des Zweiten Gossenschen Gesetzes (vgl. Gossen 1854, S. 12):

Gemäß dem **Zweiten Gossenschen Gesetz** (Grenznutzenausgleichsgesetz, Äquimarginalprinzip [Equimarginalprinzip]) gilt: Im Konsumoptimum sind die jeweiligen Grenznutzen für alle konsumierten Güter gleich:

$$\frac{\partial U}{\partial X_1} = U_1' = U_2' = \frac{\partial U}{\partial X_2} \qquad (1.29)$$

Menge an Rumkugeln X_1 und Eiskugeln X_2	Grenznutzen Rumkugeln U_1'	Grenznutzen Eiskugeln U_1'
1	8	10
2	7	8
3	6	6
4	5	4
5	4	2
6	3	1,5
7	2	1
8	1	0,5
9	0	0

Konsumiert der Haushalt zwei Güter – beispielsweise Rum- und Eiskugeln –, deren jeweiliger marginaler Nutzen in der vorstehenden Tabelle angegeben ist, so ist es für ihn bei gleichen Preisen für beide Gütereinheiten im Beispiel der Tabelle besser, fünf Rumkugeln und vier Kugeln Eis zu essen anstatt vier Rumkugeln und fünf Eiskugeln, obwohl die erste Kugel Eis einen höheren Nutzen stiftet als die erste Rumkugel. Im ersten Fall kommt er auf einen Gesamtnutzen von 58 Nutzeneinheiten, der Grenznutzen beider Güter liegt bei vier. Im zweiten Fall kommt der Haushalt bei gleich hohen Ausgaben nur auf einen Gesamtnutzen von 56 Nutzeneinheiten, der Grenznutzen seiner vierten Rumkugel liegt bei fünf, der Grenznutzen seiner fünften Eiskugel bei zwei. Anstatt die fünfte Eiskugel mit einem Grenznutzen von zwei zu konsumieren, ist er bessergestellt, wenn er die fünfte Rumkugel mit einem Grenznutzen von vier konsumiert.

Differieren die jeweiligen Güterpreise, greifen wir auf den Grenznutzen des Geldes zurück: Um die bewerteten Mengen gleichnamig und miteinander vergleichbar zu machen, ermitteln wir den Grenznutzen des Geldes U_X'/P_X, indem wir den Quotienten aus dem Grenznutzen U_X' und dem Preis desselben Gutes P_X bilden.

Grenznutzen des Geldes

Der **Grenznutzen des Geldes** ist der *zusätzliche* Nutzen eines Gutes pro Geldeinheit.

1

Menge Gut 1 X_1 Menge Gut 2 X_2	Grenznutzen Gut 1 U_1'	Preis Gut 1 P_1	Grenznutzen des Geldes Gut 1 $\frac{U_1'}{P_1}$	Grenznutzen Gut 2 U_2'	Preis Gut 2 P_2	Grenznutzen des Geldes Gut 2 $\frac{U_2'}{P_2}$
1	8	2	4	10	4	2,5
2	7	2	3,5	8	4	2
3	6	2	3	6	4	1,5
4	5	2	2,5	4	4	1
5	4	2	2	2	4	0,5
6	3	2	1,5	1,5	4	0,375
7	2	2	1	1	4	0,25
8	1	2	0,5	0,5	4	0,125
9	0	2	0	0	4	0

In der obigen Tabelle erläutern wir den Grenznutzen des Geldes anhand eines Zahlenbeispiels: Angenommen, der Preis für Gut eins (Rumkugeln) liegt bei zwei Geldeinheiten pro Stück und der Preis für Gut zwei (Eiskugeln) bei vier Geldeinheiten. Das Budget liegt bei insgesamt 30 Geldeinheiten, die der private Haushalt nutzenmaximal zu verwenden gedenkt. So lautet die Budgetrestriktion des privaten Haushalts:

$$2X_1 + 4X_2 \leq 30 \qquad (1.30)$$

Die nutzenmaximale Gütermengenkombination ergibt sich beim Konsum von sieben Mengeneinheiten des Gutes eins (Rumkugeln) und vier Mengeneinheiten des Gutes zwei (Eiskugeln). In diesem Fall schöpft der private Haushalt seine Budgetrestriktion voll aus: Er zahlt 14 (7 · 2) Geldeinheiten für Gut eins und 16 (4 · 4) Geldeinheiten für Gut zwei, insgesamt also 30 (14 + 16) Geldeinheiten. Sein Nutzen, der ihm aus dem Konsum der sieben Rumkugeln zufließt, beträgt 35 (8 + 7 + 6 + 5 + 4 + 3 + 2) Nutzeneinheiten, sein Nutzen, der ihm aus dem Konsum der vier Eiskugeln entsteht, liegt bei 28 (10 + 8 + 6 + 4) Nutzeneinheiten. Sein Gesamtnutzen beträgt somit 63 (35 + 28) Nutzeneinheiten. Bei allen anderen Gütermengenkombinationen, welche die Budgetrestriktion nicht verletzen, ist der Gesamtnutzen geringer. Insbesondere sei darauf hingewiesen, dass sich der private Haushalt nicht für die fünfte Mengeneinheit des Gutes zwei anstelle der siebten Mengeneinheit des Gutes eins entscheidet, obwohl der Grenznutzen bei beiden Optionen gleich ist, nämlich zwei. Zu berücksichtigen ist, dass der Haushalt für den Erwerb von zwei Nutzeneinheiten des

Gutes eins nur einen Preis von zwei Geldeinheiten zu zahlen hat, während er beim Kauf von zwei Nutzeneinheiten des Gutes zwei den Preis von vier Geldeinheiten zu zahlen hat, sich also schlechter stellt. Entscheidend ist der Grenznutzen *des Geldes,* der im ersten Fall bei eins liegt und im zweiten Fall nur halb so groß ist. Der Haushalt wählt folglich seine Gütereinheiten nach der jeweiligen Höhe des Grenznutzens des Geldes (siehe eingeklammerte Zahlen), in unserem Beispiel also in folgender Reihenfolge:

1	erste Rumkugel (4,0)
2	zweite Rumkugel (3,5)
3	dritte Rumkugel (3,0)
4	vierte Rumkugel (2,5)
	erste Eiskugel (2,5)
6	fünfte Rumkugel (2,0)
	zweite Eiskugel (2,0)
8	sechste Rumkugel (1,5)
	dritte Eiskugel (1,5)
10	siebte Rumkugel (1,0)
	vierte Eiskugel (1,0)

Beide Gossenschen Gesetze gelten weiterhin, nur in modifizierter Form:

> Gemäß dem *(erweiterten)* **Ersten Gossenschen Gesetz** (Gesetz des von Anfang an abnehmenden Grenznutzens) gilt: Mit zunehmender Konsummenge eines Gutes sinkt der *Grenznutzen des Geldes.*

Das Verhältnis der Grenznutzen zweier Güter entspricht ihrem Preisverhältnis:

$$\frac{\frac{\partial U}{\partial X_1}}{\frac{\partial U}{\partial X_2}} = \frac{U'_1}{U'_2} = \frac{P_1}{P_2} \qquad (1.31)$$

> Gemäß dem *(erweiterten)* **Zweiten Gossenschen Gesetz** (Grenznutzenausgleichsgesetz, Äquimarginalprinzip [Equimarginalprinzip]) gilt: Im Konsumoptimum sind die jeweiligen *Grenznutzen des Geldes* für alle konsumierten Güter gleich:
>
> $$\frac{\frac{\partial U}{\partial X_1}}{P_1} = \frac{U'_1}{P_1} = \frac{U'_2}{P_2} = \frac{\frac{\partial U}{\partial X_2}}{P_2} \qquad (1.32)$$

1

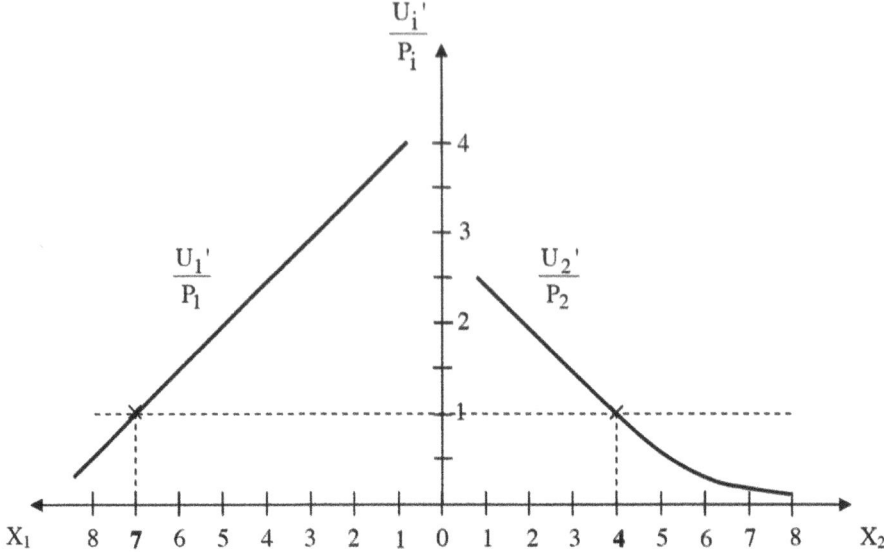

○ Abb. 1.15 Zweites Gossensches Gesetz: Ausgleich der Grenznutzen des Geldes

In ○ Abb. 1.15 ist die Wahl von sieben Einheiten des Gutes eins sowie von vier Einheiten des Gutes zwei optimal, weil nur in diesem Fall das Budget nutzenmaximal ausgeschöpft wird und der Grenznutzen des Geldes für beide Güter gleich ist.

Konsumoptimum

In ○ Abb. 1.16 zeigen wir ein statisches Konsumoptimum: Um das höchstmögliche Nutzenniveau zu erzielen, versuchen wir eine Indifferenzkurve zu erreichen, die so weit wie möglich vom Ursprung entfernt liegt, weil aufgrund der Nicht-Sättigungsannahme das Nutzenniveau umso höher ist, je weiter außen die Indifferenzkurven liegen. Um die Budgetrestriktion einzuhalten, darf das Konsumoptimum nicht oberhalb der Budgetgeraden liegen, sodass Indifferenzkurven, die zu weit außen liegen, zwar Gewolltes auf hohem Nutzenniveau repräsentieren, der Haushalt sich diese Nutzenniveaus aber nicht leisten kann. Mengenkombinationen auf Indifferenzkurven, die unterhalb der Budgetgeraden liegen, sind zu verwirklichen, da sie die Budgetrestriktion nicht verletzen. Sie sind jedoch suboptimal, weil der nutzenmaximierende Konsument in diesem Fall sein Budget nicht ausschöpft und somit auf weitere mögliche Nutzensteigerungen verzichtet.

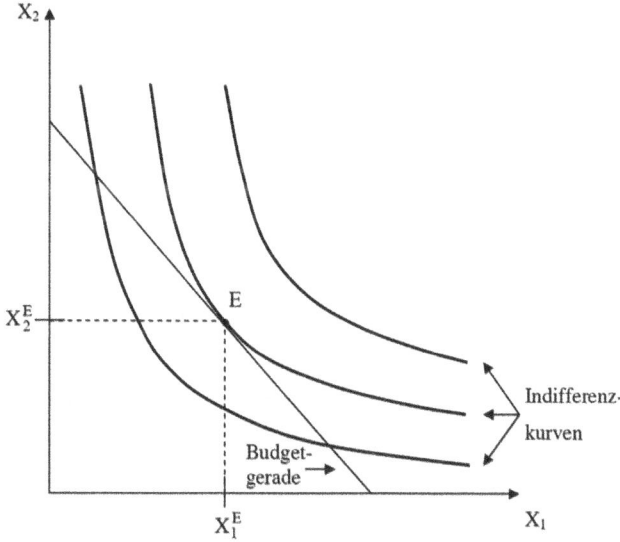

● **Abb. 1.16** Statisches Konsumoptimum

Weil Indifferenzkurven konvex zum Ursprung verlaufen und die Budgetgerade eine fallende Gerade darstellt, gibt es nie nur einen Schnittpunkt einer Indifferenzkurve mit der Budgetgeraden, sondern immer zwei Schnittpunkte, sofern wir von Randlösungen absehen, bei denen die Indifferenzkurve auf die Ordinate beziehungsweise auf die Abszisse trifft, der Konsument folglich auf eines der beiden Güter verzichten kann. Tragen wir beide Schnittpunkte ab, zeigt sich, dass es immer noch Punkte auf einer höher gelegenen Indifferenzkurve gibt, welche die Budgetrestriktion nicht verletzen. Sämtliche Gütermengenkombinationen, die oberhalb dieser Indifferenzkurve und unterhalb der Budgetgeraden liegen, stellen Nutzensteigerungen gegenüber den beiden Kombinationen dar, die durch die Schnittpunkte gekennzeichnet sind. Daher kann ein Schnittpunkt einer Indifferenzkurve mit der Budgetgeraden nicht der optimale Punkt sein. Das Konsumoptimum ist wie in ● Abb. 1.16 im Tangentialpunkt E einer Indifferenzkurve mit der Budgetgeraden zu finden.

Der marginale Nutzen des Gutes eins ist gegeben durch den Quotienten aus der Änderung seines Nutzens ΔU_1, im Verhältnis zur Änderung seiner Menge ΔX_1:

$$U_1' = \frac{U(X_1 + \Delta X_1, X_2) - U(X_1, X_2)}{\Delta X_1} = \frac{\Delta U_1}{\Delta X_1} \qquad (1.33)$$

Die Änderung des Nutzens entspricht somit dem Produkt aus dem Grenznutzen des Gutes, dessen Menge sich ändert, und der Mengenänderung dieses Gutes:

$$\Rightarrow \Delta U_1 = U_1' \cdot \Delta X_1 \tag{1.34}$$

Ändert sich der Konsum beider Güter, erhalten wir:

$$\Delta U = U_1' \cdot \Delta X_1 + U_2' \cdot \Delta X_2 \tag{1.35}$$

Bestimmen wir den Punkt, bei dem Änderungen von Gut eins und Gut zwei den Gesamtnutzen nicht ändern, erhalten wir die Grenzrate der Substitution, die grafisch der Steigung der Indifferenzkurve entspricht. Die notwendige Bedingung für ein Nutzenmaximum ist erfüllt, wenn der Nutzen durch die Wahl einer anderen Gütermengenkombination nicht mehr zu steigern ist:

$$\Rightarrow \Delta U = U_1' \cdot \Delta X_1 + U_2' \cdot \Delta X_2 = 0 \tag{1.36}$$

Daraus folgt:

$$\Rightarrow U_1' \cdot \Delta X_1 = -U_2' \cdot \Delta X_2 \tag{1.37}$$

Die (negative) Grenzrate der Substitution entspricht dem umgekehrten Verhältnis der Grenznutzen:

$$\Leftrightarrow -\frac{\Delta X_2}{\Delta X_1} = \frac{U_1'}{U_2'} = \frac{\frac{\Delta U_1}{\Delta X_1}}{\frac{\Delta U_2}{\Delta X_2}} \tag{1.38}$$

Die Grenzrate der Substitution ist gemäß dem Nicht-Sättigungsprinzip bei normal verlaufenden Indifferenzkurven immer negativ, weil ein Mehr des einen Gutes mit einem Weniger des anderen Gutes einhergeht, sofern das Nutzenniveau beibehalten werden soll. Im Tangentialpunkt sind die Steigungen von Indifferenzkurve und Budgetgerade gleich. Die ökonomische Interpretation der Steigung der Indifferenzkurve ist die Grenzrate der Substitution, diejenige der Steigung der Budgetgeraden das umgekehrte Preisverhältnis. Deshalb gilt:

Im Konsumoptimum ist die (negative) Grenzrate der Substitution gleich dem umgekehrten Preisverhältnis, wie wir bereits aus Gl. (1.28) wissen:

$$-\frac{\Delta X_2}{\Delta X_1} = \frac{P_1}{P_2} \tag{1.28}$$

Fassen wir Gln. (1.38) und (1.28) zusammen, können wir die Bedingung für das Konsumoptimum erweitern:

> *Ökonomisch* liegt ein **Konsumoptimum** vor, wenn ein privater Haushalt sein Nutzenmaximum erreicht, ohne seine Budgetrestriktion zu verletzen. *Geometrisch* liegt es im Tangentialpunkt von Indifferenzkurve und Budgetgerade. *Algebraisch* wird es mithilfe der Lagrange-Funktion bestimmt, die einen Algorithmus für ein Maximierungsproblem unter Nebenbedingungen liefert. Die (negative) Grenzrate der Substitution entspricht dem umgekehrten Verhältnis der Grenznutzen und dem umgekehrten Preisverhältnis:

$$\Rightarrow -\frac{\Delta X_2}{\Delta X_1} = \frac{\frac{\Delta U_1}{\Delta X_1}}{\frac{\Delta U_2}{\Delta X_2}} = \frac{P_1}{P_2} \tag{1.39}$$

Aus (1.39) folgt für das Konsumoptimum:

$$\Leftrightarrow \frac{\frac{\Delta U_1}{\Delta X_1}}{\frac{\Delta U_2}{\Delta X_2}} = \frac{P_1}{P_2} \tag{1.40}$$

> Im Konsumoptimum sind die Grenznutzen des Geldes für beide Güter gleich:

$$\Leftrightarrow \frac{\frac{\Delta U_1}{\Delta X_1}}{P_1} = \frac{\frac{\Delta U_2}{\Delta X_2}}{P_2} \tag{1.41}$$

Da der private Haushalt als Nutzenmaximierer auftritt, ist seine Nutzenfunktion zu maximieren. Diese hängt positiv von den Gütermengen ab, was in Gl. (1.42) durch die (+) – Zeichen illustriert wird:

$$\max U = U\left(\underset{(+)}{X_1}, \underset{(+)}{X_2}\right) \tag{1.42}$$

Die Nebenbedingung dieses Maximierungsproblems ist die Einhaltung der Budgetrestriktion. Da ein nutzenmaximierender Konsument nicht auf mögliche Nutzeneinheiten verzichtet und somit aufgrund der Nicht-Sättigungsannahme sein gesamtes Budget ausschöpft, können wir die Budgetgleichung (1.14) als Nebenbedingung verwenden: Die Ausgaben müssen den Einnahmen entsprechen, das heißt die Summe der mit den Marktpreisen bewerteten Gütermengen muss dem Einkommen des privaten Haushalts gleichen:

1

$$P_1 \cdot X_1 + P_2 \cdot X_2 = Y \quad (1.14)$$

Die Budgetgleichung formulieren wir so um, dass die rechte Seite null ergibt:

$$\Rightarrow Y - P_1 \cdot X_1 - P_2 \cdot X_2 = 0 \tag{1.43}$$

Lagrange-Funktion

Die Lagrange-Funktion ergibt sich aus
- der Zielfunktion (1.42) plus dem Produkt aus
- dem Vervielfachungsfaktor λ und
- der null gesetzten Nebenbedingung (1.43):

$$L = U\left(\underset{(+)}{X_1}, \underset{(+)}{X_2}\right) + \lambda \cdot (Y - P_1 \cdot X_1 - P_2 \cdot X_2) \tag{1.44}$$

Wir bilden die ersten partiellen Ableitungen für die drei unabhängigen Variablen X_1, X_2 sowie λ und setzen sie null, um die notwendige Bedingung eines Maximums zu erfüllen:

$$\frac{\partial L}{\partial X_1} = \frac{\partial U}{\partial X_1} - \lambda \cdot P_1 = 0 \tag{1.45}$$

$$\frac{\partial L}{\partial X_2} = \frac{\partial U}{\partial X_2} - \lambda \cdot P_2 = 0 \tag{1.46}$$

$$\frac{\partial L}{\partial \lambda} = Y - P_1 \cdot X_1 - P_2 \cdot X_2 = 0 \tag{1.47}$$

Kennen wir die numerischen Werte, brauchen wir diese nur einzusetzen, um die nutzenmaximalen Konsummengen beider Güter zu ermitteln. Ob die zweiten Ableitungen negativ (für ein Maximum) oder positiv (für ein Minimum) sind, kann berechnet oder durch Plausibilitätsüberlegungen erschlossen werden.

Die obige allgemeine Lösung liefert einige Hinweise von Bedeutung:

Gl. (1.45) kann umgeformt werden zu:

$$\Rightarrow \lambda = \frac{\frac{\partial U}{\partial X_1}}{P_1} \tag{1.48}$$

Analog lautet die Umformung von Gl. (1.46):

$$\Rightarrow \lambda = \frac{\frac{\partial U}{\partial X_2}}{P_2} \tag{1.49}$$

Gln. (1.48) und (1.49) können gleichgesetzt werden:

$$\Rightarrow \frac{\frac{\partial U}{\partial X_1}}{P_1} = \frac{\frac{\partial U}{\partial X_2}}{P_2} \tag{1.50}$$

Gl. (1.50) zeigt: Im Konsumoptimum gilt das Zweite Gossensche Gesetz: Die Grenznutzen des Geldes im Konsum sind für beide Güter gleich. Gln. (1.41) und (1.50) unterscheiden sich nur in ihrem Präzisionsgrad: In Gl. (1.41) ermitteln wir die jeweiligen Grenznutzen des Geldes mit Änderungen *endlich* kleiner Größen, die anschaulich sind. In Gl. (1.50) ermitteln wir die jeweiligen Grenznutzen des Geldes mit Änderungen *unendlich* kleiner Größen, die weniger anschaulich, dafür aber präziser sind.

Das Konsumoptimum des privaten Haushalts wird im Zwei-Güter-Fall durch folgende Faktoren bestimmt:

- die Höhe seines Einkommens Y,
- den Preis des ersten Gutes P_1 sowie
- den Preis des zweiten Gutes P_2.

Gl. (1.51) kann als allgemeine Konsumnachfragefunktion oder als allgemeine Güternachfragefunktion von Gut eins interpretiert werden.

$$X_1^d = X_1^d(Y, P_1, P_2) \tag{1.51}$$

Analog lässt sich die *allgemeine* Güternachfragefunktion von Gut zwei bilden:

allgemeine Güternachfragefunktion

$$X_2^d = X_2^d(Y, P_1, P_2) \tag{1.52}$$

Im Folgenden betrachten wir die Nachfrage X_1^d nach Gut eins und variieren die drei Faktoren, zunächst das Einkommen Y, danach den (direkten) Preis des betrachteten Gutes P_1 und schließlich den (Kreuz-) Preis des anderen Gutes P_2.

1.5.3 Einkommensvariationen

Variieren wir bei Konstanz beider Preise das Einkommen, erhalten wir in einem Mengen-Diagramm die Einkommen-Konsum-Kurve und in einem Einkommen-Mengen-Diagramm die Engel-Kurve. Es gilt:

$$X_1^d = X_1(Y, \overline{P}_1, \overline{P}_2) \tag{1.53}$$

1

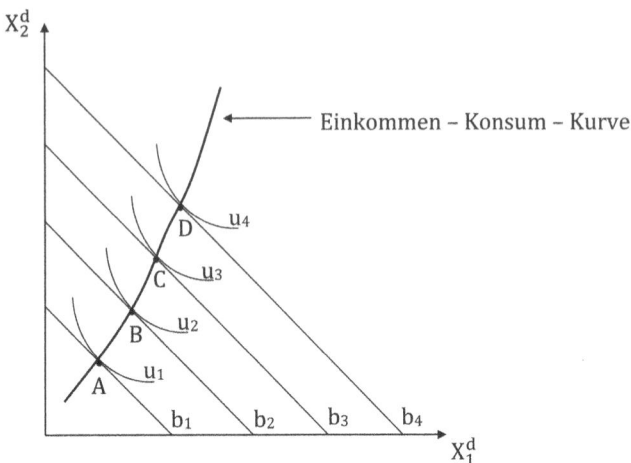

◘ Abb. 1.17   Einkommen-Konsum-Kurve

1.5.3.1 **Einkommen-Konsum-Kurve**

Einkommen-Konsum-
Kurve

> Die **Einkommen-Konsum-Kurve** ist der geometrische Ort aller Kombinationen von Gütermengen, welche bei Konstanz der Preise und Variation des Einkommens die jeweiligen Konsumoptima eines privaten Haushalts darstellen.

Diese Kurve erhalten wir, indem wir in einem Mengen-Diagramm wie in ◘ Abb. 1.17 sämtliche Tangentialpunkte von Budgetgeraden und Indifferenzkurven unterschiedlicher Niveaus miteinander verbinden. Die Einkommen-Konsum-Kurve wird auch Einkommensexpansionspfad genannt. Die Konstanz der relativen Preise wird grafisch dadurch sichergestellt, dass die Steigungen der jeweiligen Budgetgeraden gleich sind. Die Variation des Einkommens wird durch die Parallelverschiebungen der Budgetgeraden illustriert, wobei weiter außen liegende Budgetgeraden ein höheres Einkommen widerspiegeln. Die jeweiligen Tangentialpunkte einer Indifferenzkurve mit einer Budgetgeraden stellen die optimalen Konsumpläne dar.

1.5.3.2 **Engel-Kurve**

Engel-Kurve

> Die **Engel-Kurve** ist der geometrische Ort aller Kombinationen von Gütermengen und Einkommen, welche bei Konstanz des Preises und Variation des Einkommens die jeweiligen Konsumoptima eines privaten Hauhalts darstellen.

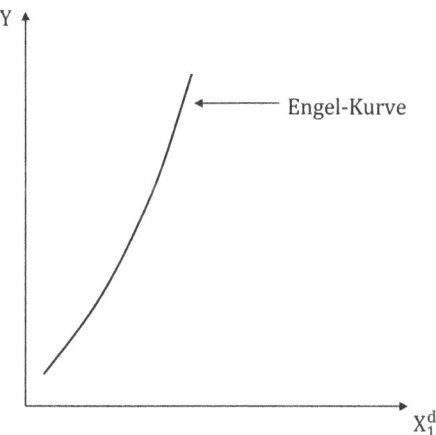

Abb. 1.18 Engel-Kurve

Die Engel-Kurve in ◨ Abb. 1.18, die den Namen des deutschen Sozialökonomen Christian Lorenz Ernst Engel (1821–1896) trägt, lässt sich aus der Einkommen-Konsum-Kurve herleiten. Einkommensänderungen werden nicht wie bei der Einkommen-Konsum-Kurve *implizit* über unterschiedliche Budgetgeraden dargestellt, sondern *explizit* auf der Ordinate gemessen, während auf der Abszisse die Mengeneinheiten eines Gutes abgetragen werden. Analog lässt sich die Engel-Kurve für das zweite Gut ermitteln.

1.5.4 Direkte Preisvariationen

Variieren wir bei Konstanz des Einkommens den Preis des betrachteten Gutes, erhalten wir in einem Mengen-Diagramm die Preis-Konsum-Kurve und in einem Preis-Mengen-Diagramm die Güternachfragekurve. Es gilt:

$$X_1^d = X_1^d\left(\overline{Y}, P_1, \overline{P}_2\right) \tag{1.54}$$

1.5.4.1 Preis-Konsum-Kurve

Die **Preis-Konsum-Kurve** ist in einem *Mengen*diagramm der geometrische Ort aller Kombinationen von Gütermengen, welche bei Konstanz des Einkommens und Variation des Preises (*desselben* Gutes) die jeweiligen Konsumoptima eines privaten Haushalts darstellen.

Preis-Konsum-Kurve

1

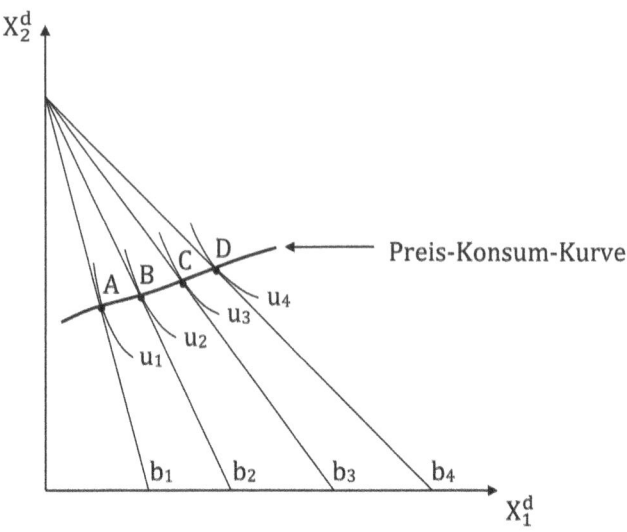

☐ Abb. 1.19   Preis-Konsum-Kurve bei Preisvariation *desselben* Gutes

In ☐ Abb. 1.19 senken wir nach und nach den Preis P_1 von Gut eins, sodass im Normalfall die Nachfrage nach diesem Gut X_1^d steigt. Wir substituieren das – bei unverändertem Preis P_2 – *relativ* teurer gewordene Gut zwei durch das absolut und relativ günstiger gewordene Gut eins. Dies ist der *Substitutionseffekt*, den wir später in einem eigenen Abschnitt genauer erläutern. Aufgrund der Preissenkung steigt jedoch bei unverändertem Nominaleinkommmen das Realeinkommen, sodass wir davon ausgehen können, dass nicht nur die Nachfrage nach Gut eins, sondern auch die Nachfrage nach Gut zwei steigt. Dies ist der *Einkommenseffekt*, den wir ebenfalls später in einem eigenen Abschnitt näher untersuchen.

Die Preis-Konsum-Kurve erhalten wir, indem wir im Mengen-Diagramm sämtliche Tangentialpunkte von Budgetgeraden und Indifferenzkurven unterschiedlicher Nutzenniveaus miteinander verbinden. Die Variation der relativen Preise wird grafisch dadurch sichergestellt, dass die Steigungen der Budgetgeraden variieren. Die jeweiligen Tangentialpunkte einer Indifferenzkurve mit einer Budgetgeraden stellen die optimalen Konsumpläne dar.

1.5.4.2 **Nachfragekurve**

Nachfragekurve

Wird die Änderung des Preises für Gut eins *implizit* im Mengen-Diagramm über eine Drehung der Budgetgeraden ausgedrückt, erhalten wir die Preis-Konsum-Kurve.

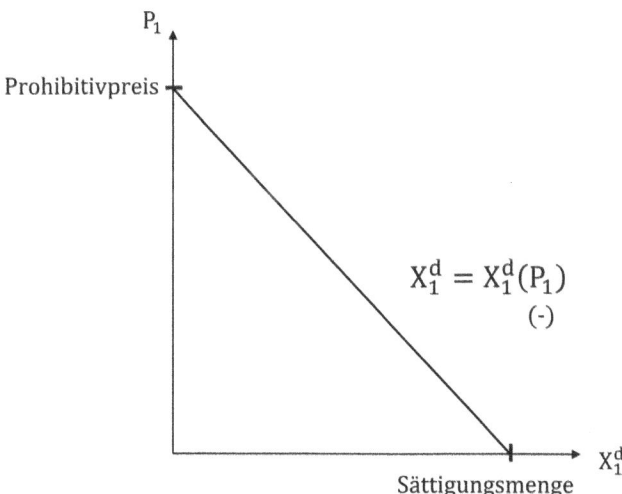

Abb. 1.20 Nachfragekurve

Stellen wir diese Preisvariation *explizit* in einem Preis-Mengen-Diagramm dar, erhalten wir die Nachfragekurve, die in ◘ Abb. 1.20 dargestellt ist. Die Definitionen der Preis-Konsum-Kurve und der Nachfragekurve sind somit gleich, beide Kurven unterscheiden sich nur durch die jeweiligen Diagramme (Mengendiagramm beziehungsweise Preis-Mengen-Diagramm), in denen sie dargestellt werden (◘ Abb. 1.19 beziehungsweise ◘ Abb. 1.20).

> Die **Nachfragekurve** ist in einem *Preis-Mengen*-Diagramm der geometrische Ort aller Kombinationen von Preisen und Gütermengen, welche bei Konstanz des Einkommens und Variation des Preises (*desselben* Gutes) die jeweiligen Konsumoptima eines privaten Haushalts darstellen.

Im Normalfall weist die Nachfragekurve eine negative Steigung auf:

$$\frac{dP_1}{dX_1^d} = \frac{1}{\frac{dX_1^d}{dP_1}} < 0 \tag{1.55}$$

1   Nachfragefunktion

> Die **Nachfragefunktion** stellt die Nachfrage eines Gutes in *(negativer)* Abhängigkeit vom Preis dar:
>
> $$X_1^d = X_1^d \underset{(-)}{(P_1)} \tag{1.56}$$

Im Folgenden gehen wir davon aus, dass eine Nachfragekurve in einem Preis-Mengen-Diagramm typischerweise fallend verläuft. Plausibel erscheint diese Annahme, weil ein privater Haushalt im Regelfall bei sinkenden Preisen mehr Mengeneinheiten eines Gutes nachfragt, wogegen er seine Nachfrage nach diesem Gut bei steigenden Preisen einschränkt.

„WER SCHON HAT, DER KAUFT NICHT MEHR"

Sättigungsmenge

> Die **Sättigungsmenge** ist die Menge, bei der die letzte Einheit der Nachfragemenge zu einem Preis von null nachgefragt wird. Der Konsument ist folglich nicht mehr bereit, für den Erwerb einer weiteren Gütereinheit einen Preis zu zahlen.

Grafisch ist dies im Preis-Mengen-Diagramm der Schnittpunkt der Nachfragekurve mit der Abszisse.

Prohibitivpreis

> Der **Prohibitivpreis** ist der Preis, bei dem die Nachfragemenge *gerade* null wird, weil der geforderte Preis zu hoch ist.

Wird der Preis um eine Einheit gesenkt, wird zumindest eine Gütereinheit nachgefragt. Grafisch ist dies im

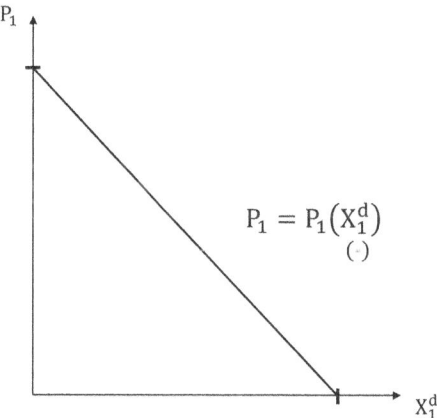

$$P_1 = P_1\left(X_1^d\right)$$
$$(\ )$$

■ **Abb. 1.21** Inverse Nachfragekurve

Preis-Mengen-Diagramm der Schnittpunkt der Nachfragekurve mit der Ordinate.

Der **Reservationspreis** (Vorbehaltspreis, marginale Zahlungsbereitschaft) ist der Preis, bei dem sich ein Konsument indifferent zwischen dem Kauf und dem Nicht-Kauf eines Gutes verhält. Der Reservationspreis verkörpert genau den Preis, bei dem der Konsument eine Gütereinheit *gerade noch* kauft.

Reservationspreis

Liegt der Preis um eine Einheit höher als der Reservationspreis, kauft der Konsument nicht, liegt der Preis um eine Einheit niedriger als der Reservationspreis, kauft er. Grafisch werden im Preis-Mengen-Diagramm die Reservationspreise eines Konsumenten durch seine Nachfragekurve repräsentiert.

Die *inverse* **Nachfragekurve** in ■ Abb. 1.21 zeigt, wie hoch der Preis sein müsste, um eine bestimmte Nachfrage zu erzielen.

inverse Nachfragekurve

In ■ Abb. 1.21 ist die inverse Nachfragekurve dargestellt.

Die *inverse* **Nachfragefunktion** stellt den Preis eines Gutes in *(negativer)* Abhängigkeit von der Nachfrage dar:

inverse Nachfragefunktion

$$P_1 = P_1\left(X_1^d\right) \qquad (1.57)$$
$$(-)$$

1

1.5.5 Kreuzpreisvariationen

Variieren wir bei Konstanz des Einkommens den Preis des *anderen* Gutes, erhalten wir in einem Mengen-Diagramm die Kreuzpreis-Konsum-Kurve und in einem Preis-Mengen-Diagramm die Kreuznachfragekurve. Es gilt:

$$X_1^d = X_1^d\left(\overline{Y}, \overline{P}_1, P_2\right) \tag{1.58}$$

1.5.5.1 Kreuzpreis-Konsum-Kurve

Kreuzpreis-Konsum-Kurve

> Die **Kreuzpreis-Konsum-Kurve** ist in einem *Mengen*diagramm der geometrische Ort aller Kombinationen von Gütermengen, welche bei Konstanz des Einkommens und Variation des Preises des *anderen* Gutes die jeweiligen Konsumoptima eines privaten Haushalts darstellen.

Aus Vereinfachungsgründen wird auch diese Kurve oft verkürzt als Preis-Konsum-Kurve bezeichnet.

Im Unterschied zur Preis-Konsum-Kurve, die wir bei den *direkten* Preisvariationen hergeleitet haben, variieren wir in ◘ Abb. 1.22 nicht den Preis des Gutes, dessen Nachfrageänderung wir betrachten, sondern den Preis des *anderen* Gutes. In unserem Beispiel sinkt der Preis P_2 sukzessive.

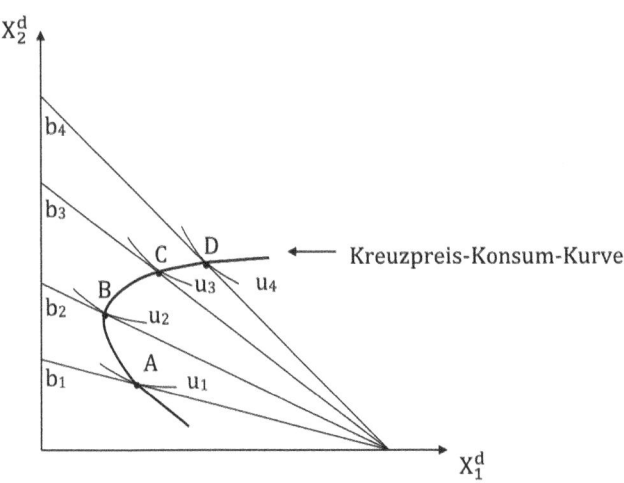

◘ **Abb. 1.22** Kreuzpreis-Konsum-Kurve von Gut 1 bei Preisvariation von Gut 2

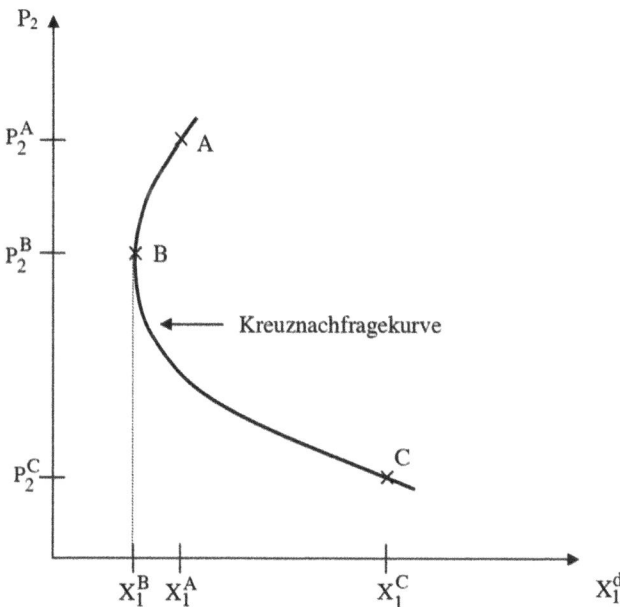

● **Abb. 1.23**   Kreuznachfragekurve

1.5.5.2 **Kreuznachfragekurve**

> Die **Kreuznachfragekurve** ist in einem *Preis-Mengen*-Diagramm der geometrische Ort aller Kombinationen von Kreuzpreisen und Gütermengen, welche bei Konstanz des Einkommens und Variation des Preises des *anderen* Gutes die jeweiligen Konsumoptima eines privaten Hauhalts darstellen.

Kreuznachfragekurve

In ● Abb. 1.23 weist die Kreuznachfragekurve oberhalb von B eine positive, unterhalb von B eine negative Steigung auf. Dieses Phänomen wollen wir erklären, indem wir entlang der Kreuznachfragekurve von A über B nach C wandern: Im Fall einer Preissenkung des Gutes zwei wird die Nachfrage des Gutes eins zurückgehen. Der private Haushalt substituiert das relativ teurer gewordene Gut eins durch das günstiger gewordene Gut zwei (Substitutionseffekt). Dieser Effekt ist auf dem Weg von P_2^A zu P_2^B der dominante, die Güternachfrage von Gut eins sinkt von X_1^A auf X_1^B. Sinkt der Preis des zweiten Gutes noch stärker in Richtung P_2^C, tritt ein anderer Effekt in den Vordergrund: Aufgrund des gestiegenen Realeinkommens, hervorgerufen durch die Preissenkung von

Gut zwei, kann sich der private Haushalt nicht nur vom günstiger gewordenen Gut zwei, sondern auch vom relativ teurer gewordenen Gut eins mehr Gütereinheiten leisten, sodass seine Nachfrage von Gut eins von X_1^B auf X_1^C steigt (Einkommenseffekt).

1.5.6 Intertemporales Konsumoptimum

Für einen privaten Haushalt kann es vorteilhaft sein, seiner Konsumentscheidung einen mehrperiodigen Zeithorizont zugrundezulegen:

intertemporale
Konsumentscheidung

> Bei einer **intertemporalen Konsumentscheidung** kann ein privater Haushalt bei *positiver* Zeitpräferenz Konsum vorziehen, den er durch einen Kredit finanziert und später mit Zinsen zurückzahlt, oder bei *negativer* Zeitpräferenz Konsum in die Zukunft verlagern, indem er in der Gegenwart Ersparnisse bildet und diese später auflöst.

Beispielsweise kann ein Vorziehen von Zukunftskonsum in die Gegenwart in seinem Interesse liegen, wenn er Kinder hat. In diesem Fall muss der private Haushalt in der Gegenwart entsparen, also einen Kredit aufnehmen, um die über sein Gegenwartseinkommen hinausgehenden Konsumwünsche befriedigen zu können. In der Zukunft, wenn die Kinder das Haus verlassen haben und auf eigenen Füßen stehen, muss er sich im Konsumverzicht üben und seinen Kredit samt Zinsen zurückzahlen. Umgekehrt mag sich ein kurzfristiger Konsumverzicht in der Gegenwart für den privaten Haushalt auszahlen, wenn er sich durch Bilden von Ersparnissen in der Gegenwart und Verlagern seines Konsums in die Zukunft langfristig besserstellt, weil er für ein eigenes Haus spart. In beiden Fällen strebt der private Haushalt nach seinem intertemporalen Konsumoptimum, dessen Kalkül im Folgenden veranschaulicht wird.

Zur Vereinfachung betrachten wir den einfachsten Mehrperioden-Fall: den Zwei-Perioden-Fall. In ◨ Abb. 1.24 werden auf der Abszisse die Gegenwartswerte für Einkommen, Konsum und Ersparnis abgetragen, auf der Ordinate ihre entsprechenden Zukunftswerte. Die Indifferenzkurve repräsentiert das Nutzenniveau beider Perioden, das sich in einer stärkeren Präferenz für

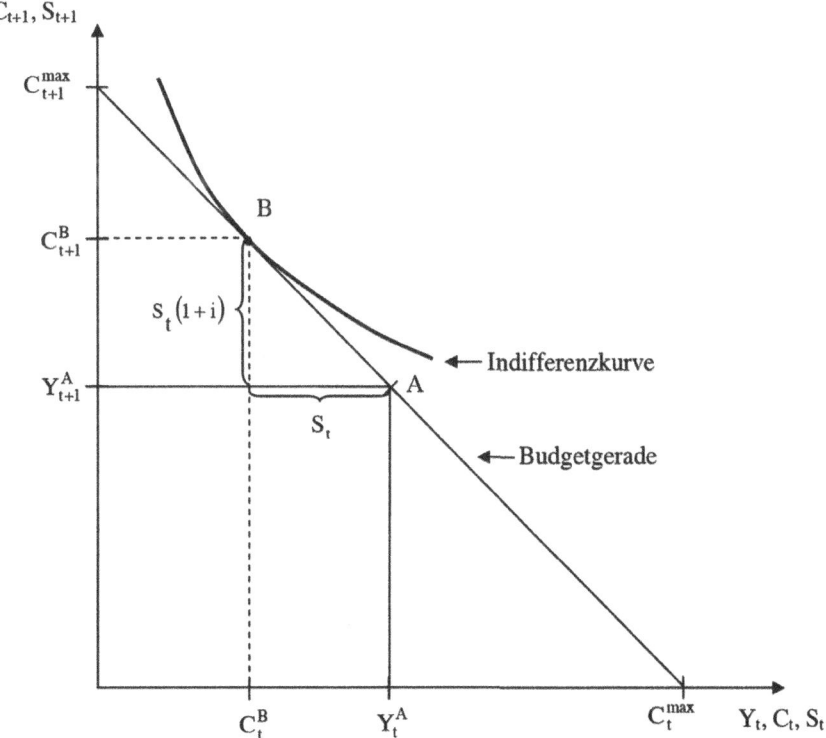

⬤ Abb. 1.24 Intertemporales Konsumoptimum bei negativer Zeitpräferenz

den Gegenwarts- beziehungsweise für den Zukunftskonsum niederschlagen kann. Die Budgetgerade repräsentiert die Budgetgleichung für beide Perioden. Somit kann der private Haushalt theoretisch fast sein gesamtes Budget aus zwei Perioden in der Gegenwart verausgaben, muss dann aber einen zinstragenden Kredit aufnehmen und seine Schulden samt Zinsen in der zweiten Periode zulasten seines Zukunftskonsums zurückzahlen. Im anderen Extremfall kann er zugunsten seines Zukunftskonsums in der Gegenwart gänzlich auf Konsum verzichten und zinstragende Ersparnisse bilden, die er in der zweiten Periode auflöst. Der Einfachheit halber sehen wir von der Existenz eines einkommensunabhängigen autonomen Konsums ab.

Gemäß seiner **intertemporalen Nutzenfunktion** (1.59) ist der zu maximierende Nutzen des privaten Haushalts positiv vom Gegenwarts- und Zukunftskonsum abhängig:

intertemporale
Nutzenfunktion

$$U_t = U_t \left(\underset{(+)}{C_t}, \underset{(+)}{C_{t+1}} \right) \tag{1.59}$$

1

intertemporale
Budgetrestriktion

Gegenwarts- und Zukunftseinkommen Y_t beziehungsweise Y_{t+1} sind gegeben. Gegenwarts- und Zukunftskonsum C_t beziehungsweise C_{t+1} brauchen mit den periodengleichen Einkommen nicht übereinzustimmen, da die Budgetrestriktion nicht für jede einzelne Periode, sondern für die Dauer von zwei Perioden eingehalten werden muss. Die *intertemporale* **Budgetrestriktion** (1.60) schreiben wir in ihrer extremen Form als *intertemporale* **Budgetgleichung**, da der Haushalt nach zwei Perioden sein gesamtes Budget ausgeschöpft haben soll. Gegenwartskonsum plus abgezinster Zukunftskonsum müssen dem Gegenwartseinkommen plus dem abgezinsten Zukunftseinkommen entsprechen:

$$C_t + \frac{1}{1+i} \cdot C_{t+1} = Y_t + \frac{1}{1+i} \cdot Y_{t+1} \qquad (1.60)$$

Die Budgetgerade zeigt sämtliche Kombinationen von Gegenwarts- und Zukunftskonsum an, die sich ein Haushalt gerade noch leisten kann. Die Koordinaten von Gegenwarts- und Zukunftseinkommen müssen auf der Budgetgeraden liegen, da beide Einkommen die Budgethöhe determinieren.

Übt sich der Haushalt in der Gegenwart in absoluter Enthaltsamkeit und verwendet er sämtliche Ressourcen auf seinen Zukunftskonsum, erhalten wir den maximal möglichen Zukunftskonsum C_{t+1}^{max}.

Die Budgetgleichung (1.60) vereinfacht sich zu:

$$\Rightarrow \frac{1}{1+i} \cdot C_{t+1}^{max} = Y_t + \frac{1}{1+i} \cdot Y_{t+1} \qquad (1.61)$$

Um den Ordinatenabschnitt der Budgetgeraden zu ermitteln, lösen wir Gl. (1.61) nach C_{t+1}^{max} auf. Für den maximal möglichen Zukunftskonsum verwendet der private Haushalt sein aufgezinstes Gegenwartseinkommen sowie sein Zukunftseinkommen:

$$\Leftrightarrow C_{t+1}^{max} = Y_t(1+i) + Y_{t+1} \qquad (1.62)$$

Verwendet der Haushalt alle Ressourcen für seinen Gegenwartskonsum und verzichtet er gänzlich auf Zukunftskonsum, erhalten wir den maximal möglichen Gegenwartskonsum C_t^{max}.

In Gl. (1.63) ist der Abszissenabschnitt der Budgetgeraden gegeben. Für den maximal möglichen Gegenwartskonsum verwendet der private Haushalt sein Gegenwartseinkommen und sein abgezinstes Zukunftseinkommen. Die Budgetgleichung (1.60) wird modifiziert zu:

$$C_t^{max} = Y_t + \frac{1}{1+i} \cdot Y_{t+1} \qquad (1.63)$$

Ökonomisch liegt ein **intertemporales Konsumoptimum** vor, wenn ein privater Haushalt sein *mehrperiodiges* Nutzenmaximum erreicht, ohne seine *intertemporale* Budgetrestriktion zu verletzen. *Geometrisch* wird es durch den Tangentialpunkt von *intertemporaler* Indifferenzkurve und *intertemporaler* Budgetgerade repräsentiert. *Algebraisch* entspricht die (negative) Grenzrate der intertemporalen Substitution dem Aufzinsungsfaktor:

$$-\frac{dC_{t+1}}{dC_t} = (1+i) \tag{1.64}$$

intertemporales Konsumoptimun

Zuerst betrachten wir den Fall, in dem der Haushalt eine *negative* **Zeitpräferenz** aufweist und sein Gegenwartskonsum kleiner ist als sein Gegenwartseinkommen, wie in ◘ Abb. 1.24 illustriert:

negative Zeitpräferenz

$$C_t^B < Y_t^A \tag{1.65}$$

Das intertemporale Konsumoptimum liegt in B. Der optimale Gegenwartskonsum beträgt C_t^B, der optimale Zukunftskonsum C_{t+1}^B.

Da der Gegenwartskonsum kleiner ist als das Gegenwartseinkommen, bildet der Haushalt Ersparnisse in Höhe von S_t, die er aufgezinst für seinen Konsum in der Zukunft verwenden kann.

Der Gegenwartskonsum entspricht der Differenz aus dem Gegenwartseinkommen und der positiven Ersparnis:

Gegenwartskonsum

$$C_t^B = Y_t^A - \underset{(+)}{S_t} \tag{1.66}$$

Der Zukunftskonsum entspricht der Summe aus dem Zukunftseinkommen und der aufgezinsten positiven Ersparnis:

Zukunftskonsum

$$C_{t+1}^B = Y_{t+1}^A + S_t \cdot (1+i) \tag{1.67}$$

Betrachten wir nun den zweiten Fall, in dem der Haushalt eine *positive* **Zeitpräferenz** aufweist und sein Gegenwartskonsum größer ist als sein Gegenwartseinkommen, wie in ◘ Abb. 1.25 gezeigt wird:

positive Zeitpräferenz

$$C_t^B > Y_t^A \tag{1.68}$$

1

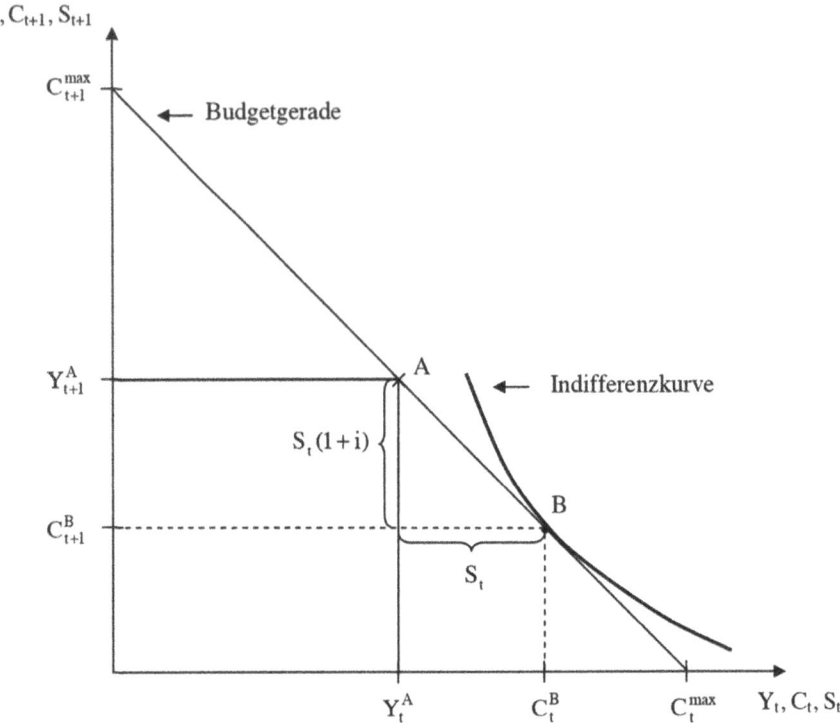

○ **Abb. 1.25**   Intertemporales Konsumoptimum bei positiver Zeitpräferenz

Das intertemporale Konsumoptimum liegt in B. Der optimale Gegenwartskonsum beträgt C_t^B, der optimale Zukunftskonsum C_{t+1}^B.

Da der Gegenwartskonsum größer ist als das Gegenwartseinkommen, nimmt der Haushalt einen Kredit auf: Er entspart in Höhe von S_t. Der Gegenwartskonsum wird durch das Gegenwartseinkommen und den Kredit finanziert.

In der Zukunft ist der Konsum des privaten Haushalts kleiner als sein Zukunftseinkommen, da der Haushalt von diesem Einkommen nicht nur seinen periodengleichen Konsum finanziert, sondern auch seinen Kredit mit Zinsaufschlag zurückzahlen muss.

Betrachten wir die komparativ-statischen Eigenschaften der Budgetgeraden:

Zinssatzerhöhung

Steigt der Zinssatz, wird Sparen attraktiver, die Aufnahme von Krediten jedoch unattraktiver, weil die Zinsbelastung zunimmt. Die Implikationen der **Zinssatzerhöhung** werden in ○ Abb. 1.26 illustriert:

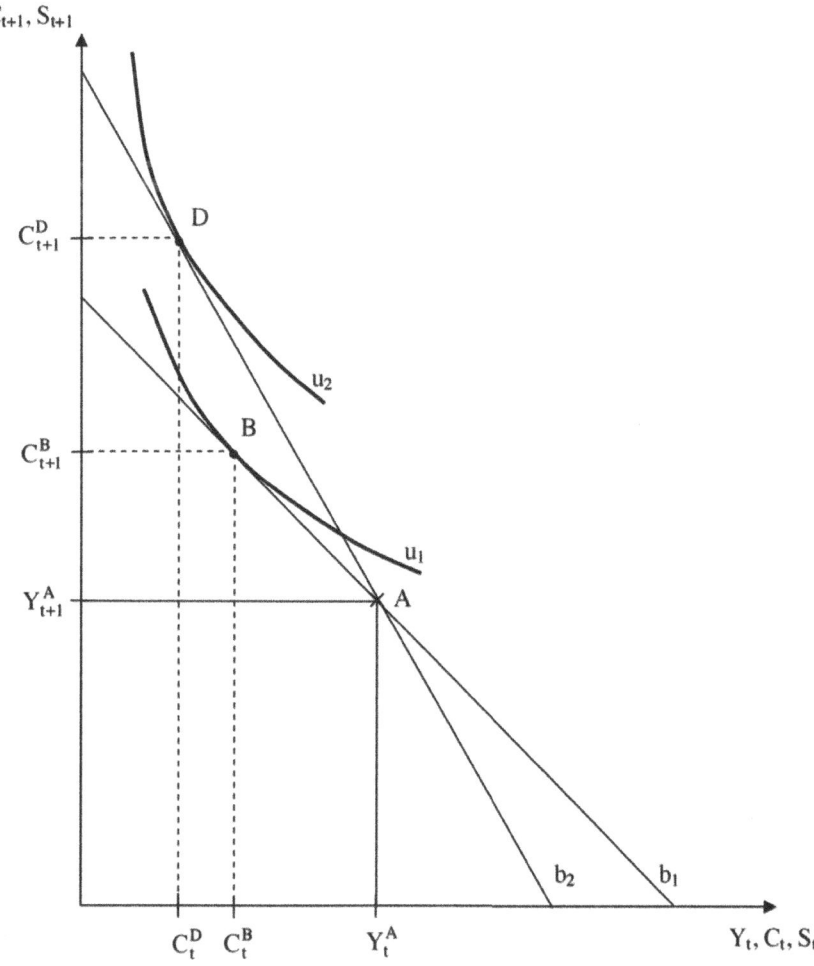

◻ Abb. 1.26 Intertemporales Konsumoptimum nach einer Zinssatzerhöhung

$$\Rightarrow C_t^{max} = Y_t + \frac{1}{1 + i \uparrow} \cdot Y_{t+1} \downarrow \qquad (1.69)$$

$$\Rightarrow C_{t+1}^{max} = Y_t(1 + i \uparrow) + Y_{t+1} \uparrow \qquad (1.70)$$

Aus den oben genannten Gründen wird eine Erhöhung des Zinssatzes den maximal möglichen Gegenwartskonsum reduzieren und den maximal möglichen Zukunftskonsum erhöhen. Die Budgetgerade dreht sich in der Weise, dass ihr neuer Abszissenabschnitt weiter links und ihr neuer Ordinatenabschnitt weiter oben liegt als zuvor. Ihr Drehpunkt ist der Punkt A auf der Budgetgeraden, der die Koordinaten des Gegenwarts- und Zukunftseinkommens repräsentiert.

1

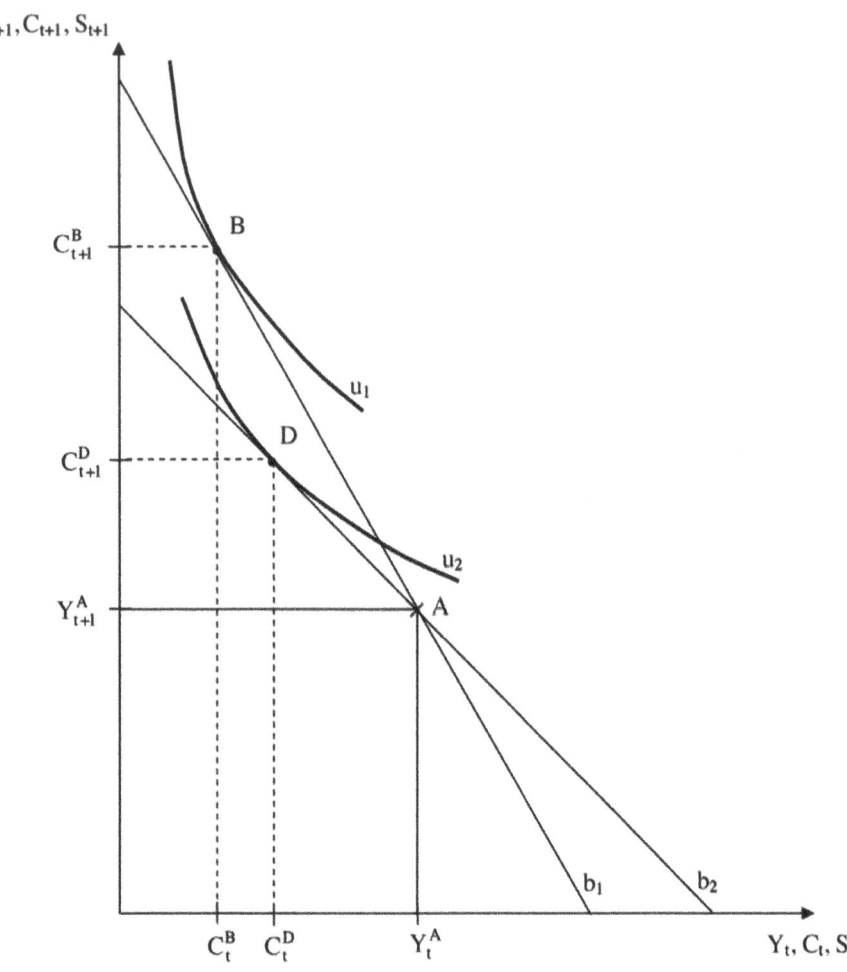

● **Abb. 1.27**   Intertemporales Konsumoptimum nach einer Zinssatzsenkung

Die Zinserhöhung verändert nur den Teil der Konsummöglichkeiten, der nicht aus dem periodengleichen Einkommen finanziert wird. Im Normalfall wird wie in ● Abb. 1.26 das neue intertemporale Konsumoptimum in D eine stärkere Verlagerung von Gegenwartskonsum in die Zukunft aufweisen als das alte intertemporale Konsumoptimum in B.

Zinssatzsenkung

Sinkt der Zinssatz, wird Sparen weniger attraktiv, da die Opportunitätskosten des Konsums fallen. Die Aufnahme von Krediten wird attraktiver, weil die Zinsbelastung abnimmt. Die Implikationen der **Zinssatzsenkung** werden in ● Abb. 1.27 illustriert:

$$\Rightarrow C_t^{max} = Y_t + \frac{1}{1 + i \downarrow} \cdot Y_{t+1} \uparrow \tag{1.71}$$

$$\Rightarrow C_{t+1}^{max} = Y_t(1 + i \downarrow) + Y_{t+1} \downarrow \qquad (1.72)$$

Aus den oben genannten Gründen wird eine Reduktion des Zinssatzes den maximal möglichen Gegenwartskonsum erhöhen und den maximal möglichen Zukunftskonsum verringern. Die Budgetgerade dreht sich also in der Weise, dass ihr neuer Abszissenabschnitt weiter rechts und ihr neuer Ordinatenabschnitt weiter unten liegt als zuvor. Wie bei jeder Zinssatzänderung ist der Drehpunkt Punkt A auf der Budgetgeraden, der die Koordinaten des Gegenwarts- und Zukunftseinkommens repräsentiert. Im Normalfall wird wie in ◘ Abb. 1.27 das neue intertemporale Konsumoptimum in D einen höheren Gegenwartskonsum aufweisen als das alte intertemporale Konsumoptimum in B.

> Bei einer **Zinssatzerhöhung** wird Zukunftskonsum attraktiver, bei einer **Zinssatzsenkung** Gegenwartskonsum.

1.5.7 Konsumentenrente

Der Nutzen eines Konsumenten ist in der Regel höher als es die mit dem Kaufpreis bewertete Gütermenge, die er konsumiert, aussagt. Denn bis auf den Grenzkonsumenten, der wie in ◘ Abb. 1.28 im Punkt C exakt den Preis P_C entrichtet, der seiner marginalen Zahlungsbereitschaft entspricht, zahlt jeder Konsument einen geringeren Preis als er bereit ist zu zahlen. Die Differenz kann als zusätzlicher Nutzen interpretiert werden und wird Konsumentenrente genannt:

Konsumentenrente

> *Ökonomisch* ist die **Konsumentenrente** *eines* privaten Haushalts die Differenz zwischen seiner (höheren) marginalen Zahlungsbereitschaft und dem (niedrigeren) Marktpreis. *Geometrisch* ist sie die vertikal gemessene Differenz zwischen der Nachfragekurve und der Preisgeraden.

Dieser Zusammenhang ist in ◘ Abb. 1.28 dargestellt, in der die Konsumentenrente eines einzelnen Haushalts durch die Senkrechte $\overline{AB}$ vom Punkt A auf der Nachfragekurve zum Punkt B auf der Preisgeraden dargestellt wird.

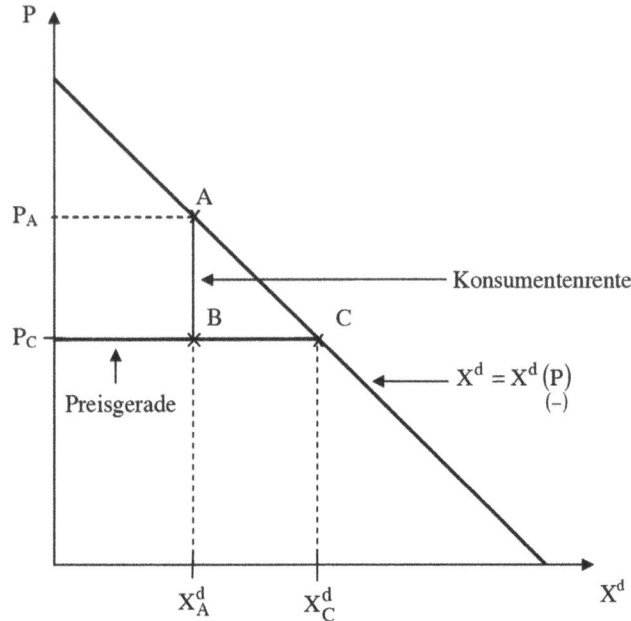

◘ Abb. 1.28   Konsumentenrente *eines* privaten Haushalts

> *Ökonomisch* ist die **Konsumentenrente *aller*** privaten Haushalte die Summe der Differenzen zwischen ihren jeweiligen (höheren) marginalen Zahlungsbereitschaften und dem (niedrigeren) Marktpreis. *Geometrisch* ist sie die Fläche unterhalb der Nachfragekurve und oberhalb der Preisgeraden.

In ◘ Abb. 1.29 stellt die Konsumentenrente aller privaten Haushalte die Fläche des schraffierten Dreiecks dar.

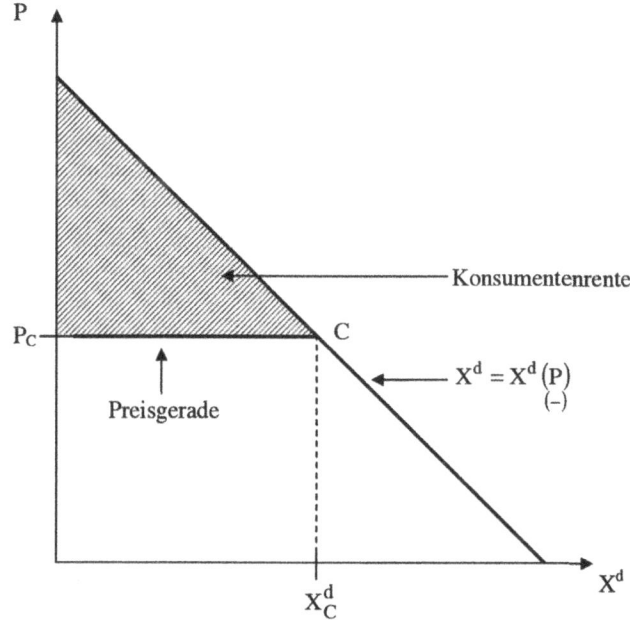

□ Abb. 1.29 Konsumentenrente *aller* privaten Haushalte

1.5.8 Zusammenfassung

1. Gemäß dem **Zweiten Gossenschen Gesetz** (Grenznutzenausgleichsgesetz, Äquimarginalprinzip [Equimarginalprinzip]) gilt: Im Konsumoptimum sind die jeweiligen Grenznutzen für alle konsumierten Güter gleich: $\frac{\partial U}{\partial X_1} = U'_1 = U'_2 = \frac{\partial U}{\partial X_2}$

2. Der **Grenznutzen des Geldes** ist der *zusätzliche* Nutzen eines Gutes pro Geldeinheit.

3. Gemäß dem *(erweiterten)* **Ersten Gossenschen Gesetz** (Gesetz des von Anfang an abnehmenden Grenznutzens) gilt: Mit zunehmender Konsummenge eines Gutes sinkt der *Grenznutzen des Geldes.*

4. Gemäß dem *(erweiterten)* **Zweiten Gossenschen Gesetz** (Grenznutzenausgleichsgesetz, Äquimarginalprinzip [Equimarginalprinzip]) gilt: Im Konsumoptimum sind die jeweiligen *Grenznutzen des Geldes* für alle konsumierten Güter gleich:

$$\frac{\frac{\partial U}{\partial X_1}}{P_1} = \frac{U'_1}{P_1} = \frac{U'_2}{P_2} = \frac{\frac{\partial U}{\partial X_2}}{P_2}$$

1

5. *Ökonomisch* liegt ein **Konsumoptimum** vor, wenn ein privater Haushalt sein Nutzenmaximum erreicht, ohne seine Budgetrestriktion zu verletzen. *Geometrisch* liegt es im Tangentialpunkt von Indifferenzkurve und Budgetgerade. *Algebraisch* wird es mithilfe der Lagrange-Funktion bestimmt, die einen Algorithmus für ein Maximierungsproblem unter Nebenbedingungen liefert. Die (negative) Grenzrate der Substitution entspricht dem umgekehrten Verhältnis der Grenznutzen und dem umgekehrten Preisverhältnis:

$$-\frac{\Delta X_2}{\Delta X_1} = \frac{\frac{\Delta U_1}{\Delta X_1}}{\frac{\Delta U_2}{\Delta X_2}} = \frac{P_1}{P_2}$$

Im Konsumoptimum sind die Grenznutzen des Geldes für beide Güter gleich:

$$\frac{\frac{\Delta U_1}{\Delta X_1}}{P_1} = \frac{\frac{\Delta U_2}{\Delta X_2}}{P_2}$$

6. Die **Einkommen-Konsum-Kurve** ist der geometrische Ort aller Kombinationen von Gütermengen, welche bei Konstanz der Preise und Variation des Einkommens die jeweiligen Konsumoptima eines privaten Haushalts darstellen.

7. Die **Engel-Kurve** ist der geometrische Ort aller Kombinationen von Gütermengen und Einkommen, welche bei Konstanz des Preises und Variation des Einkommens die jeweiligen Konsumoptima eines privaten Haushalts darstellen.

8. Die **Preis-Konsum-Kurve** ist in einem *Mengen*diagramm der geometrische Ort aller Kombinationen von Gütermengen, welche bei Konstanz des Einkommens und Variation des Preises (*desselben* Gutes) die jeweiligen Konsumoptima eines privaten Haushalts darstellen.

9. Die **Nachfragekurve** ist in einem *Preis-Mengen*-Diagramm der geometrische Ort aller Kombinationen von Preisen und Gütermengen, welche bei Konstanz des Einkommens und Variation des Preises (*desselben* Gutes) die jeweiligen Konsumoptima eines privaten Haushalts darstellen.

10. Die **Nachfragefunktion** stellt die Nachfrage eines Gutes in *(negativer)* Abhängigkeit vom Preis dar:

$$X^d = X^d \underset{(-)}{(P)}$$

11. Die **Sättigungsmenge** ist die Menge, bei der die letzte Einheit der Nachfragemenge zu einem Preis von null nachgefragt wird. Der Konsument ist folglich nicht mehr bereit, für den Erwerb einer weiteren Gütereinheit einen Preis zu zahlen.

12. Der **Prohibitivpreis** ist der Preis, bei dem die Nachfragemenge gerade null wird, weil der geforderte Preis zu hoch ist.

13. Der **Reservationspreis** (Vorbehaltspreis, marginale Zahlungsbereitschaft) ist der Preis, bei dem sich ein Konsument indifferent zwischen dem Kauf und dem Nicht-Kauf eines Gutes verhält. Der Reservationspreis verkörpert somit genau den Preis, bei dem der Konsument eine Gütereinheit *gerade noch* kauft.

14. Die *inverse* **Nachfragekurve** zeigt, wie hoch der Preis sein müsste, um eine bestimmte Nachfrage zu erzielen.

15. Die *inverse* **Nachfragefunktion** stellt den Preis eines Gutes in *(negativer)* Abhängigkeit von der Nachfrage dar:

$$P = P \underset{(-)}{(X^d)}$$

16. Die **Kreuzpreis-Konsum-Kurve** ist in einem *Mengen*diagramm der geometrische Ort aller Kombinationen von Gütermengen, welche bei Konstanz des Einkommens und Variation des Preises des *anderen* Gutes die jeweiligen Konsumoptima eines privaten Haushalts darstellen.

17. Die **Kreuznachfragekurve** ist in einem *Preis-Mengen*-Diagramm der geometrische Ort aller Kombinationen von Kreuzpreisen und Gütermengen, welche bei Konstanz des Einkommens und Variation des Preises des *anderen* Gutes die jeweiligen Konsumoptima eines privaten Haushalts darstellen.

18. Bei einer *intertemporalen* **Konsumentscheidung** kann ein privater Haushalt bei *positiver* Zeitpräferenz Konsum vorziehen, den er durch einen Kredit finanziert und später mit Zinsen zurückzahlt, oder bei *negativer* Zeitpräferenz Konsum in die Zukunft verlagern, indem er in der Gegenwart Ersparnisse bildet und diese später auflöst.

1

19. *Ökonomisch* liegt ein *intertemporales* **Konsumoptimum** vor, wenn ein privater Haushalt sein *mehrperiodiges* Nutzenmaximum erreicht, ohne seine *intertemporale* Budgetrestriktion zu verletzen. *Geometrisch* liegt es im Tangentialpunkt von *intertemporaler* Indifferenzkurve und *intertemporaler* Budgetgerade. *Algebraisch* entspricht die (negative) Grenzrate der intertemporalen Substitution dem Aufzinsungsfaktor:

$$-\frac{dC_{t+1}}{dC_t} = (1 + i)$$

20. Bei einer **Zinssatz*erhöhung*** wird Zukunftskonsum attraktiver, bei einer **Zinssatz*senkung*** Gegenwartskonsum.

21. *Ökonomisch* ist die **Konsumentenrente** *eines* privaten Haushalts die Differenz zwischen seiner (höheren) marginalen Zahlungsbereitschaft und dem (niedrigeren) Marktpreis. *Geometrisch* ist sie die vertikal gemessene Differenz zwischen der Nachfragekurve und der Preisgeraden.

22. *Ökonomisch* ist die **Konsumentenrente** *aller* privaten Haushalte die Summe der Differenzen zwischen ihren jeweiligen (höheren) marginalen Zahlungsbereitschaften und dem (niedrigeren) Marktpreis. *Geometrisch* ist sie die Fläche unterhalb der Nachfragekurve und oberhalb der Preisgeraden.

1.6 Nachfrageelastizitäten

1.6.1 Einführung

Elastizität

1890 entwickelte der Cambridge-Professor Alfred **Marshall** (1842–1924) das Konzept der Elastizitäten (Marshall 1890, Buch III, Kapitel IV, § 1):

» *„We have seen that the only universal law as to a person's desire for a commodity is that it diminishes, other things being equal, with every increase in his supply of that commodity. But this diminution may be slow or rapid. If it is slow the price that he will give for the commodity will not fall much in consequence of a considerable increase in his supply of it; and a small fall in price will cause a*

*comparatively large increase in his purchases. But if it
is rapid, a small fall in price will cause only a very small
increase in his purchases. In the former case his willingness
to purchase the thing stretches itself out a great deal under
the action of a small inducement: the elasticity of his
wants, we may say, is great. In the latter case the extra
inducement given by the fall in price causes hardly any
extension of his desire to purchase: the elasticity of his
demand is small… And as with the demand of one person
so with that of a whole market. And we may say generally:
The elasticity (or responsiveness) of demand in a market is
great or small according as the amount demanded increases
much or little for a given fall in price, and diminishes much
or little for a given rise in price."*

Der griechische Philosoph und Sokrates-Schüler **Xenophon** (ca. 426 v. Chr. – ca. 354 v. Chr.) hatte bereits knapp
2.300 Jahre früher in seinem „Oikonomikos" (vgl. Xenophon ca. 370 v. Chr.) das Phänomen der Elastizität umrissen, ohne es explizit so zu benennen.

Für die ökonomische Analyse ist die Verwendung
dieser Maßgröße sinnvoll, weil sie die Reaktionsstärke
einer Variablen aufgrund der Änderung einer anderen Variablen quantifiziert. Steigt beispielsweise der Preis eines
Gutes, so ist die Wirkung dieser Preiserhöhung auf die Nachfrage dieses Gutes für die Preispolitik eines Unternehmers von erheblicher Bedeutung. Die Beantwortung der
Frage, ob ein Nachfragerückgang dieses Gutes um zehn,
zwanzig oder hundert Einheiten eine hohe Preisreagibilität ausweist oder nicht, ist von der Ausgangslage abhängig: Wenn der Preis zum Beispiel um zehn Prozent steigt,
drückt ein Nachfragerückgang um zehn Einheiten von 50
auf 40 (20 %) eine hohe, ein Rückgang von 500 auf 490
(zwei Prozent) hingegen eine geringe Preisreagibilität aus.
Eine Nachfragereduktion um 100 Einheiten bedeutet eine
noch geringere Preisreagibilität, wenn die Nachfragemenge
von 10.000 auf 9.900 (ein Prozent) Einheiten sinkt. Unter Berücksichtigung unterschiedlicher Ausgangslagen ist
die Elastizität ein dimensionsloses Maß, das die *relative*
Stärke misst, mit der Konsumenten auf Preisänderungen
reagieren. Entscheidend sind die prozentualen Änderungen.

> Allgemein misst eine **Elastizität** das Verhältnis der *rela-
> tiven* Änderung einer abhängigen Variablen zur *relativen*
> Änderung einer unabhängigen Variablen.

1

Die Elastizität misst zum Beispiel die prozentuale (relative) Änderung der Nachfrage nach einem Gut (abhängige Variable) im Verhältnis zur prozentualen (relativen) Änderung des Preises für dieses Gut (unabhängige Variable). Die unabhängige Variable kann auch als Wenn-Komponente, die abhängige als Dann-Komponente interpretiert werden: *Wenn* der Preis um beispielsweise zehn Prozent steigt, um wie viel Prozent wird *dann* die Nachfrage nach diesem Gut zurückgehen? Die Wenn-Komponente beschreibt die mögliche Ursache, die Dann-Komponente die mögliche Wirkung. Wir betonen das Attribut „möglich", weil aus einem statistischen Zusammenhang zwischen zwei Größen nicht ohne Weiteres auf einen kausalen Zusammenhang geschlossen werden kann, da jener möglicherweise auf eine andere Wirkungskette zurückzuführen ist. Nachfrageelastizitäten werden der Konvention entsprechend durch den kleinen griechischen Buchstaben η ausgedrückt. Im Folgenden werden die (direkte) Preiselastizität der Nachfrage, die (indirekte) Kreuzpreiselastizität der Nachfrage sowie die Einkommenselastizität der Nachfrage erläutert. Die Ausführungen zur (direkten) Preiselastizität des Angebots folgen im Abschnitt zur Unternehmungstheorie.

1.6.2 Preiselastizität

Preiselastizität
der Nachfrage

Eine Elastizität lässt sich auf zweierlei Art ausdrücken: zum einen grafisch anschaulich, aber mathematisch unpräzise als Bogenelastizität, zum anderen grafisch weniger anschaulich, aber mathematisch präzise als Punktelastizität. Wir werden beide Arten vorstellen und beginnen mit der Bogenelastizität.

1.6.2.1 Bogenelastizität

> Die **Bogenelastizität** misst *diskrete,* das heißt *endlich kleine* Änderungen zwischen zwei Punkten und ermittelt den *Differenzen*quotienten. Differenzen werden durch ein großes griechisches Δ ausgedrückt.

Mithilfe der Bogenelastizität lassen sich unterschiedliche Preiselastizitäten anschaulich vermitteln.

Die Preiselastizität misst das Verhältnis relativer (prozentualer) Änderungen.

Ökonomisch zeigt die **Preiselastizität der Nachfrage**, wie stark die Nachfragemenge auf Preisänderungen reagiert. *Geometrisch* ist sie das Produkt aus der (inversen) Steigung der Nachfragekurve (Tangens) und dem umgekehrten Verhältnis der Ausgangswerte. *Algebraisch* ist sie der Quotient aus der relativen Änderung der Nachfragemenge zur relativen Änderung des Preises. Als Bogenelastizität lautet sie:

Bogenelastizität:
Differenzenquotient

$$\eta_{X^d,P} = \frac{\frac{\Delta X^d}{X_A^d}}{\frac{\Delta P}{P_A}} = \frac{\Delta X^d}{\Delta P} \cdot \frac{P_A}{X_A^d} = \frac{1}{\frac{\Delta P}{\Delta X^d}} \cdot \frac{P_A}{X_A^d} \qquad (1.73)$$

In ◙ Abb. 1.30 ist β der Steigungswinkel der Nachfragekurve. Da die Nachfragekurve mit den beiden Achsen ein rechtwinkliges Dreieck bildet, kann der Steigungswinkel implizit auch anhand des Winkels α abgelesen werden. Denn ist β bestimmt, so ist auch α festgelegt und umgekehrt.

In ◙ Abb. 1.30 ist die Ausgangssituation durch Punkt A beschrieben: Der Preis liegt bei P_A, die nachgefragte Menge bei X_A^d. Die Endsituation ist durch Punkt B beschrieben: Der Preis ist um ΔP von P_A auf P_B gesunken, die Nachfragemenge um ΔX^d von X_A^d auf X_B^d gestiegen. Der Quotient ΔX^d / ΔP entspricht dem Tangens des Winkels α. Dieser ergibt sich aus dem Quotienten aus der Gegen- und der Ankathete des rechtwinkligen Dreiecks, das von ΔP, ΔX^d sowie dem

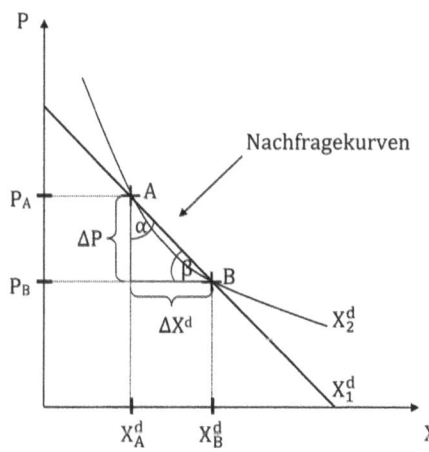

◙ **Abb. 1.30** Bogenelastizität

1

Abschnitt $\overline{BA}$ der Nachfragekurve umschlossen wird. Die Preiselastizität der Nachfrage in Gl. (1.73) ist typischerweise negativ. Das Vorzeichen einer Elastizität ist jedoch von untergeordneter Bedeutung, weil unser Hauptinteresse der relativen Reaktionsstärke einer abhängigen Variable aufgrund der Änderung einer unabhängigen Variable gilt. Deshalb greifen wir für negative Elastizitäten grundsätzlich auf ihre Betragswerte zurück. Die Preiselastizität der Nachfrage als **Bogenelastizität** lautet dann:

$$\left| \eta_{X^d,P} \right| = \left| \frac{\frac{\Delta X^d}{X_A^d}}{\frac{\Delta P}{P_A}} \right| = \left| \frac{\Delta X^d}{\Delta P} \cdot \frac{P_A}{X_A^d} \right| \tag{1.74}$$

Sinkt beispielsweise der Preis von € 100 auf € 90 und steigt die Nachfrage von 200 Einheiten auf 240 Einheiten, so liegt die Preiselastizität bei 2, weil im Zuge einer Preissenkung um 10 % (von € 100 auf € 90) die nachgefragte Menge um 20 % (von 200 auf 240 Einheiten) steigt.

Dieses Ergebnis ergibt Sinn: Es ist plausibel, davon auszugehen, dass die nachgefragte Menge mit sinkendem Preis steigt. Die Preiselastizität der Nachfrage misst nicht nur, ob die Nachfragemenge steigt, sondern um wie viel sie im Verhältnis zur Preissenkung zunimmt. Führt eine prozentual kleine Preisänderung zu einem prozentual großen Nachfrageanstieg, sprechen wir von einer hohen Preiselastizität der Nachfrage. Führt eine prozentual große Preissenkung zu einem prozentual kleinen Anstieg der nachgefragten Menge, sprechen wir von einer niedrigen Preiselastizität. Die Grenze zwischen hoher und niedriger Preiselastizität markiert die Einheitselastizität mit einer Preiselastizität von eins. In diesem Fall ist bei einer Preisänderung der Preiseffekt exakt so groß ist wie der Mengeneffekt.

Generell gilt:

Ist die Preiselastizität der Nachfrage – *numerisch* ausgedrückt – größer als eins, ist die Preiselastizität relativ hoch. Ist sie gleich eins, liegt die Einheitselastizität vor. Ist sie kleiner als eins, ist die Preiselastizität relativ niedrig:

$$\left| \eta_{X^d,P} \right| > 1 \rightarrow \text{hohe Preiselastizität der Nachfrage} \tag{1.75}$$

$$\left|\eta_{X^d,P}\right| = 1 \rightarrow \text{Einheitselastizität} \tag{1.76}$$

$$\left|\eta_{X^d,P}\right| < 1 \rightarrow \text{niedrige Preiselastizität der Nachfrage} \tag{1.77}$$

Das Problem der Bogenelastizität ist darin zu sehen, dass die Elastizität nur ungenau bestimmt wird: In ◘ Abb. 1.30 erhalten wir beispielsweise die gleiche direkte Preiselastizität der Nachfrage, unabhängig davon, ob die Nachfragekurve konvex oder konkav zum Ursprung verläuft oder eine Gerade ist, solange nur die Punkte A und B auf derselben Kurve liegen. Genau genommen wissen wir nicht, wie der Kurvenverlauf zwischen den Punkten A und B aussieht, sodass Fehlinterpretationen möglich sind. Exakt lässt sich der Verlauf der Nachfragekurve nur bestimmen, wenn die Änderungen, die wir in Betracht ziehen, unendlich klein sind. Eine unendlich kleine Differenz wird als **Differential** bezeichnet.

1.6.2.2 Punktelastizität

Die **Punktelastizität** misst *infinite*, das heißt *unendlich kleine* Änderungen in einem Punkt und ermittelt den *Differential*quotienten. Differentiale werden durch ein kleines lateinisches d ausgedrückt.

Punktelastizität:
Differentialquotient

Die Preiselastizität der Nachfrage als **Punktelastizität** lautet:

$$\left|\eta_{X^d,P}\right| = \left|\frac{\frac{dX^d}{X_A^d}}{\frac{dP}{P_A}}\right| = \left|\frac{dX^d}{dP} \cdot \frac{P_A}{X_A^d}\right| = \left|\frac{1}{\frac{dP}{dX^d}} \cdot \frac{P_A}{X_A^d}\right| \tag{1.78}$$

In Gl. (1.78) und in ◘ Abb. 1.31 ist zu erkennen, dass die direkte Preiselastizität der Nachfrage im Punkt A der (inversen) Steigung der Tangenten dP/dX^d in diesem Punkt und damit der ersten Ableitung – präzise: der Ableitung erster Ordnung – der Nachfragekurve im Punkt A entspricht.

Im Folgenden untersuchen wir, wodurch die Höhe der Elastizität beeinflusst wird.

1

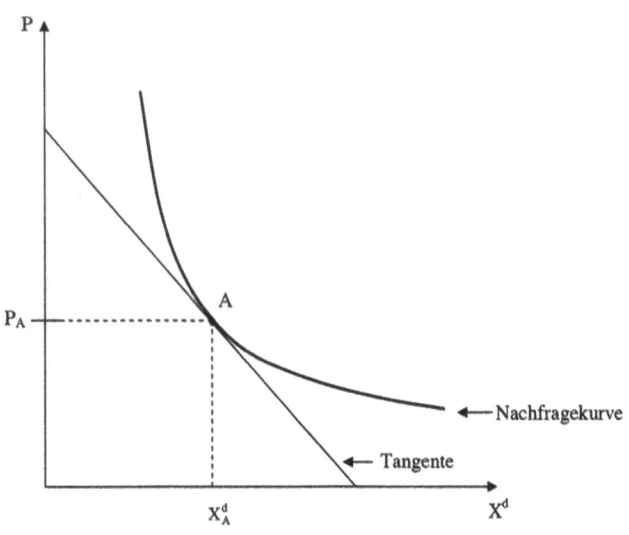

◻ **Abb. 1.31**   Punktelastizitat

1.6.2.3 Determinanten der Preiselastizität

Eine Elastizität misst das Verhältnis *relativer* Änderungen und hängt von zwei Komponenten ab:

Steigung der Kurve   Die erste Komponente ist die inverse **Steigung der Kurve:**

$$\frac{dX^d}{dP} = \frac{1}{\frac{dP}{dX^d}} \qquad (1.79)$$

Wir vergleichen zwei Kurven, die eine *unterschiedliche* Steigung aufweisen, aber beide den Punkt A mit denselben Koordinaten enthalten. In ◻ Abb. 1.32 a ist eine flachere Nachfragekurve dargestellt als in ◻ Abb. 1.32 b. Die Preisänderung um ΔP von P_A auf P_B beziehungsweise P_c ist in beiden Fällen dieselbe. Im ersten Fall, in dem die Nachfragekurve flacher verläuft, steigt die preisinduzierte Nachfragemenge um ΔX_1^d von X_A^d auf X_B^d und damit stärker als im zweiten Fall, wo sie um ΔX_2^d von X_A^d auf X_C^d zunimmt. Die erste Nachfragekurve ist preiselastischer als die zweite.

Verhältnis der   Die zweite Komponente einer Elastizität ist das **Verhält-**
Ausgangswerte   **nis der Ausgangswerte:** Um diesen Zusammenhang zu verdeutlichen, vergleichen wir in ◻ Abb. 1.33 zwei Kurven mit *derselben* Steigung, aber mit *unterschiedlichen* Ausgangswerten für den Preis und die nachgefragte Menge. Mithilfe von Gl. (1.78) ist zu erkennen, dass im ersten Fall in

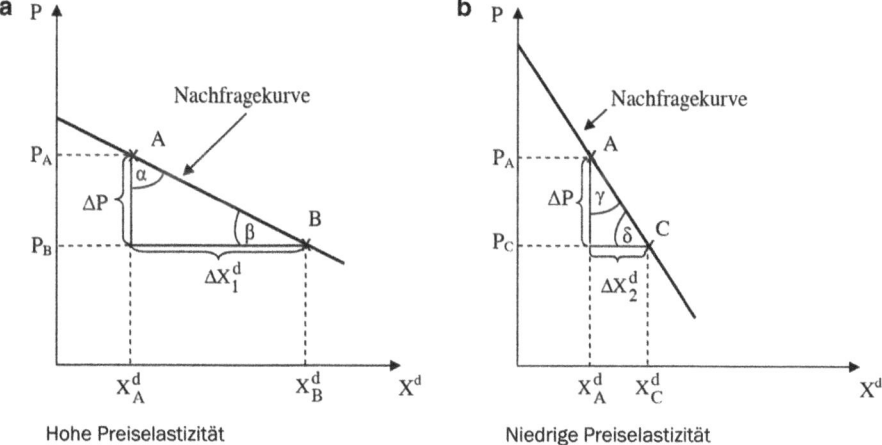

Abb. 1.32 Abhängigkeit der Preiselastizität von der Steigung der Kurve

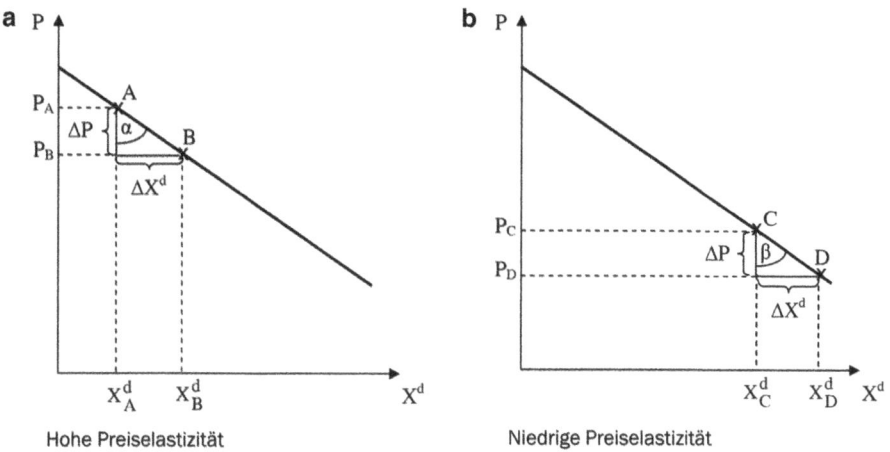

Abb. 1.33 Abhängigkeit der Preiselastizitat vom Verhältnis der Ausgangswerte

Abb. 1.33a, in dem die Ausgangskoordinaten einen hohen Preis P_A und eine niedrige Nachfragemenge X_A^d angeben, die Preiselastizität höher ist als im zweiten Fall in Abb. 1.33b, in dem wir von einem niedrigeren Preis P_c und einer höheren Nachfragemenge X_C^d ausgehen.

Grundsätzlich ist die Preiselastizität der Nachfrage umso höher, je weniger dringend ein Gut benötigt wird und je mehr **Substitutionsmöglichkeiten** sich bieten.

Substitutionsmöglichkeiten

Diese sind umso zahlreicher, je spezieller ein Gut ist, weil beispielsweise die Substitution eines (speziellen) Boskop-Apfels durch einen Apfel der Sorte Granny Smith leichter fällt als die Substitution von Obst im Allgemeinen durch Brot.

Die Möglichkeit zur Substitution steigt auch mit der Länge der betrachteten Periode: Beispielsweise stieg der Rohölpreis im Zuge der beiden Ölkrisen 1973 und 1979/80 um das (maximal) Dreizehnfache, ohne dass die Nachfrage nach Öl kurzfristig erheblich abnahm, weil dieser Rohstoff in vielen Bereichen dringend benötigt wurde (niedrige Preiselastizität). Bis 1983 war der Ölverbrauch in Deutschland allerdings um ein knappes Viertel gesunken, 40 Jahre nach der zweiten großen Ölkrise sogar um ein Drittel. Denn trotz steigender Produktion schafften die gestiegenen Ölpreise Anreize, den Ölkonsum zu reduzieren. Langfristig zeigten Verbesserungen in der Energieeffizienz, die stärkere Bedeutung von Lieferländern außerhalb des Kartells der Organisation erdölexportierender Länder (OPEC) sowie die Substitution von Erdöl durch andere Energieträger ihre Wirkung.

1.6.2.4 Streckenabschnittsregeln

Mithilfe von Streckenabschnittsregeln lässt sich schnell erkennen, ob eine Elastizität größer oder kleiner als eins ist.

Die Preiselastizität der Nachfrage lautet:

$$\left| \eta_{X^d, P} \right| = \left| \frac{\Delta X^d}{\Delta P} \cdot \frac{P_A}{X_A^d} \right| \tag{1.80}$$

In ◘ Abb. 1.34 entspricht ΔX^d der Strecke $\overline{CB}$, ΔP der Strecke $\overline{AC}$. Der Preis P_A entspricht der Strecke $\overline{AD}$, die Nachfragemenge X_A^d der Strecke $\overline{OD}$. Deshalb kann die Elastizität auch als Produkt folgender Streckenverhältnisse formuliert werden:

$$\Rightarrow \left| \eta_{X^d, P} \right| = \frac{\overline{CB}}{\overline{AC}} \cdot \frac{\overline{AD}}{\overline{OD}} \tag{1.81}$$

Das kleine rechtwinklige Dreieck ACB liegt innerhalb des größeren rechtwinkligen Dreiecks ADE. Eine Kathete und die Hypotenuse des kleineren Dreiecks sind Teile einer Kathete beziehungsweise der Hypotenuse des größeren Dreiecks. Deshalb gilt:

$$\Rightarrow \frac{\overline{CB}}{\overline{AC}} = \frac{\overline{DE}}{\overline{AD}} \tag{1.82}$$

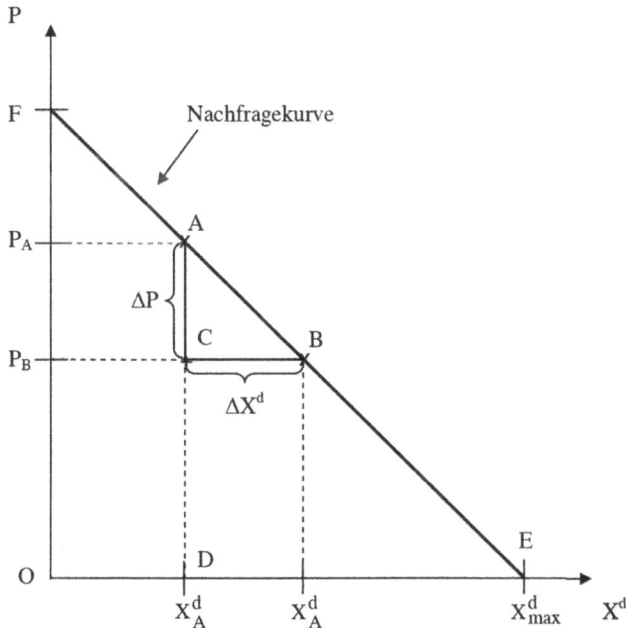

● **Abb. 1.34** Streckenabschnittsregeln für Nachfrageelastizitäten

(1.82) eingesetzt in (1.81) ergibt

$$\Rightarrow \left|\eta_{X^d,P}\right| = \frac{\overline{DE}}{\overline{AD}} = \frac{\overline{AD}}{\overline{OD}} \tag{1.83}$$

Nach Kürzen von AD stellen wir fest, dass die Preiselastizität der Nachfrage im Punkt einer linearen Nachfragekurve dem **Verhältnis** zwischen ihrem *rechten* und *linken* **Abszissenbereich** entspricht, wobei D den Trennpunkt zwischen dem rechten und dem linken Bereich markiert:

$$\Leftrightarrow \left|\eta_{X^d,P}\right| = \frac{\overline{DE}}{\overline{OD}} = \frac{\text{rechter Abszissenbereich}}{\text{linker Abszissenbereich}} \tag{1.84}$$

Ist der rechte Abszissenbereich größer als der linke, das heißt, beträgt die Nachfragemenge in der Ausgangssituation X_A^d weniger als die Hälfte der Sättigungsmenge X_{max}^d, ist die Preiselastizität größer als eins. Ist der rechte Abszissenbereich kleiner als der linke, das heißt beträgt die Nachfragemenge in der Ausgangssituation X_A^d mehr als die Hälfte der Sättigungsmenge X_{max}^d, ist die Preiselastizität kleiner als eins. Sind beide Abszissenbereiche gleich groß, das heißt, liegt die Nachfragemenge X_A^d genau bei der Hälfte der Sättigungsmenge, ist die Preiselastizität genau eins.

1

Nach dem ersten Strahlensatz gilt, dass das Verhältnis zwischen dem rechten und linken Abszissenbereich dem **Verhältnis** zwischen dem *rechten* und *linken* **Kurvenbereich** entspricht:

$$\Rightarrow \eta_{X^d,P} = \frac{\overline{DE}}{\overline{OD}} = \frac{\overline{AE}}{\overline{FA}} = \frac{\text{rechter Kurvenbereich}}{\text{linker Kurvenbereich}} \quad (1.85)$$

Unter Berücksichtigung von **Streckenabschnittsregeln** gilt: Ist der rechte Kurvenbereich größer als der linke, das heißt liegt der Ausgangspunkt im linken Teil der (linearen) Nachfragekurve, ist die Preiselastizität größer als eins. Ist der rechte Kurvenbereich kleiner als der linke, das heißt liegt der Ausgangspunkt im rechten Teil der Nachfragekurve, ist die Preiselastizität kleiner als eins. Sind beide Kurvenbereiche gleich groß, das heißt liegt der Ausgangspunkt genau in der Mitte der Nachfragekurve, ist die Preiselastizität genau eins.

Im Punkt E, in dem die Nachfragekurve auf die Abszisse trifft, ist die Preiselastizität der Nachfrage am niedrigsten und beträgt null. Im Punkt F, in dem die Nachfragekurve auf die Ordinate trifft, ist die Preiselastizität der Nachfrage am höchsten und strebt betragsmäßig gegen unendlich.

1.6.2.5 Isoelastische Nachfragekurven

Eine **isoelastische Nachfragekurve** ist eine Kurve, die in ihrem gesamten Bereich die „gleiche Elastizität" aufweist. In einem Diagramm mit dem Preis auf der Ordinate und der Menge auf der Abszisse repräsentiert eine senkrechte Nachfragekurve eine Preiselastizität von null, eine waagerechte Nachfragekurve eine Preiselastizität, die gegen unendlich strebt.

extrem hohe
Preiselastizität

Eine Nachfragekurve, die wie in ◨ Abb. 1.35 parallel zur Abszisse verläuft, weist gemäß Gl. (1.80) in jedem Punkt eine Preiselaselastizität der Nachfrage auf, die betragsmäßig gegen unendlich strebt, da ΔP gegen null strebt:

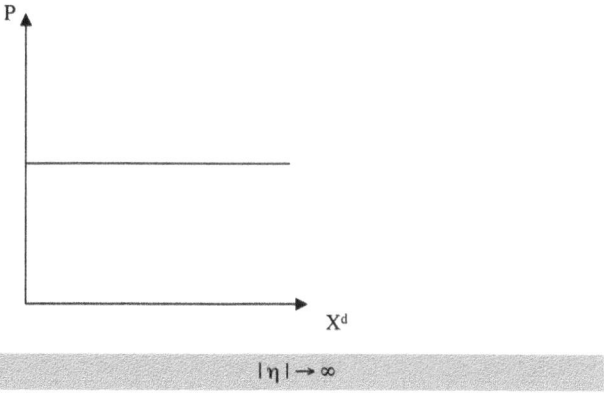

◘ Abb. 1.35 Gegen unendlich strebende Preiselastizität der Nachfrage

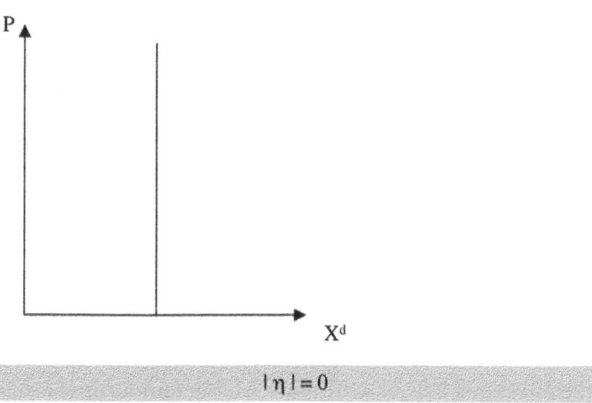

◘ Abb. 1.36 Preiselastizität der Nachfrage von null

Eine Nachfragekurve, die wie in ◘ Abb. 1.36 parallel zur Ordinate verläuft, weist gemäß Gl. (1.80) in jedem Punkt eine Preiselastizität von null auf, da ΔX^d null ist. In diesem Fall sprechen wir von einer preisunelastischen Nachfrage.

extrem niedrige Preiselastizität

Eine Nachfragekurve in Form einer Hyperbel wie in ◘ Abb. 1.37 weist gemäß Gl. (1.80) in jedem Punkt eine betragsmäßige Preiselastizität von eins auf. In diesem Fall sind die Erlöse in sämtlichen Koordinaten gleich hoch:

Einheitselastizität

$$P_A \cdot X_A^d = P_B \cdot X_B^d = P_C \cdot X_C^d = P_D \cdot X_D^d \qquad (1.86)$$

1

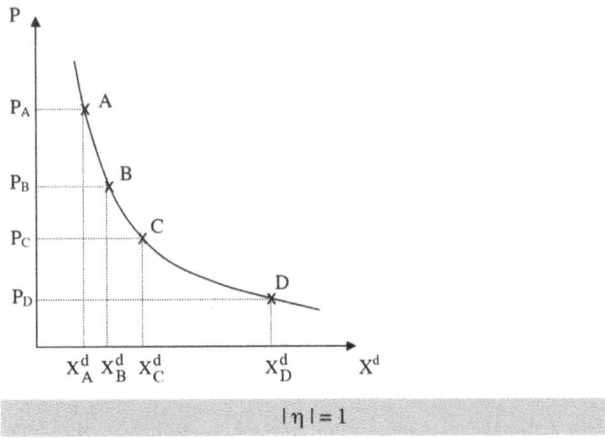

$$|\eta| = 1$$

○ **Abb. 1.37** Einheitselastizität der Nachfrage

1.6.2.6 Preiselastizität und Erlöse

Erlöse

Die Erlöse R (vgl. englisch: „revenues", deshalb die Abkürzung „R") setzen sich aus dem Produkt von Preis und abgesetzter Menge zusammen. In der Ausgangssituation A gilt folgende Erlösgleichung:

$$R_A = P_A \cdot X_A^d \tag{1.87}$$

Um die Wirkung unterschiedlicher Preiselastizitäten der Nachfrage auf die Erlöse zu untersuchen, verändern wir den Preis. Preisänderungen, die – abgesehen von einer preisunelastischen Nachfrage – Mengenänderungen nach sich ziehen, verändern die Erlösgleichung zu:

$$\Rightarrow R_B = (P_A + \Delta P) \cdot (X_A^d + \Delta X^d) \tag{1.88}$$

Die Änderung der Erlöse ergibt sich als Differenz aus den Erlösen in der Endsituation B minus den Erlösen in der Ausgangssituation A:

$$\Rightarrow \Delta R = R_B - R_A \tag{1.89}$$

Gln. (1.87) und (1.88) eingesetzt in Gl. (1.89) ergibt:

$$\Rightarrow \Delta R = (P_A + \Delta P) \cdot (X_A^d + \Delta X^d) - P_A \cdot X_A^d \tag{1.90}$$

Ausmultiplizieren führt zu:

$$\Leftrightarrow \Delta R = P_A \cdot X_A^d + P_A \cdot \Delta X^d + \Delta P \cdot X_A^d + \Delta P \cdot \Delta X^d - P_A \cdot X_A^d \tag{1.91}$$

Der erste Summand des Minuenden sowie der Subtrahend in Gl. (1.91) ergeben zusammen genommen null, sodass wir (1.91) vereinfachen können zu:

$$\Leftrightarrow \Delta R = P_A \cdot \Delta X^d + \Delta P \cdot X_A^d + \Delta P \cdot \Delta X^d \qquad (1.92)$$

Berücksichtigen wir kleine Änderungen, sind die Werte von $\Delta P \cdot \Delta X^d$ relativ gering, sodass wir in Gl. (1.92) den dritten Summanden vernachlässigen können:

$$\Rightarrow \Delta R = P_A \cdot \Delta X^d + \Delta P \cdot X_A^d \qquad (1.93)$$

Die Erlösänderung aufgrund einer Preisänderung ergibt sich durch:

$$\Leftrightarrow \frac{\Delta R}{\Delta P} = \frac{P_A \cdot \Delta X^d}{\Delta P} + X_A^d \qquad (1.94)$$

Nach Ausklammern von X_A^d erhalten wir:

$$\Leftrightarrow \frac{\Delta R}{\Delta P} = X_A^d \left(1 + \frac{P_A \cdot \Delta X^d}{\Delta P} \cdot \frac{1}{X_A^d} \right) \qquad (1.95)$$

Die Verlagerung des Faktors P_A vom Zähler des ersten Quotienten im Klammerausdruck zum Zähler des zweiten Quotienten lässt im Klammerausdruck die Preiselastizität der Nachfrage sichtbar werden:

$$\Leftrightarrow \frac{\Delta R}{\Delta P} = X_A^d \left(1 + \frac{\Delta X^d}{\Delta P} \cdot \frac{P_A}{X_A^d} \right) \qquad (1.96)$$

Der zweite Summand des Klammerausdrucks stellt die Preiselastizität der Nachfrage dar:

$$\Leftrightarrow \frac{\Delta R}{\Delta P} = X_A^d \left(1 + \eta_{X^d, P} \right) \qquad (1.97)$$

Da die Preiselastizität der Nachfrage im Normalfall negativ ist, können wir anstelle von η den negativen absoluten Wert einsetzen:

$$\frac{\Delta R}{\Delta P} = X_A^d \left(1 - \left| \eta_{X^d, P} \right| \right) \qquad (1.98)$$

Gl. (1.98) führt zu folgenden Erkenntnissen:
1. Bei relativ **hoher Preiselastizität** der Nachfrage mit
$$\left| \eta_{X^d, P} \right| > 1$$
verringern sich die **Erlöse** im Zuge von Preiserhöhungen, da der Klammerausdruck in Gl. (1.98) in diesem Fall negativ ist. Die Preiserhöhung veranlasst *viele* der bisherigen Käufer, von einem weiteren Kauf dieses Gutes abzusehen, sodass der negative Mengeneffekt den positiven Preiseffekt dominiert.

2. Bei relativ **niedriger Preiselastizität** der Nachfrage mit $\left|\eta_{X^d,P}\right| < 1$ erhöhen sich die Erlöse im Zuge von Preiserhöhungen, da der Klammerausdruck in Gl. (1.98) in diesem Fall positiv ist. Die Preiserhöhung veranlasst *nur wenige* der bisherigen Käufer, von einem weiteren Kauf des Gutes abzusehen, sodass der positive Preiseffekt den negativen Mengeneffekt dominiert.

3. Bei Vorliegen der **Einheitselastizität** mit $\left|\eta_{X^d,P}\right| = 1$ erreichen die Erlöse (bei der halben Sättigungsmenge) ihr Maximum.

Diese Überlegungen illustrieren wir anhand eines Zahlenbeispiels: Gegeben sei die lineare Nachfragefunktion

$$X^d = 8 - P. \tag{1.99}$$

In ◘ Abb. 1.38 sind bei sinkenden Preisen die korrespondierenden Nachfragemengen, Erlöse sowie Preiselastizitäten der Nachfrage dargestellt:

Punkte	Preis P	Nachfrage X^d	Erlöse R	Elastizität $\left|\eta_{X^d,P}\right|$
A	8	0	0	
B	7	1	7	$\left|\eta_{X^d,P}\right| > 1$
C	6	2	12	
D	5	3	15	
E	4	4	16	$\left|\eta_{X^d,P}\right| = 1$
F	3	5	15	
G	2	6	12	$\left|\eta_{X^d,P}\right| < 1$
H	1	7	7	
I	0	8	0	

◘ **Abb. 1.38** Preise, Nachfragemengen, Erlöse und Preiselastizitäten

Die entsprechenden Nachfragemengen erhalten wir durch Einsetzen der numerischen Preise in die Nachfragefunktion (1.99). Die Erlöse ermitteln wir durch Einsetzen der numerischen Preise und Nachfragemengen in die Erlösgleichung:

$$R = P \cdot X^d \qquad (1.100)$$

Wir beginnen in A und wandern über B, C, D, E, F, G und H bis nach I, indem wir den Preis sukzessive um eine Einheit senken. Die jeweiligen Preiselastizitäten der Nachfrage an den gekennzeichneten Punkten lassen sich durch Einsetzen der entsprechenden Werte in die allgemeine Formel der Elastizität errechnen:

$$\left| \eta_{X^d, P} \right| = \left| \frac{\Delta X^d}{\Delta P} \cdot \frac{P_A}{X_A^d} \right| \qquad (1.80)$$

A : $\left| \eta_A \right| = \left| \dfrac{+1}{-1} \cdot \dfrac{8}{X_A^d} \right| = \left| -1 \cdot \dfrac{8}{X_A^d} \right| \to \infty$, für $X_A^d \to 0$

B : $\left| \eta_B \right| = \left| -1 \cdot \dfrac{7}{1} \right| = 7$

C : $\left| \eta_C \right| = \left| -1 \cdot \dfrac{6}{2} \right| = 3$

D : $\left| \eta_D \right| = \left| -1 \cdot \dfrac{5}{3} \right| = 1\frac{2}{3}$

E : $\left| \eta_E \right| = \left| -1 \cdot \dfrac{4}{4} \right| = 1$

F : $\left| \eta_F \right| = \left| -1 \cdot \dfrac{3}{5} \right| = \dfrac{3}{5}$

G : $\left| \eta_G \right| = \left| -1 \cdot \dfrac{2}{6} \right| = \dfrac{1}{3}$

H : $\left| \eta_H \right| = \left| -1 \cdot \dfrac{1}{7} \right| = \dfrac{1}{7}$

1

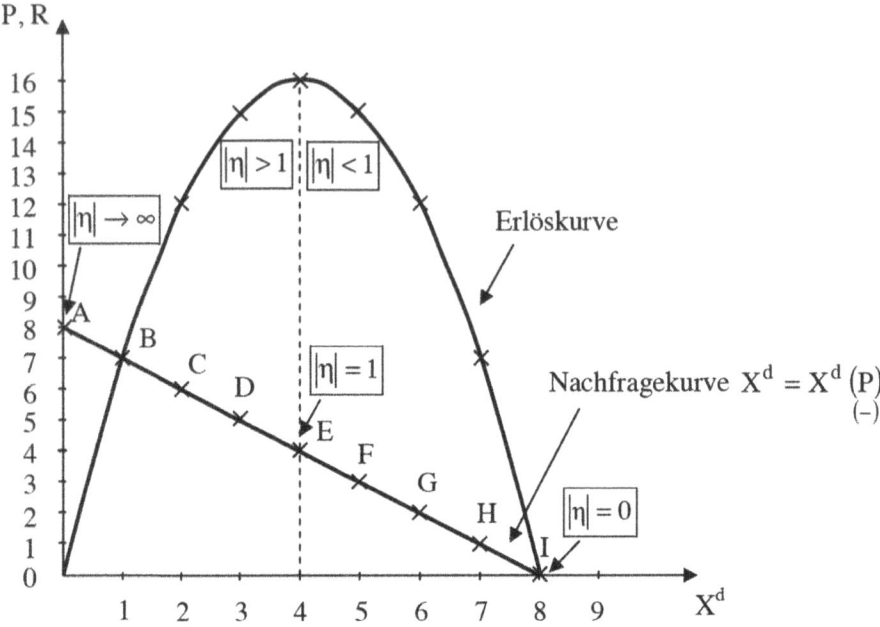

● **Abb. 1.39**   Elastizitäten und Erlöse

$$\text{I}: \qquad |\eta_\text{I}| = \left| -1 \cdot \frac{0}{8} \right| = 0$$

Die erläuterten Zusammenhänge sind in ● Abb. 1.39 veranschaulicht:

Erlösmaximum

Das obige Zahlenbeispiel verdeutlicht, dass das **Erlösmaximum** (Ertragsmaximum, Umsatzmaximum) in dem Punkt erreicht ist, in dem die direkte **Preiselastizität** der Nachfrage genau **eins** ist. Solange die Preiselastizität der Nachfrage relativ hoch ist wie in den Punkten A, B, C und D, lohnen sich für das Ziel der Umsatzmaximierung Preissenkungen, weil dadurch viele zusätzliche Nachfrager gewonnen werden und der Umsatz aufgrund des stärkeren positiven Mengeneffekts trotz niedrigerer Preise steigt. Ist die Preiselastizität der Nachfrage hingegen relativ niedrig wie in den Punkten F, G, H und I, verursachen Preissenkungen Umsatzeinbrüche, weil nur wenige zusätzliche Käufer gewonnen werden und der negative Preiseffekt überwiegt. In diesem Bereich lohnen sich Preiserhöhungen, da nur wenige Nachfrager nicht bereit sind, den höheren Preis zu zahlen. Der maximale Umsatz ergibt sich bei einem Preis, in dem die Preiselastizität der Nachfrage wie im Punkt E bei eins liegt. Preisänderungen – ob Erhöhungen oder Senkungen – führen in dieser Situation zu Umsatzeinbußen.

Bei Vorliegen der **Einheitselastizität** bestimmen der *halbe* **Prohibitivpreis** und die *halbe* **Sättigungsmenge** die Preis-Mengen-Kombination. Grafisch liegt sie genau in der Mitte des Ordinaten- und des Abszissenbereichs und damit – gemäß Strahlensatz – genau in der Mitte der linearen Nachfragekurve. In diesem Punkt liegen die *maximalen* Erlöse (Erträge, Umsätze).

1.6.3 Kreuzpreiselastizität

Die **Kreuzpreiselastizität der Nachfrage** (*indirekte* Preiselastizität der Nachfrage) ist das Verhältnis der relativen Änderung der Nachfrage nach einem Gut zur relativen Änderung des Preises eines *anderen* Gutes:

Kreuzpreiselastizität der Nachfrage

$$\eta_{X_1^d, P_{X_2}} = \frac{\frac{\Delta X_1^d}{X_1^d}}{\frac{\Delta P_{X_2}}{P_{X_2}}} = \frac{\Delta X_1^d}{\Delta P_{X_2}} \cdot \frac{P_{X_2}}{X_1^d} \qquad (1.101)$$

Die Kreuzpreiselastizität der Nachfrage beantwortet beispielsweise die Frage, um wie viel Prozent sich die Nachfrage X_1^d nach israelischen Apfelsinen ändert, wenn der Preis P_{X_2} für neuseeländische Kiwis um zehn Prozent steigt.

Substitutionsgüter weisen *positive* Kreuzpreiselastizitäten auf.

Substitutionsgüter

Denn Substitutionsgüter können von den Konsumenten durch andere Güter „ersetzt" werden. Je höher die Kreuzpreiselastizität, desto enger ist die Substitutionsbeziehung zwischen zwei Gütern: Steigen beispielsweise die Preise eines bestimmten Druckertyps, ist ceteris paribus damit zu rechnen, dass viele Konsumenten auf andere Drucker ausweichen.

Komplementärgüter weisen *negative* Kreuzpreiselastizitäten auf.

Komplementärgüter

1

Denn Komplementärgüter „ergänzen" sich gegenseitig: Erhöhen sich zum Beispiel die Preise für einen bestimmten Druckertyp, geht nicht nur die Nachfrage nach Druckern dieses Typs zurück, sondern auch die Nachfrage nach Toner-Kartuschen für diesen Druckertyp.

unabhängige Güter

> **Unabhängige Güter** weisen Kreuzpreiselastizitäten von *null* auf.

Denn bei unabhängigen Gütern haben Preisänderungen des einen Gutes keinerlei Einfluss auf die Nachfrage nach dem anderen Gut: Ein Anstieg der Preise eines bestimmten Druckertyps lässt ceteris paribus die Nachfrage nach E-Bikes unberührt.

$$\eta_{X_1^d, P_{X_2}} > 0 \rightarrow \text{Substitutionsgut} \tag{1.102}$$

$$\eta_{X_1^d, P_{X_2}} = 0 \rightarrow \text{unabhängiges Gut} \tag{1.103}$$

$$\eta_{X_1^d, P_{X_2}} < 0 \rightarrow \text{Komplementärgut} \tag{1.104}$$

Die ungefähre Kenntnis relevanter Kreuzpreiselastizitäten ist für den Handel von erheblicher Bedeutung: Die Preissenkung eines Gutes führt zu sinkender Nachfrage nach seinen Substitutionsgütern und zu steigender Nachfrage nach seinen Komplementärgütern.

1.6.4 Einkommenselastizität

Einkommenselastizität der Nachfrage

> Die **Einkommenselastizität der Nachfrage** ist das Verhältnis der relativen Änderung der Nachfrage nach einem Gut zur relativen Änderung des Einkommens:
>
> $$\eta_{X^d, Y} = \frac{\frac{\Delta X^d}{X^d}}{\frac{\Delta Y}{Y}} = \frac{\Delta X^d}{\Delta Y} \cdot \frac{Y}{X^d} \tag{1.105}$$

superiore und inferiore Güter

Sind in Ländern nachhaltige Einkommenssteigerungen zu beobachten, ist es für Unternehmer wichtig zu beurteilen, inwieweit diese Einkommensänderungen zu

Änderungen im Nachfrageverhalten führen. In den vergangenen Dekaden stiegen beispielsweise die Einkommen im Fernen Osten stark an, der Reiskonsum pro Kopf nahm in der Mittel- und Oberschicht der Südost- und Ostasiaten jedoch nicht zu. Dieses Phänomen hat seine Ursache in der negativen Einkommenselastizität des Grundnahrungsmittels Reis: Mit höherem Einkommen sind immer mehr ärmere Familien in der Lage, sich beispielsweise Hühnerfleisch oder Gemüse zu leisten, anstatt wie bisher Reis mit Sojasoße zu essen. Da die Magenkapazität begrenzt ist, wird insgesamt weniger Reis gegessen. Das Grundnahrungsmittel Reis wird durch (vermeintlich) höherwertige Lebensmittel substituiert.

Produkte wie Reis, deren Nachfrage mit steigendem Einkommen zurückgeht, bezeichnen wir als absolut inferiore Güter (vgl. lateinisch: „inferior" – der „Untere", „Minderwertige"), Produkte wie Obst, deren Nachfrage mit steigendem Einkommen unterproportional stark zunimmt, als relativ inferiore Güter, Produkte wie Auslandsreisen, deren Nachfrage mit steigendem Einkommen überproportional stark zunimmt, als superiore Güter (vgl. lateinisch: „superior" – der „Höhere", „Höherwertige").

> *Superiore* **Güter** weisen Einkommenselastizitäten von mindestens eins auf, *relativ* **inferiore** Güter Einkommenselastizitäten zwischen null und eins, *absolut* **inferiore** Güter negative Einkommenselastizitäten:
>
> $$\eta_{X^d,Y} \geq 1 \qquad \rightarrow \text{superiores Gut} \tag{1.106}$$
>
> $$0 \leq \eta_{X^d,Y} < 1 \rightarrow \text{relativ inferiores Gut} \tag{1.107}$$
>
> $$\eta_{X^d,Y} < 0 \qquad \rightarrow \text{absolut inferiores Gut} \tag{1.108}$$

Für Unternehmer ist es sinnvoll, zumindest in etwa zu wissen, ob ihre zu verkaufenden Produkte eine hohe oder eine niedrige Einkommenselastizität der Nachfrage aufweisen: Steigen in wirtschaftlichen Expansions- und Boomphasen die Einkommen, können Unternehmer ceteris paribus mit einer überproportional stark steigenden Nachfrage nach superioren Gütern rechnen, wogegen die Nachfrage nach relativ inferioren Gütern nur unterproportional stark zunimmt und diejenige nach absolut inferioren Gütern sogar zurückgeht. In wirtschaftlichen Rezessions- und Depressionsphasen, in denen die Einkommen real sinken, müssen Unternehmer mit einer überproportional stark sinkenden Nachfrage nach superioren, einer unterproportional stark nachlassenden Nachfrage nach relativ inferioren Gütern sowie einer Erhöhung der Nachfrage nach absolut inferioren Gütern rechnen. Risikoscheuen Unternehmern, die ihre konjunkturellen Risiken zu mindern gedenken, ist daher ein gemischtes Portefeuille von Gütern zu empfehlen, die sich in Bezug auf ihre jeweiligen Einkommenselastizitäten unterscheiden. So kann in wirtschaftlichen Wachstumsphasen ein Nachfragerückgang absolut inferiorer Güter durch einen Nachfrageanstieg superiorer Güter ausgeglichen werden, während in ökonomischen Schwächephasen ein Nachfrageverlust superiorer Güter durch eine verstärkte Nachfrage nach absolut inferioren Gütern zu kompensieren ist.

1.6.5 Messprobleme

Messprobleme

Die Messung von Elastizitäten bringt einige Probleme mit sich:

Ceteris-paribus-Klausel

Ist die Ceteris-paribus-Klausel nicht erfüllt, ändern sich außer dem Preis noch andere Bestimmungsgründe der Nachfrage. Wir laufen Gefahr, die Verschiebung einer Nachfragekurve aufgrund *exogener* Datenänderungen fälschlicherweise als Bewegung entlang einer Nachfragekurve zu interpretieren, die auf *endogene* Änderungen zurückzuführen ist. ❏ Abb. 1.40 illustriert diese mögliche Fehlinterpretation: Der Übergang von A zu B wird fälschlicherweise als eine Bewegung entlang der vermuteten Nachfragekurve X_1^d interpretiert, wogegen tatsächlich aufgrund eines exogenen Schocks eine Verschiebung der Nachfragekurve X_2^d zur Nachfragekurve X_3^d stattgefunden haben könnte.

exakt:
Differentialquotient

Exakt lässt sich die Preiselastizität der Nachfrage in einem Punkt nur durch den **Differential**quotienten berechnen, der unendlich kleine Änderungen in Rechnung stellt.

empirisch:
Differenzenquotient

Empirisch können nur größere Änderungen betrachtet werden, sodass wir bei der Berechnung der Elastizität auf den ungenauen **Differenzen**quotienten ausweichen müssen.

Ungenauigkeit des
Differenzenquotienten

Dadurch können wir zwar den Verlauf einer Nachfragekurve zwischen zwei Punkten vor und nach einer Preisänderung schätzen, sind aber nicht imstande, ihn verlässlich zu bestimmen.

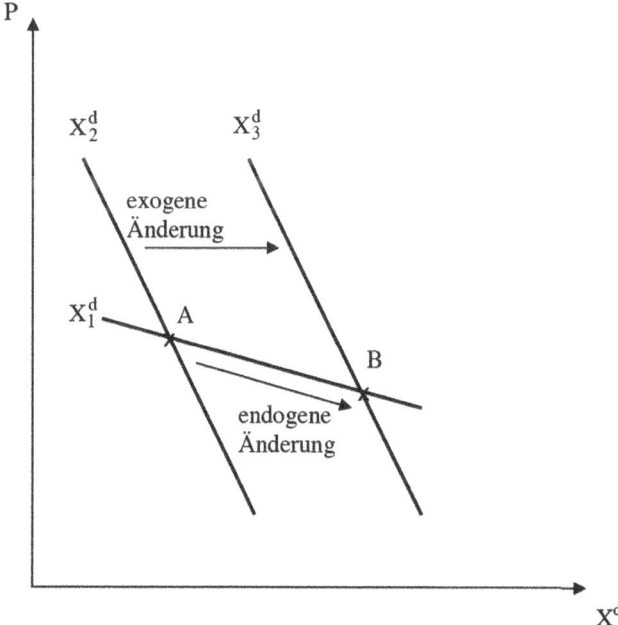

◻ Abb. 1.41 verdeutlicht, dass der Differenzenquotient zwischen zwei Punkten gleich sein kann, selbst wenn beide Punkte auf zwei unterschiedlichen Kurven liegen und damit unterschiedliche Preiselastizitäten im Ausgangspunkt aufweisen. Im Punkt A verläuft die Nachfragekurve X_1^d flacher als die Nachfragekurve X_2^d. Somit sind die Differentialquotienten in A verschieden, je nachdem, ob wir die erste oder die zweite Nachfragekurve zugrundelegen. Der Differentialquotient entspricht der ersten Ableitung der entsprechenden Nachfragekurve im Punkt A und zugleich der Steigung der jeweiligen Nachfragekurve in diesem Punkt. Die Steigung einer nichtlinearen Kurve in einem bestimmten Punkt gleicht der Steigung der Tangenten in diesem Punkt. Für die lineare Nachfragekurve X_1^d ist die Tangente identisch mit der Nachfragekurve. Für die nicht-lineare Nachfragekurve X_2^d tragen wir ihre Tangente in A ab und erkennen unschwer, dass die Steigung dieser Tangenten steiler ist als diejenige der linearen Nachfragekurve. Die in A festgestellte Preiselastizität der Nachfrage ist für die Nachfragekurve X_1^d höher als für die Nachfragekurve X_2^d, da das Verhältnis der Ausgangswerte in beiden Fällen gleich, die Steigung

1

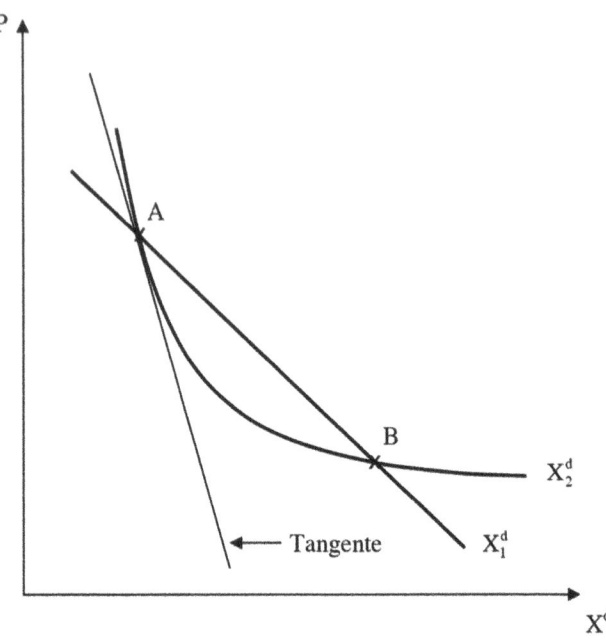

○ **Abb. 1.41**   Ungenauigkeit des Differenzenquotienten

Zeitverzögerungen

der ersten Nachfragekurve jedoch kleiner als diejenige der zweiten ist.

Eine weitere Schwierigkeit stellt die zeitgerechte Ermittlung der Preiselastizität der Nachfrage dar: Es ist denkbar, dass im Zuge einer Preiserhöhung die Nachfrage nicht unmittelbar sinkt, weil die Käufer sich zum Beispiel vertraglich zu bestimmten Kaufmengen verpflichtet haben, die negative Wirkung der Preiserhöhung somit erst später in Erscheinung tritt. Demzufolge ist es ein schwieriges, wenn nicht gar unmögliches Unterfangen, Nachfrageänderungen zeitgerecht auf entsprechende Preisänderungen zurückzuführen.

> Die **Messung** von Elastizitäten bringt Probleme mit sich, wenn Differenzen (Bogenelastizität) und nicht Differentiale (Punktelastizität) betrachtet werden. Zudem treten unterschiedlich lange und nicht genau vorhersehbare Zeitverzögerungen von Preis- und Mengenreaktionen auf.

1.6.6 Zusammenfassung

1. *Allgemein* misst eine **Elastizität** das Verhältnis der *relativen* Änderung einer abhängigen Variablen zur *relativen* Änderung einer unabhängigen Variablen.

2. Die **Bogen**elastizität misst *diskrete*, das heißt *endlich kleine* Änderungen zwischen zwei Punkten und ermittelt den *Differenzen*quotienten. Differenzen werden durch ein großes griechisches Δ ausgedrückt.

3. Die **Punkt**elastizität misst *infinite*, das heißt *unendlich kleine* Änderungen in einem Punkt und ermittelt den *Differential*quotienten. Differentiale werden durch ein kleines lateinisches d ausgedrückt.

4. *Ökonomisch* zeigt die **Preiselastizität** der Nachfrage, wie stark die Nachfragemenge auf Preisänderungen reagiert. *Geometrisch* ist sie das Produkt aus der (inversen) Steigung der Nachfragekurve (Tangens) und dem umgekehrten Verhältnis der Ausgangswerte. *Algebraisch* ist sie der Quotient aus der relativen Änderung der Nachfragemenge zur relativen Änderung des Preises. Als Bogenelastizität beziehungsweise als Punktelastizität lautet sie:

$$\left| \eta_{X^d,P} \right| = \left| \frac{\frac{\Delta X^d}{X_A^d}}{\frac{\Delta P}{P_A}} \right| = \left| \frac{\Delta X^d}{\Delta P} \cdot \frac{P_A}{X_A^d} \right| \text{ beziehungsweise}$$

$$\left| \eta_{X^d,P} \right| = \left| \frac{\frac{dX^d}{X_A^d}}{\frac{dP}{P_A}} \right| = \left| \frac{dX^d}{dP} \cdot \frac{P_A}{X_A^d} \right|$$

5. Ist die Preiselastizität der Nachfrage – **numerisch** ausgedrückt – größer als eins, ist die Preiselastizität relativ hoch. Ist sie gleich eins, liegt die Einheitselastizität vor. Ist sie kleiner als eins, ist die Preiselastizität relativ niedrig:

$$\left| \eta_{X^d,P} \right| > 1 \rightarrow \text{hohe Preiselastizität der Nachfrage}$$

$$\left| \eta_{X^d,P} \right| = 1 \rightarrow \text{Einheitselastizität}$$

$$\left| \eta_{X^d,P} \right| < 1 \rightarrow \text{niedrige Preiselastizität der Nachfrage}$$

6. Grundsätzlich ist die Preiselastizität der Nachfrage umso höher, je weniger dringend ein Gut benötigt wird und je mehr **Substitutionsmöglichkeiten** sich bieten.

7. Unter Berücksichtigung von **Streckenabschnittsregeln** gilt: Ist der rechte Kurvenbereich größer als der linke, das heißt liegt der Ausgangspunkt im linken Teil der (linearen) Nachfragekurve, ist die Preiselastizität größer als eins. Ist der rechte Kurvenbereich kleiner als der linke, das heißt liegt der Ausgangspunkt im rechten Teil der Nachfragekurve, ist die Preiselastizität kleiner als eins. Sind beide Kurvenbereiche gleich groß, das heißt liegt der Ausgangspunkt genau in der Mitte der Nachfragekurve, ist die Preiselastizität genau eins.

8. Eine *isoelastische* **Nachfragekurve** ist eine Kurve, die in ihrem gesamten Bereich die „gleiche Elastizität" aufweist. In einem Diagramm mit dem Preis auf der Ordinate und der Menge auf der Abszisse repräsentiert eine senkrechte Nachfragekurve eine Preiselastizität von null, eine waagerechte Nachfragekurve eine Preiselastizität, die gegen unendlich strebt.

9. Bei Vorliegen der Einheitselastizität erreichen die **Erlöse** ihr Maximum. Bei einer *linearen* Nachfragekurve werden die maximalen Erlöse mit der halben Sättigungsmenge und dem halben Prohibitivpreis erzielt. Umsatzmaximierern sind bei relativ *hoher* Preiselastizität Preis*senkungen*, bei relativ *niedriger* Preiselastizität Preis*erhöhungen* zu empfehlen.

10. Die **Kreuzpreiselastizität** der Nachfrage (*indirekte* Preiselastizität der Nachfrage) ist das Verhältnis der relativen Änderung der Nachfrage nach einem Gut zur relativen Änderung des Preises eines *anderen* Gutes:

$$\eta_{X_1^d, P_{X_2}} = \frac{\frac{\Delta X_1^d}{X_1^d}}{\frac{\Delta P_{X_2}}{P_{X_2}}} = \frac{\Delta X_1^d}{\Delta P_{X_2}} \cdot \frac{P_{X_2}}{X_1^d}$$

11. **Substitutionsgüter** weisen *positive* Kreuzpreiselastizitäten auf, **unabhängige Güter** Kreuzpreiselastizitäten von *null*, **Komplementärgüter** *negative*:

$$\eta_{X_1^d, P_{X2}} > 0 \rightarrow \text{Substitutionsgut}$$

$\eta_{X_1^d, P_{X_2}} = 0 \rightarrow$ unabhängiges Gut

$\eta_{X_1^d, P_{X_2}} < 0 \rightarrow$ Komplementärgut

12. Die **Einkommenselastizität** der Nachfrage ist das Verhältnis der relativen Änderung der Nachfrage nach einem Gut zur relativen Änderung des Einkommens:

$$\eta_{X^d, Y} = \frac{\frac{\Delta X^d}{X^d}}{\frac{\Delta Y}{Y}} = \frac{\Delta X^d}{\Delta Y} \cdot \frac{Y}{X^d}$$

13. *Superiore* **Güter** weisen Einkommenselastizitäten von mindestens eins auf, *relativ* **inferiore** Güter Einkommenselastizitäten zwischen null und eins, *absolute* **inferiore** Güter negative Einkommenselastizitäten:

$\eta_{X^d, Y} \geq 1 \rightarrow$ superiores Gut

$0 \leq \eta_{X^d, Y} < 1 \rightarrow$ relativ inferiores Gut

$\eta_{X^d, Y} < 0 \rightarrow$ absolut inferiores Gut

14. Die **Messung** von Elastizitäten bringt Probleme mit sich, wenn Differenzen (Bogenelastizität) und nicht Differentiale (Punktelastiziät) betrachtet werden. Zudem treten unterschiedlich lange und nicht genau vorhersehbare Zeitverzögerungen von Preis- und Mengenreaktionen auf.

1.7 Substitutions- und Einkommenseffekt

1.7.1 Einführung

Im Folgenden greifen wir auf die Ergebnisse zurück, die wir in unseren Untersuchungen zum Konsumoptimum und zu den Nachfrageelastizitäten gewonnen haben: Ändern sich in einem Zwei-Güter-Fall die Preise beider Güter in einem nicht proportionalen Verhältnis, so ändern sich die relativen Preise. Dies hat Auswirkungen auf den Verlauf der Budgetgeraden, deren Steigung durch die relativen Preise bestimmt wird. Durch die Änderung des Preisverhältnisses ist ein ursprüngliches Konsumoptimum,

1

das grafisch im Tangentialpunkt von Indifferenzkurve und Budgetgerade liegt, obsolet geworden. Der private Haushalt wird Anpassungen in seinem Konsumverhalten vornehmen und ein neues Konsumoptimum erreichen, in dem die Zusammensetzung seines Güterbündels eine andere ist als zuvor.

> Bei **Änderungen** der *relativen* **Preise** (des Preisverhältnisses) treten Substitutions- und Einkommenseffekte auf.

Substitutionseffekt

Steigt beispielsweise der Preis des einen Gutes, ohne dass sich derjenige des anderen Gutes ändert, hat der private Haushalt einerseits einen Anreiz, vom teurer gewordenen Gut weniger Einheiten zu konsumieren und vom relativ – im Vergleich zum ersten Gut – günstiger gewordenen anderen Gut mehr Einheiten. Dieser Effekt entsteht aufgrund der veränderten Austauschrate zwischen beiden Gütern und wird daher Substitutionseffekt genannt.

> Der **Substitutionseffekt** entsteht dadurch, dass bei einer Änderung der *relativen Preise* und Konstanz des (Real-) Einkommens nunmehr der Anreiz besteht, einen Teil der bisherigen Nachfrage nach dem *relativ teurer* gewordenen Gut durch zusätzliche Nachfrage nach dem *relativ günstiger* gewordenen Gut zu „ersetzen".

Einkommenseffekt

Andererseits ist zwar das Nominaleinkommen des Haushalts konstant geblieben, sein Realeinkommen ist jedoch gesunken: Steigt nämlich der Preis eines Gutes, ohne dass sich das Nominaleinkommen ändert, kann sich der private Haushalt nicht mehr so viele Einheiten eines gemischten Güterbündels leisten wie vorher. Es ist zu erwarten, dass aufgrund der Senkung des Realeinkommens der Konsum beider Güter zurückgeht. Diesen zweiten Effekt nennen wir (Real-) Einkommenseffekt.

> Der **Einkommenseffekt** entsteht dadurch, dass bei einer Senkung (Erhöhung) des (Real-) Einkommens und Konstanz der relativen Preise nunmehr ein Anreiz besteht, einen Teil der bisherigen Nachfrage nach *beiden* Gütern zu senken (erhöhen).

Da sich der beobachtbare Gesamteffekt (Netto-Effekt) aus dem Substitutions- und dem Einkommenseffekt zusammensetzt, ist nicht ersichtlich, wie stark jeder dieser Teileffekte ist. Um beide Effekte zu isolieren, müssen wir mit hypothetischen Annahmen arbeiten: Gilt unser Interesse dem Substitutionseffekt, untersuchen wir den Effekt, der sich aus der Änderung der Grenzrate der Substitution ergibt, und nehmen hypothetisch an, dass das (Real-) Einkommen nicht sinkt. Den Einkommenseffekt isolieren wir, indem wir den Effekt analysieren, der aus dem gesunkenen (Real-) Einkommen resultiert, und hypothetisch annehmen, dass sich die relativen Preise nicht ändern. Durch diese analytische Methode gelingt es uns, sowohl den Substitutionseffekt als auch den Einkommenseffekt zu isolieren. Heben wir beide hypothetischen Annahmen wieder auf, erhalten wir den Netto-Effekt durch Addition von Substitutions- und Einkommenseffekt.

In der Literatur haben sich zwei Verfahren durchgesetzt, den Substitutions- und den Einkommenseffekt zu bestimmen. Das erste stammt von Hicks, das zweite von Slutsky. Wir erläutern beide Vorgehensweisen.

1.7.2 Hicks-Analyse

Die bekannteste und deshalb an dieser Stelle erstgenannte Variante der Zerlegung eines Gesamteffekts in einen Substitutions- und einen Einkommenseffekt basiert auf Überlegungen der beiden britischen Ökonomen Sir John Richard Hicks (1904–1989), dem Nobelpreisträger von 1972, und Roy George Douglas Allen (1906–1983), einem Statistik-Professor an der London School of Economics (vgl. Hicks und Allen 1934, S. 52–76, 196–219). Der Substitutionseffekt wird unter der hypothetischen Annahme isoliert, dass weiterhin das *ursprüngliche* **Nutzenniveau** erreicht werden kann.

Bei einer Preisänderung des Gutes zwei gelten folgende Zusammenhänge:

- Der Substitutionseffekt für Gut zwei hängt ab von dessen (direkter) Preiselastizität der Nachfrage.
- Der Substitutionseffekt für Gut eins hängt ab von dessen Kreuzpreiselastizität der Nachfrage.
- Die jeweiligen Einkommenseffekte für beide Güter hängen ab von deren jeweiligen Einkommenselastizitäten.

◘ Abb. 1.42 zeigt die grafische Lösung:

1

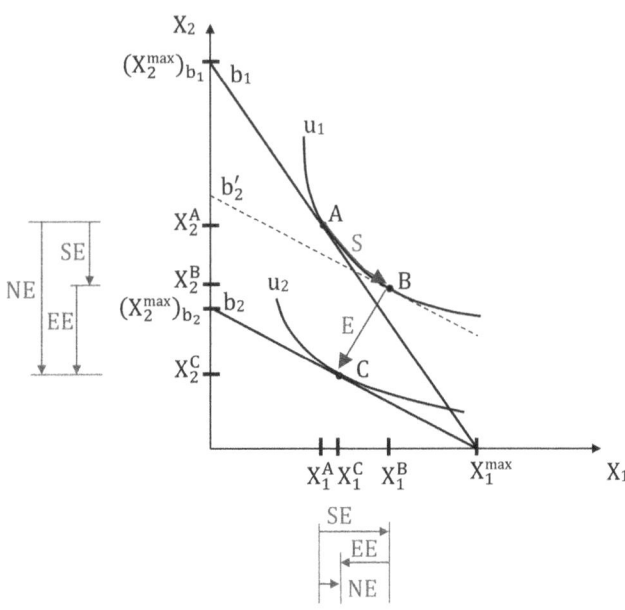

❏ **Abb. 1.42** Substitutions- und Einkommenseffekte nach Hicks für den Fall einer Preiserhöhung von Gut 2.

Preiserhöhung Gut 2

Wir nehmen an, dass der Preis P_2 für Gut zwei steigt und der Preis P_1 für Gut eins unverändert bleibt. Wenn der Haushalt sein gesamtes Einkommen für Gut eins verwendet, kann er in diesem Fall genauso viele Einheiten von Gut eins erwerben wie vorher, sodass sich der maximal mögliche Konsum des Gutes eins nicht ändert:

$$\left(X_1^{max}\right)_{b_1} = \left(X_1^{max}\right)_{b_2} = X_1^{max} \tag{1.109}$$

Aufgrund der Preiserhöhung sinkt jedoch bei unverändertem Einkommen der maximal mögliche Konsum für Gut zwei:

$$\left(X_2^{max}\right)_{b_1} > \left(X_2^{max}\right)_{b_2} \tag{1.110}$$

Beide Phänomene führen grafisch zu einer Drehung der alten Budgetgeraden b_1 um den Punkt X_1^{max} nach unten zur neuen Budgetgeraden b_2.

Substitutionseffekt

Um den **Substitutionseffekt** (SE) zu isolieren, nehmen wir zum einen hypothetisch an, dass der Haushalt weiterhin sein ursprüngliches Nutzenniveau halten kann, folglich ein Punkt auf seiner ursprünglichen Indifferenzkurve u_1 realisierbar ist. Zum anderen berücksichtigt der Substitutionseffekt die Änderung der relativen Preise, die sich in der Änderung der Steigung der Budgetgeraden niederschlägt. Deshalb vergleichen wir den Ausgangspunkt A, in dem die Steigung der ursprünglichen Budgetgeraden gilt, mit einem Punkt, in dem die Steigung der neuen Budgetgeraden gilt. Beide Punkte müssen auf der alten Indifferenzkurve liegen, um zu unterstreichen, dass sich nur das Austauschverhältnis beider Güter, nicht aber das Nutzenniveau ändert. Zu diesem Zweck verschieben wir die neue Budgetgerade b_2 parallel, bis sie die ursprüngliche Indifferenzkurve im Punkt B berührt. Diese Parallele b_2', die wir als hypothetische Budgetgerade ansehen können, weist die gleiche Steigung wie die neue Budgetgerade und damit die gleichen neuen relativen Preise auf. Da b_2' die ursprüngliche Indifferenzkurve berührt, ist das Nutzenniveau in A genauso hoch wie in B, von (Real-) Einkommenseffekten wird abgesehen. Grafisch zeigt sich der Substitutionseffekt in der Bewegung von A nach B entlang der ursprünglichen Indifferenzkurve u_1.

Der (Real-) **Einkommenseffekt** (EE) blendet die veränderten Substitutionsbeziehungen aus und betrachtet ausschließlich die erfolgte (Real-) Einkommensänderung. Der Einkommenseffekt ist immer ein *Real*einkommenseffekt. In unserem Fall hat sich das *Nominal*einkommen überhaupt nicht geändert, dennoch tritt ein Einkommenseffekt auf, weil das *Real*einkommen aufgrund der Preiserhöhung für Gut zwei gesunken ist. Wir müssen zwei Punkte vergleichen, die sich nicht in ihren relativen Preisen unterscheiden. Somit muss die Steigung der Budgetgeraden in beiden Punkten gleich sein. Deshalb vergleichen wir Punkt B, der auf der hypothetischen Budgetgeraden liegt, mit Punkt C, der auf der neuen Budgetgeraden liegt, die notwendigerweise die gleiche Steigung aufweist wie ihre Parallele. Um die unterschiedlichen Realeinkommen zu berücksichtigen, müssen beide Punkte auf Indifferenzkurven liegen, die unterschiedliche Nutzenniveaus widerspiegeln. Der Einkommenseffekt stellt grafisch den Weg von B auf der ursprünglichen Indifferenzkurve u_1 zu C auf der neuen Indifferenzkurve u_2 dar.

Der Substitutionseffekt ist für das teurer gewordene Gut negativ, für das relativ günstiger gewordene Gut positiv. In unserem Fall wird Gut zwei teurer, da sein Preis steigt, und Gut eins im Vergleich zu Gut zwei relativ günstiger, da sich sein Preis nicht ändert. Der Einkommenseffekt ist im Normalfall für beide Güter bei einer Preiserhöhung negativ, weil das Realeinkommen sinkt.

Einkommenseffekt

1

Für das teurer gewordene Gut zwei ergeben sich somit sowohl ein negativer Substitutionseffekt als auch ein negativer Einkommenseffekt, sodass der Netto-Effekt (NE), der sich aus der Summe von Substitutions- und Einkommenseffekt ergibt, ebenfalls negativ ist. Für das relativ günstiger gewordene Gut eins ergibt sich ein positiver Substitutionseffekt, der in unserem Fall durch den negativen Einkommenseffekt nur teilweise kompensiert wird, sodass der Netto-Effekt positiv ist.

Preissenkung Gut 2

Betrachten wir den umgekehrten Fall, der in ◘ Abb. 1.43 illustriert wird: Angenommen, der Preis P_2 für Gut zwei sinkt und der Preis P_1 für Gut eins bleibt unverändert.

Während sich der maximal mögliche Konsum des Gutes eins nicht ändert, steigt aufgrund der Preissenkung der maximal mögliche Konsum des Gutes zwei. Grafisch schlagen sich diese beiden Phänomene in einer Drehung der alten Budgetgeraden b_1 um den Punkt X_1^{max} nach oben zur neuen Budgetgeraden b_2 nieder. Um zunächst den Substitutionseffekt zu isolieren, verschieben wir die neue Budgetgerade b_2 parallel, bis sie die ursprüngliche Indifferenzkurve u_1 im Punkt B berührt. Grafisch

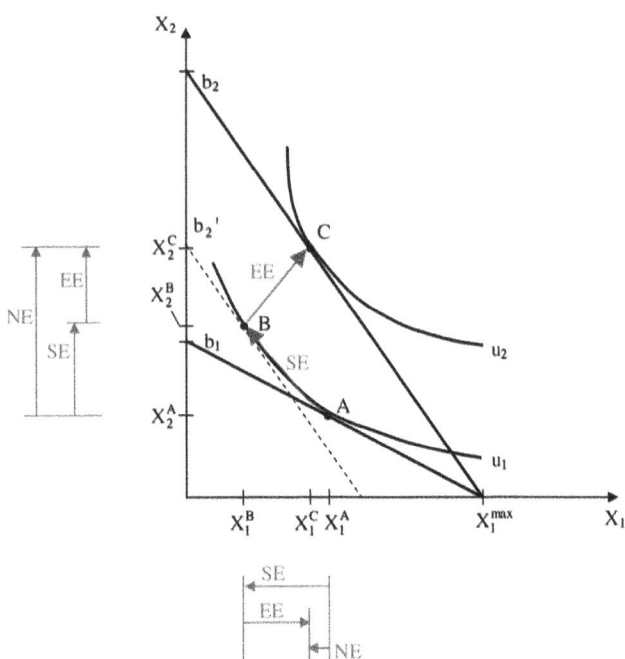

◘ **Abb. 1.43** Substitutions- und Einkommenseffekte nach Hicks für den Fall einer Preissenkung von Gut 2.

zeigt sich der Substitutionseffekt in der Bewegung von A nach B entlang der ursprünglichen Indifferenzkurve. Der Einkommenseffekt stellt grafisch den Weg von B nach C dar. Der Substitutionseffekt ist für das günstiger gewordene Gut zwei positiv, für das relativ teurer gewordene Gut eins negativ. Der Einkommenseffekt ist für beide Güter positiv, weil das Realeinkommen im Zuge der Preissenkung steigt. In unserem Beispiel ist der Netto-Effekt für das günstiger gewordene Gut zwei positiv und für das relativ teurer gewordene Gut eins negativ.

Um unsere grafische Analyse zu vervollständigen, sind in den Abbildungen 1.44 sowie 1.45 die jeweiligen Substitutions- und Einkommenseffekte für die Fälle einer Preiserhöhung von Gut eins beziehungsweise einer Preissenkung von Gut eins dargestellt:

In ◘ Abb. 1.44 ist der Netto-Effekt für das teurer gewordene Gut eins negativ und für das relativ günstiger gewordene Gut zwei positiv.

Preiserhöhung Gut 1

In ◘ Abb. 1.45 ist der Netto-Effekt für das günstiger gewordene Gut eins positiv und für das relativ teurer gewordene Gut zwei negativ.

Preissenkung Gut 1

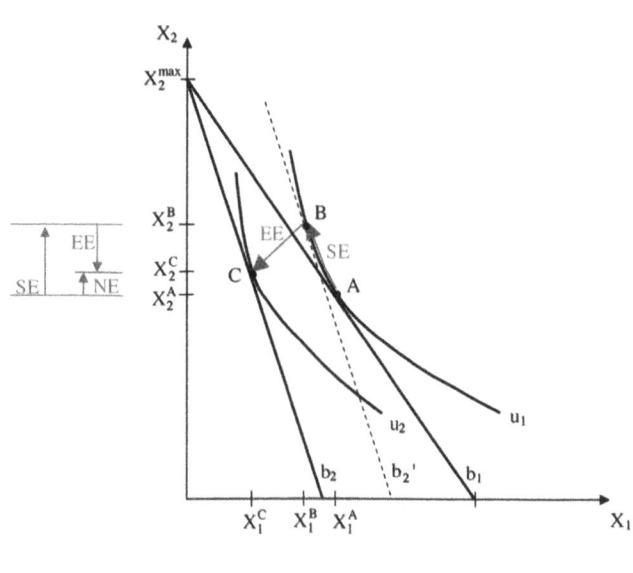

◘ Abb. 1.44 Substitutions- und Einkommenseffekte nach Hicks für den Fall einer Preiserhöhung von Gut 1.

1

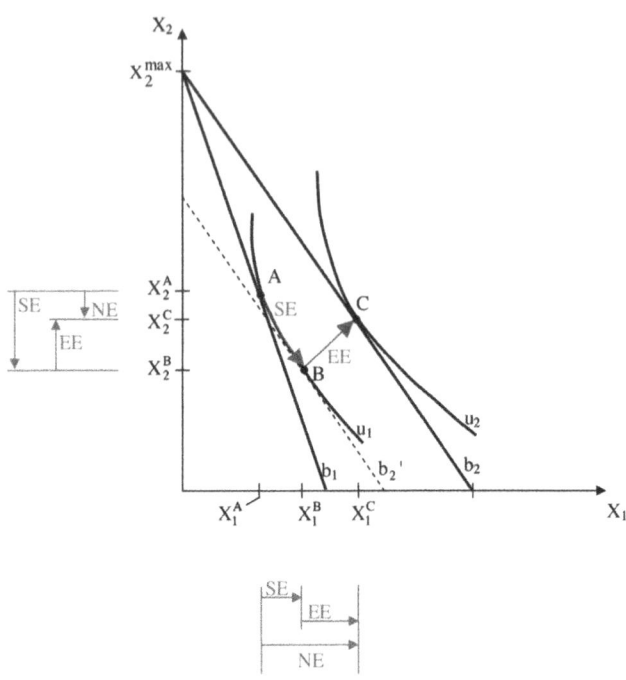

● **Abb. 1.45**   Substitutions- und Einkommenseffekte nach Hicks für den Fall einer Preissenkung von Gut 1

Giffen-Gut

Im Folgenden betrachten wir den Sonderfall eines Giffen-Gutes. Dieses *absolut inferiore* Gut weist eine *negative* Einkommenselastizität auf, das heißt mit zunehmendem Einkommen geht die Nachfrage zurück et vice versa. Steigt der Preis eines absolut inferioren Gutes, verlaufen Substitutions- und Einkommenseffekt gegenläufig zueinander: Ist der negative Substitutionseffekt größer als der positive Einkommenseffekt, ergibt sich ein negativer Netto-Effekt wie im Fall superiorer oder relativ inferiorer Güter. Ist der positive Einkommenseffekt größer als der negative Substitutionseffekt, erhalten wir einen positiven Netto-Effekt. Dies ist der Fall eines Giffen-Gutes, das nach dem schottischen Ökonomen Robert Giffen (1837–1910) benannt ist, obwohl diese Zusammenhänge erstmals (vgl. Masuda und Newman 1981, S. 1011) von Simon Gray publiziert worden sind (vgl. Gray 1815, S. 504–510):

» „ [S. 505:] To raise the price of corn in any great degree, tends directly to increase the general consumption of that necessary... [S. 510:] Of the 2,269,902 families in Great Britain, I will venture to say, that the exorbitant price of bread in 1801 made three fourths of them, or, 1,702,426, consume, at an average, two quartern loaves per week more than their usual quantity."

> Für ein **Giffen-Gut** gelten folgende beiden Bedingungen: *Erstens* ist ein Giffen-Gut ein *absolut inferiores* Gut mit einer negativen Einkommenselastizität. *Zweitens dominiert* der *Einkommenseffekt* den Substitutionseffekt, sodass die Nachfrage nach dem Giffen-Gut mit steigendem (sinkendem) Preis steigt (sinkt).

In den Abbildungen 1.46 bis 1.49 sind der Substitutions- und Einkommenseffekt eines Giffen-Gutes dargestellt. In ◘ Abb. 1.46, die wir ausführlicher erläutern, nehmen wir an, dass der Preis des Giffen-Gutes zwei steigt. In ◘ Abb. 1.47 gehen wir davon aus, dass der Preis des Giffen-Gutes zwei sinkt. Die beiden folgenden Grafiken zeigen jeweils Gut eins als Giffen-Gut: In ◘ Abb. 1.48 unterstellen wir eine Preiserhöhung, in ◘ Abb. 1.49 eine Preissenkung des Giffen-Gutes eins.

In ◘ Abb. 1.46 ist die Ausgangssituation das Konsumoptimum im Tangentialpunkt A. Annahmegemäß steigt der Preis für das Giffen-Gut zwei. Der maximale Konsum dieses Gutes, der bei gänzlichem Verzicht auf den Konsum des superioren Gutes eins erzielt wird, sinkt. Der

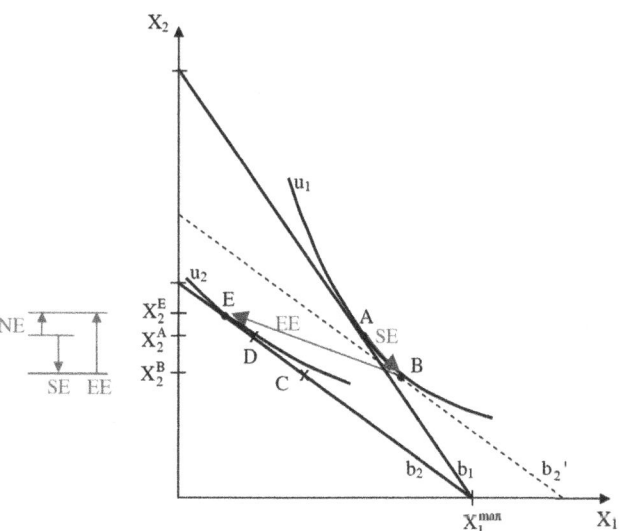

◘ **Abb. 1.46** Substitutions- und Einkommenseffekte nach Hicks für den Fall einer Preiserhöhung des Giffen-Gutes 2.

1

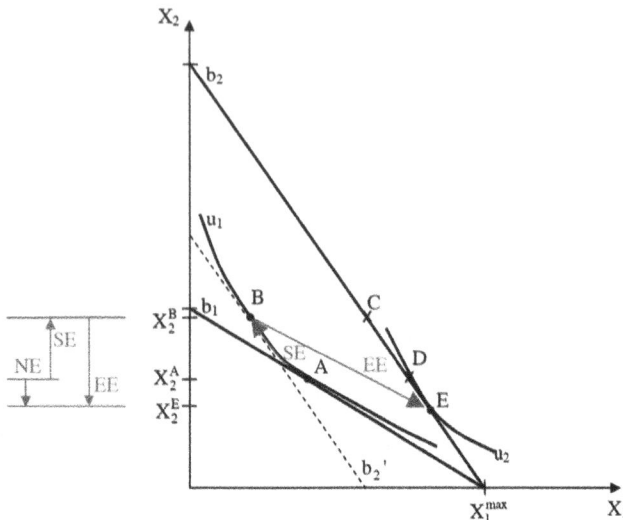

◘ **Abb. 1.47** Substitutions- und Einkommenseffekte nach Hicks für den Fall einer Preissenkung des Giffen-Gutes 2

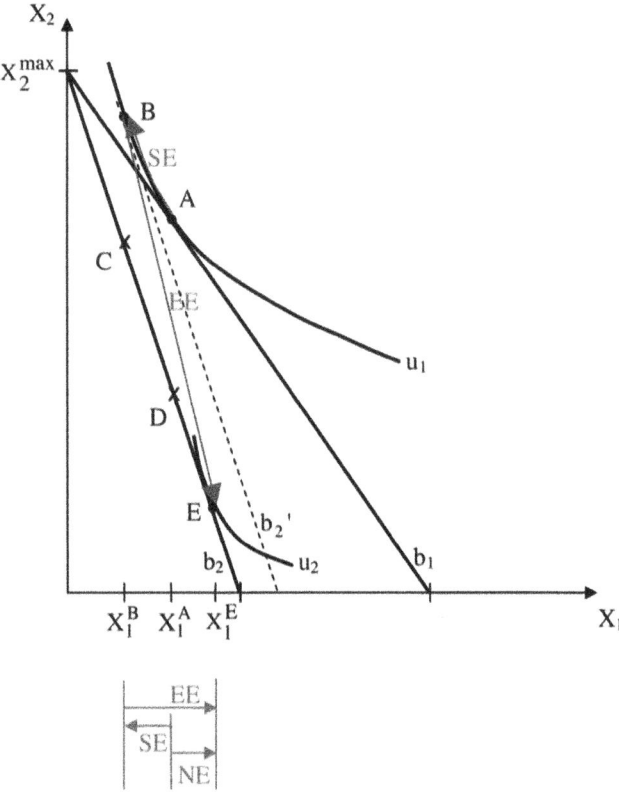

◘ **Abb. 1.48** Substitutions- und Einkommenseffekte nach Hicks für den Fall einer Preiserhöhung des Giffen-Gutes 1

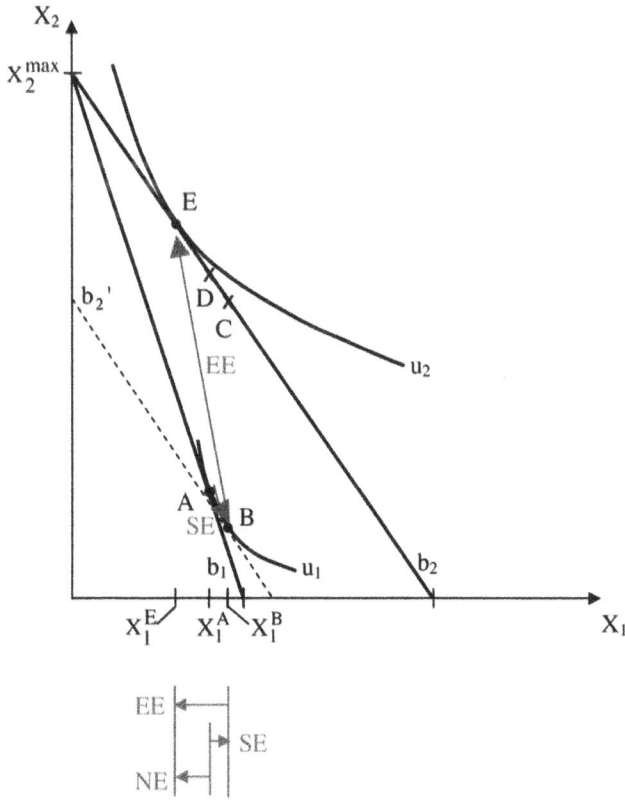

◻ Abb. 1.49 Substitutions- und Einkommenseffekte nach Hicks für den Fall einer Preissenkung des Giffen-Gutes 1.

relative Preis und somit die Steigung der Budgetgeraden ändern sich. Die neue Budgetgerade b_2 ergibt sich aus der Drehung der alten Budgetgeraden b_1, nach unten um den unveränderten Punkt X_1^{max}. Die alte Indifferenzkurve u_1 repräsentiert nun ein Nutzenniveau, das sich der private Haushalt nicht mehr leisten kann. Der Haushalt wählt sein neues Konsumoptimum im Tangentialpunkt E der neuen Budgetgeraden b_2 und der neuen Indifferenzkurve u_2. Der Substitutionseffekt ist für das teurer gewordene Giffen-Gut zwei negativ, der Einkommenseffekt trotz der Realeinkommenssenkung positiv. Der Netto-Effekt für das Giffen-Gut zwei ist positiv, weil der positive Einkommenseffekt größer ist als der negative Substitutionseffekt und die Nachfrage von X_2^A auf X_2^E steigt.

In ◻ Abb. 1.46 und in ◻ Abb. 1.47 stellen alle Güterbündel, die zwischen den Punkten C und D auf der neuen Budgetgeraden liegen, mögliche Lösungen für ein absolut inferiores Gut zwei dar, bei denen der Einkommenseffekt den Substitutionseffekt nicht dominiert. Für den Giffen-Fall ist es erforderlich, dass das neue Güterbündel in ◘ Abb. 1.46 oberhalb und in ◘ Abb. 1.47 unterhalb von D auf der neuen Budgetgeraden liegt.

In den Abbildungen 1.48 und 1.49 stellen alle Güterbündel, die zwischen den Punkten C und D auf der neuen Budgetgeraden liegen, mögliche Lösungen für ein absolut inferiores Gut eins dar, in denen der Einkommenseffekt den Substitutionseffekt nicht dominiert. Für den Giffen-Fall ist es erforderlich, dass das neue Güterbündel in ◘ Abb. 1.48 rechts und in ◘ Abb. 1.49 links von D auf der neuen Budgetgeraden liegt.

1.7.3 Slutsky-Analyse

Die zweite Variante, den Netto-Effekt einer relativen Preisänderung in einen Substitutions- und in einen Einkommenseffekt zu zerlegen, ist die Berechnung nach Eugenius Slutsky (1880–1948), einem russischen Mathematiker und Statistiker (vgl. Slutsky 1915, S. 1–26). Die Substitutions- und Einkommenseffekte nach Hicks beziehungsweise nach Slutsky sind nicht identisch:

> Im Fall der Zerlegung des Netto-Effekts in einen Substitutions- und einen Einkommenseffekt unterstellen wir nach **Hicks** für den Substitutionseffekt die Konstanz des *ursprünglichen Nutzenniveaus,* im Fall der Zerlegung nach **Slutsky** die Möglichkeit, sich weiterhin sein *ursprüngliches Güterbündel* leisten zu können.

kompensierte
Nachfrage

Beide Varianten weichen von der Annahme einer „normalen" Nachfragekurve ab, bei der wir im Fall von Preisänderungen von der Konstanz des Einkommens ausgehen. Slutskys Konzept der *kompensierten* **Nachfrage** kann wie folgt umrissen werden: Im Fall einer Preiserhöhung eines Gutes wird der Haushalt für den Rückgang seines Realeinkommens dadurch kompensiert, dass er hypothetisch ein zusätzliches Einkommen erhält, das es ihm ermöglicht, sich sein *ursprüngliches* **Güterbündel** weiterhin leisten zu können. Analog wird der Haushalt im Fall einer Preissenkung eines Gutes für den Anstieg seines Realeinkommens dadurch kompensiert, dass ihm hypothetisch ein Teil seines Einkommens weggenommen wird, damit er für sein ursprüngliches Güterbündel weiterhin sein gesamtes Budget aufwenden muss.

■ Abb. 1.50 zeigt die Substitutions- und Einkommenseffekte nach Slutsky für den Fall, dass der Preis des Gutes zwei steigt:

Die Ausgangssituation liegt im Punkt A. P_2 steigt, sodass sich die ursprüngliche Budgetgerade b_1 um den Punkt X_1^{max} nach unten zu b_2 dreht.

Der **Substitutionseffekt** misst die Wirkung aufgrund der Änderung der relativen Preise. Da sich die relativen Preise in der Steigung der Budgetgeraden widerspiegeln, müssen wir zwei Punkte vergleichen, in denen die Steigungen ihrer jeweiligen Budgetgeraden unterschiedlich sind. Zudem unterstellen wir gemäß Slutsky, dass sich der Haushalt sein ursprüngliches Güterbündel weiterhin leisten kann. Deshalb muss die hypothetische Budgetgerade b_2' durch A verlaufen. b_2' ist eine Parallele zur neuen Budgetgeraden b_2, verkörpert also grafisch das neue Preisverhältnis zwischen P_1 und P_2. Der Substitutionseffekt zeigt sich grafisch in der Bewegung von A nach B entlang der hypothetischen Budgetgeraden b_2'. Er ist für das teurer gewordene Gut zwei negativ und für das

Substitutionseffekt

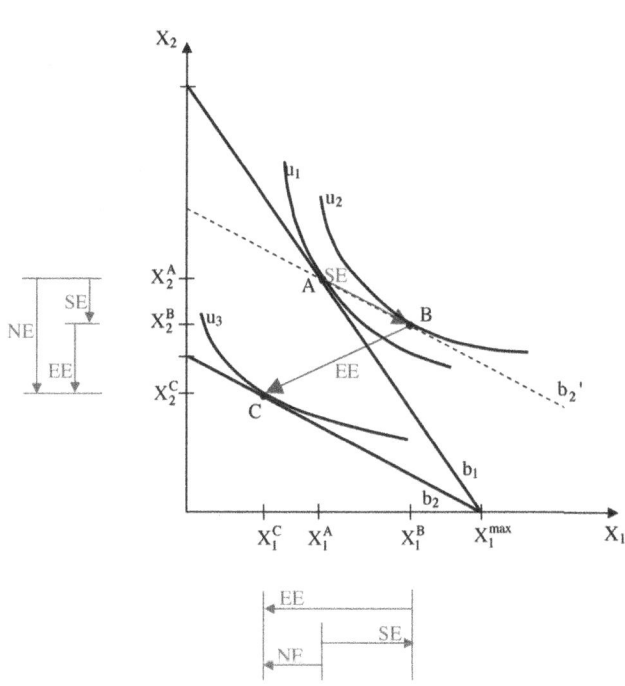

■ **Abb. 1.50** Substitutions- und Einkommenseffekte nach Slutsky für den Fall einer Preiserhöhung von Gut 2.

relativ günstiger gewordene Gut eins positiv. Zu beachten ist, dass B auf der Indifferenzkurve u_2 mit einem höheren Nutzenniveau liegt, was die „Kompensation" einer Preiserhöhung durch zusätzliches Einkommen widerspiegelt, damit der Haushalt sich wie bisher seine ursprüngliche Gütermengenkombination leisten kann.

Einkommenseffekt   Der **Einkommenseffekt** abstrahiert von der Änderung der relativen Preise und lenkt sein Augenmerk ausschließlich auf die (Real-) Einkommenssenkung. Deshalb müssen zwei Punkte verglichen werden, die auf Budgetgeraden liegen, welche die gleiche Steigung aufweisen, aber unterschiedliche Einkommensniveaus repräsentieren. Der Einkommenseffekt wird durch den Weg von B auf der hypothetischen Budgetgeraden b_2' zu C auf der neuen Budgetgeraden b_2 dargestellt. Er ist in unserem Beispiel ebenso wie der Netto-Effekt für beide Güter negativ.

Die Lösungen der Slutsky-Zerlegung für die weiteren Fälle, in denen der Preis des zweiten Gutes sinkt, der Preis für Gut eins steigt beziehungsweise der Preis für Gut eins sinkt, können in analoger Weise nachvollzogen werden.

Wie in der Hicks-Analyse unterscheiden wir in der Slutsky-Analyse superiore, relativ inferiore, absolut inferiore und als Sonderfall der absolut inferioren Güter die Giffen-Güter. Der Fall eines Giffen-Gutes ist in ❏ Abb. 1.51 dargestellt:

Der Netto-Effekt für das teurer gewordene Giffen-Gut zwei ist positiv.

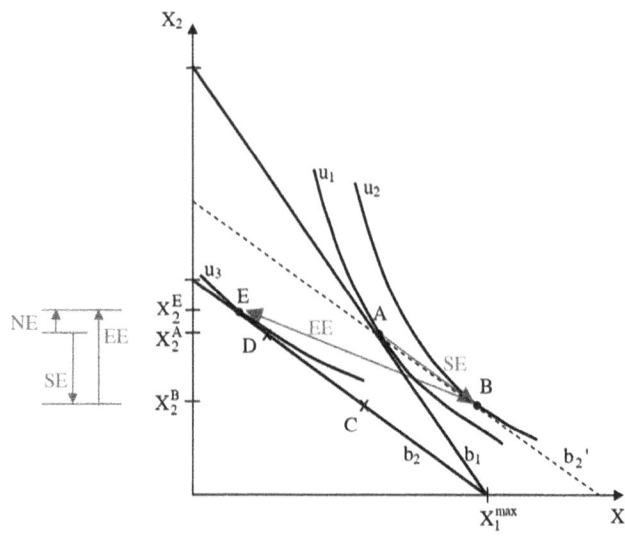

❏ **Abb. 1.51**   Substitutions- und Einkommenseffekte nach Slutsky für den Fall einer Preiserhöhung des Giffen-Gutes 2.

1.7.4 Sonderfälle

Betrachten wir die beiden Sonderfälle perfekter Substitute und perfekter Komplemente, wirkt jeweils nur einer der beiden Effekte:

Im Fall perfekter Substitute ist die Grenzrate der Substitution immer konstant. Die Indifferenzkurven sind wie in ◘ Abb. 1.6 fallende Geraden. Beide Güter können bedingungslos gegeneinander ausgetauscht werden. Deshalb wird eine Preiserhöhung für Gut zwei dazu führen, dass der Konsument auf das andere Substitutionsgut eins ausweicht. Somit kann er den (Real-)Einkommenseffekt vollständig vermeiden. Der Netto-Effekt einer Preisänderung schlägt sich ausschließlich im Substitutionseffekt nieder.

perfekte Substitute

Im Fall perfekter Komplemente ist die Grenzrate der Substitution entweder null oder strebt gegen unendlich. Die Indifferenzkurven haben wie in ◘ Abb. 1.7 jeweils einen vertikalen und einen horizontalen Ast, alle „Eckpunkte" stellen unter Berücksichtigung der Budgetrestriktion die jeweiligen Konsumoptima dar. Das eine Gut kann nur in einer bestimmten Kombination mit dem anderen Gut konsumiert werden. Steigt der Preis des einen Gutes, wird der Konsument nicht nur von diesem, sondern auch vom anderen Gut weniger nachfragen. Das Austauschverhältnis wird sich nicht ändern, sodass der Substitutionseffekt gänzlich entfällt. Der Netto-Effekt einer Preisänderung schlägt sich ausschließlich im Einkommenseffekt nieder.

perfekte Komplemente

Aus unseren Überlegungen zum Substitutions- und Einkommenseffekt können wir Schlussfolgerungen für den Verlauf der Nachfragekurve ableiten. Es gilt das Gesetz der Nachfrage:

Gesetz der Nachfrage

> Das **Gesetz der Nachfrage** lautet: Wenn die Nachfrage nach einem Gut im Zuge einer Einkommenserhöhung steigt, muss sie auch steigen, wenn der Preis dieses Gutes sinkt.

Die Wenn-Komponente dieser Aussage enthält den Einkommenseffekt und impliziert ein Gut, das superior oder relativ inferior, nicht aber absolut inferior ist. Die **Dann-Komponente** umfasst den Substitutions- und Einkommenseffekt. Bei superioren und relativ inferioren Gütern wirken Substitutions- und Einkommenseffekt für

1

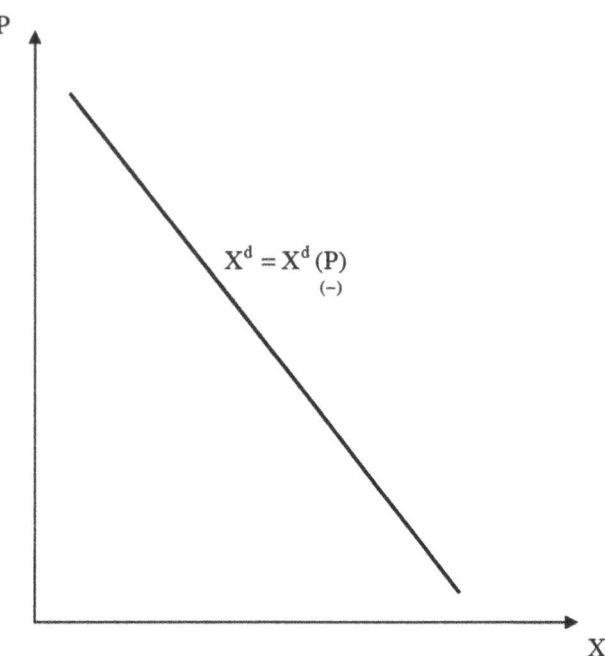

☐ Abb. 1.52   Nachfragekurve für normale Güter

das Gut, dessen Preis sich ändert, grundsätzlich in die gleiche Richtung, sodass der Substitutionseffekt den Einkommenseffekt verstärkt. Daraus folgt, dass Nachfragekurven für superiore und relativ inferiore Güter fallend verlaufen müssen. Bei absolut inferioren Gütern, bei denen Substitutions- und Einkommenseffekt in entgegengesetzte Richtungen wirken, weist die Nachfragekurve nur dann eine negative Steigung auf, wenn der Substitutionseffekt größer ist als der Einkommenseffekt. Andernfalls handelt es sich um Giffen-Güter, deren Nachfragekurve steigend verläuft. Beide Nachfragekurven sind in ☐ Abb. 1.52 und in ☐ Abb. 1.53 dargestellt.

Es sind auch Fälle denkbar, in denen die Nachfrage nicht in erster Linie vom Preis abhängt:

Mitläufer-Effekt

> Der **Mitläufer-Effekt** (Bandwagon Effect) tritt auf, wenn die individuelle Nachfrage *positiv* von der Gesamtnachfrage abhängt.

Ein Mitläufer konsumiert vorzugsweise Güter, die auch andere Menschen in seinem Umfeld konsumieren. Dies ist

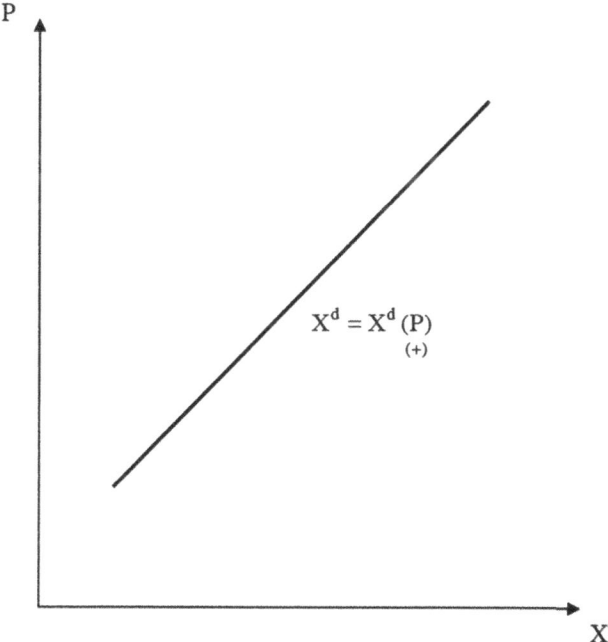

Abb. 1.53 Nachfragekurve für Giffen-Güter

beispielsweise bei Kleidung auf vielfältige Weise zu beobachten: Nicht nur Konformisten passen sich einem traditionellen Dresscode wie „Business attire", „Business casual", „Business smart" oder „Casual" an. Auch Anti-Konformisten, die sich bewusst von traditionellen Dresscodes abzugrenzen versuchen, folgen letztlich den Dresscodes ihrer jeweiligen peer group wie beispielsweise „Rock chic" für „Edel-Softrocker", „Cyberpunk" für die Zöglinge gealterter Punks, „Gothic" für die Liebhaber der dunklen Seiten des Lebens, „Boho chic" für Hippies mit viel Geld oder „Cosplay" für Manga-Fans. Auch sie erliegen trotz gegenteiliger Absichten dem Mitläufer-Effekt. Bildlich können wir uns den Bandwagon Effect (vgl. englisch: „bandwagon" – „Musikerwagen") auf einer Parade zum „Christopher Street Day" vorstellen, auf der Tausende in einer bestimmten „Uniform" den Musikerwagen hinterherlaufen.

Der Snob-Effekt ist das Gegenteil des Mitläufer-Effekts:

Snob-Effekt

> Der **Snob-Effekt** tritt auf, wenn die individuelle Nachfrage *negativ* von der Gesamtnachfrage abhängt.

1

Veblen-Effekt

Wenn wir der umstrittenen Etymologie dieses Begriffs Glauben schenken, ist ein Snob jemand „sine nobilitate" oder „sans noblesse", also jemand „ohne adelige Abstammung" oder „ohne Edelmut", der dem niederen, wenig edelmütigen Beweggrund folgt, sich von der Masse abzuheben. Ein Snob meidet Güter, die verbreitet sind, und sucht stattdessen Güter, die nur wenige andere nachfragen. Insbesondere im Luxus-Segment des Modemarktes ist dieser Effekt zu beobachten.

Den auch als Prestige-Effekt in die Literatur eingegangenen Veblen-Effekt beschrieb Thorstein Veblen (1857–1929) in seiner 1899 veröffentlichten „Theory of the Leisure Class" (vgl. Veblen 1899).

> Der **Veblen-Effekt** (Prestige-Effekt) tritt auf, wenn die individuelle Nachfrage positiv vom vermuteten Prestige eines Gutes abhängt.

Der Veblen-Effekt lässt sich beispielsweise im Weihnachtsgeschäft beobachten, wenn überforderte Männer Parfüms für ihre Liebsten auswählen. Kaufentscheidend wirkt sich in der Regel weniger eine besondere Duftnote, sondern vielmehr das Prestige einer Herstellermarke aus („conspicuous consumption").

Netzwerkeffekt

Ziehen Nutzer nur einen geringen Nutzen aus einem Netzwerk, solange nur wenige an diesem Netzwerk beteiligt sind, tritt ein Netzwerkeffekt auf. Zum Beispiel sind Aktivitäten in sozialen Netzwerken wie Facebook, Twitter, Instagram oder Blogs nur dann sinnvoll, wenn sich auch andere Menschen an ihnen beteiligen.

> Der **Netzwerkeffekt** tritt auf, wenn die individuelle Nachfrage positiv von der Anzahl der Netzwerkteilnehmer abhängt.

1.7.5 Zusammenfassung

1. Bei **Änderungen** der *relativen* **Preise** (des Preisverhältnisses) treten Substitutions- und Einkommenseffekte auf.

2. Der **Substitutionseffekt** entsteht dadurch, dass bei einer Änderung der *relativen Preise* und Konstanz des (Real-) Einkommens nunmehr der Anreiz besteht, einen Teil der bisherigen Nachfrage nach dem *relativ teurer* gewordenen Gut durch zusätzliche Nachfrage nach dem *relativ günstiger* gewordenen Gut zu „ersetzen".

3. Der **Einkommenseffekt** entsteht dadurch, dass bei einer Senkung (Erhöhung) des (Real-) Einkommens und Konstanz der relativen Preise nunmehr ein Anreiz besteht, einen Teil der bisherigen Nachfrage nach *beiden* Gütern zu senken (erhöhen).

4. Für ein **Giffen-Gut** gelten folgende beiden Bedingungen: *Erstens* ist ein Giffen-Gut ein *absolut inferiores* Gut mit einer negativen Einkommmenselastizität. *Zweitens dominiert* der *Einkommenseffekt* den Substitutionseffekt, sodass die Nachfrage nach einem Giffen-Gut mit steigendem (sinkendem) Preis steigt (sinkt).

5. Im Fall der Zerlegung des Netto-Effekts in einen Substitutions- und einen Einkommenseffekt unterstellen wir nach **Hicks** für den Substitutionseffekt die Konstanz des *ursprünglichen Nutzenniveaus*, im Fall der Zerlegung nach **Slutsky** die Möglichkeit, sich weiterhin sein *ursprüngliches Güterbündel* leisten zu können.

6. Das **Gesetz der Nachfrage** lautet: Wenn die Nachfrage nach einem Gut im Zuge einer Einkommenserhöhung steigt, muss sie auch steigen, wenn der Preis dieses Gutes sinkt.

7. Der **Mitläufer-Effekt** (Bandwagon Effect) tritt auf, wenn die individuelle Nachfrage *positiv* von der Gesamtnachfrage abhängt.

8. Der **Snob-Effekt** tritt auf, wenn die individuelle Nachfrage *negativ* von der Gesamtnachfrage abhängt.

9. Der **Veblen-Effekt** (Prestige-Effekt) tritt auf, wenn die individuelle Nachfrage positiv vom vermuteten Prestige eines Gutes abhängt.

10. Der **Netzwerkeffekt** tritt auf, wenn die individuelle Nachfrage positiv von der Anzahl der Netzwerkteilnehmer abhängt.

1

1.8 Arbeitsangebot

1.8.1 Einführung

Während auf dem Gütermarkt der private Haushalt als Nachfrager auftritt und der Unternehmer als Anbieter, sind ihre Rollen auf dem Arbeitsmarkt vertauscht:

> Auf dem **Arbeitsmarkt** ist ein privater Haushalt Arbeitsanbieter – genauer: Anbieter seiner Arbeitskraft –, ein Unternehmer Arbeitsnachfrager – präziser: Nachfrager von Arbeitskraft.

1.8.2 Konsum-Freizeit-Kurve

In der mikroökonomischen Theorie sehen wir von einem Arbeitsethos ab, das Arbeit als erstrebenswertes Ziel an sich betrachtet und nicht als Mittel zum Zweck. Die berühmte benediktinische Aufforderung „ora et labora" – „Bete und arbeite" –, die in profaner Arbeit einen Ersatz zum sakralen Gebet sieht, gilt nicht für den nüchternen Kalkül eines homo oeconomicus. Intrinsische Motivation für Arbeit, das heißt Arbeit um der Arbeit willen, wird ausgeblendet, nur extrinsische Motivation, zum Beispiel Arbeit um des Einkommens willen, wird anerkannt. Wir nehmen an, dass Freizeit für den privaten Haushalt Nutzen stiftet, Arbeit hingegen Leid hervorruft. Dieses muss durch einen Arbeitslohn entgolten werden, um Anreize für ein Arbeitsangebot zu schaffen. Da der private Haushalt darauf angewiesen ist, für seine geplanten Konsumausgaben ein Arbeitseinkommen zu erzielen, nimmt er in gewissem Umfang Arbeitsleid in Kauf. Mit seinem Arbeitseinkommen, das wir als Produkt aus seinem Reallohnsatz und seiner Arbeitszeit ermitteln, verschafft er sich Konsummöglichkeiten.

Konsum-Freizeit-Entscheidung

> In der traditionellen Haushaltstheorie nehmen wir an, dass Konsum einem privaten Haushalt Nutzen stiftet, wogegen Arbeit Arbeitsleid hervorruft. Ein privater Haushalt trifft daher eine **Konsum-Freizeit-Entscheidung**.

Er wägt ab, ob er lieber mehr Konsummöglichkeiten und damit mehr Arbeitszeit oder lieber mehr Freizeit und damit weniger Konsummöglichkeiten haben möchte. Dadurch, dass er nicht mehr ausgeben kann als er verdient, unterliegt er einer Budgetrestriktion, die sich grafisch in der Budgetgeraden niederschlägt.

> Die **Budgetgerade** für die Konsum-Freizeit-Entscheidung ist der geometrische Ort aller Kombinationen von Konsum(möglichkeiten) und Freizeit, welche die Budgetgleichung eines privaten Haushalts erfüllen. Die Budgetgerade gibt demnach an, welche Kombinationen von Konsum und Freizeit ein privater Haushalt realisieren *kann*.

In ◘ Abb. 1.54 trifft die Budgetgerade b im Punkt C^{max} auf die Ordinate. Dieser Punkt wird realisiert, sofern der private Haushalt ausschließlich arbeitet und auf Freizeit gänzlich verzichtet. Die Budgetgerade trifft im Punkt F^{max} auf die Abszisse. Dieser Punkt wird realisiert, sofern der private Haushalt ausschließlich der Freizeit frönt und auf Konsum gänzlich verzichtet. Alle Kombinationen unterhalb der Budgetgeraden sind suboptimal, da mehr Freizeit ohne Konsumeinbußen beziehungsweise mehr

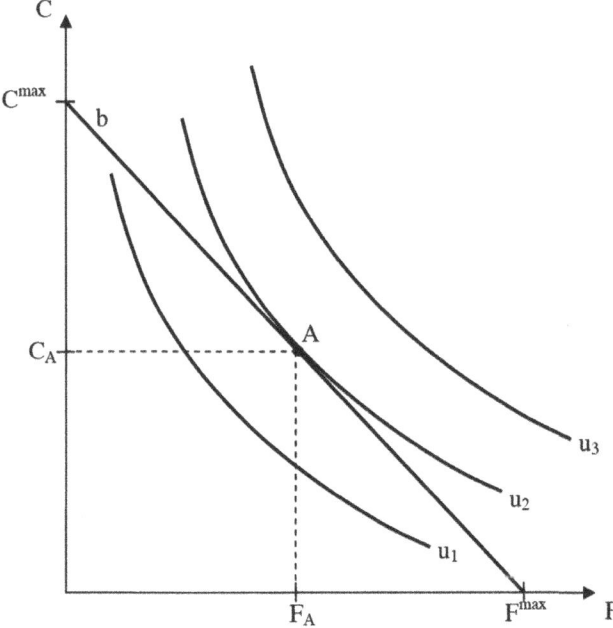

◘ **Abb. 1.54** Optimaler Konsum-Freizeit-Plan

1

Konsum ohne Freizeiteinbußen möglich ist. Alle Kombinationen außerhalb der Budgetgeraden verletzen die Budgetrestriktion und sind deshalb nicht realisierbar.

Der private Haushalt strebt nach Nutzenmaximierung. Seine Präferenzordnung wird in ◘ Abb. 1.54 durch eine Schar von Indifferenzkurven dargestellt.

> Die **Indifferenzkurve** für die Konsum-Freizeit-Entscheidung ist der geometrische Ort aller Kombinationen von Konsum(möglichkeiten) und Freizeit, bei denen das Nutzenniveau eines privaten Haushalts gleich hoch ist. Die Indifferenzkurve gibt demnach an, welche Kombinationen von Konsum und Freizeit ein privater Haushalt realisieren *will*.

Optimaler Konsum-Freizeit-Plan

Für den optimalen Konsum-Freizeit-Plan entscheidet sich der private Haushalt, indem er die Kombination mit dem höchsten Nutzen wählt, ohne seine Budgetrestriktion zu verletzen. Diesen Punkt verkörpert in ◘ Abb. 1.54 der Tangentialpunkt A der Budgetgeraden b mit der Indifferenzkurve u_2.

Reallohnsatz

Die Variable, die das Arbeitsangebot des privaten Haushalts reguliert, ist der Lohnsatz pro Arbeitseinheit. Da der Haushalt keiner Geldillusion unterliegt, sondern durch Inflation verursachte Kaufkraftverluste wahrnimmt, orientiert er sich nicht am *Nominal*lohnsatz, sondern am *Real*lohnsatz W/P, der sich als Quotient aus dem Nominallohnsatz W und dem Preisniveau P ergibt. Der Reallohnsatz ist somit ein Preis, nämlich der Preis für die Nutzung einer Einheit Arbeitskraft.

In ◘ Abb. 1.55 untersuchen wir die optimale Konsum-Freizeit-Entscheidung des privaten Haushalts in Abhängigkeit vom Reallohnsatz nach der Hicks-Analyse:

Steigt der Reallohnsatz, dreht sich die Budgetgerade um F^{max} nach rechts. Die maximale Freizeit hat sich nicht verändert, da die Tage aufgrund von Lohnsatzerhöhungen nicht länger werden. Die maximalen Konsummöglichkeiten sind jedoch gestiegen, weil der private Haushalt über ein höheres Realeinkommen verfügt. Dadurch erreichen wir eine Indifferenzkurve mit höherem Nutzenniveau. Das neue Optimum in D liegt typischerweise weiter oben und weiter links als das alte Optimum in A. Die genaue Lage des neuen Optimums hängt von zwei uns bereits bekannten Effekten ab, dem Substitutionseffekt und dem Einkommenseffekt.

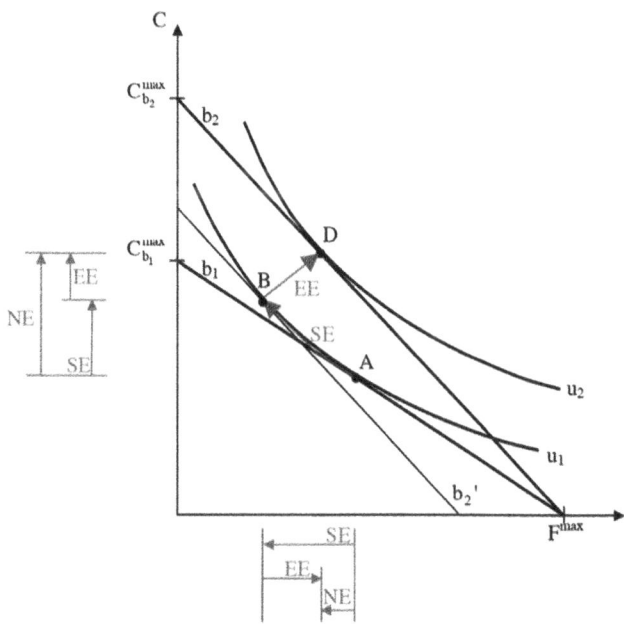

▢ Abb. 1.55 Optimaler Konsum-Freizeit-Plan in Abhängigkeit vom Reallohnsatz

> Auf dem Arbeitsmarkt gibt der **Substitutionseffekt** an, inwieweit ein privater Haushalt bisherige Freizeit durch zusätzliche Arbeitszeit substituiert, da die Opportunitätskosten für Freizeit durch den höheren Lohnsatz gestiegen sind.

Substitutionseffekt

Arbeit wird attraktiver, Freizeit „teurer". Da wir mit Hicks hypothetisch annehmen, unser bisheriges Nutzenniveau halten zu können, vergleichen wir für den Substitutionseffekt zwei Punkte, die auf der alten Indifferenzkurve liegen. Weil der Reallohnsatz, der Preis für die Nutzung einer Einheit Arbeitskraft, steigt, ändern sich die relativen Preise für Arbeit und Freizeit, sodass die neue Budgetgerade b_2 eine andere Steigung aufweist als die alte b_1. Wir verschieben die neue Budgetgerade parallel nach unten, bis sie die alte Indifferenzkurve in B tangiert. Der Substitutionseffekt zeigt sich grafisch in einer Bewegung entlang der alten Indifferenzkurve u_1 von A nach B.

Der Substitutionseffekt sorgt auf dem Arbeitsmarkt dafür, dass das Arbeitsangebot mit steigendem Reallohnsatz zu- und mit sinkendem Reallohnsatz abnimmt.

1

Durch den steigenden Reallohnsatz steigt auch das Realeinkommen Y des Haushalts, das dem Produkt aus dem Reallohnsatz W/P und der Arbeitszeit N entspricht:

$$Y = \frac{W}{P} \cdot N \qquad (1.111)$$

Einkommenseffekt

> Auf dem Arbeitsmarkt gibt der **Einkommenseffekt** an, inwieweit ein privater Haushalt bisherige Freizeit ausweitet, da er aufgrund des gestiegenen Reallohnsatzes seine Arbeitszeit einschränken kann, ohne auf sein bisheriges Konsumniveau verzichten zu müssen.

Um diesen Effekt zu isolieren, nehmen wir hypothetisch an, dass sich die relativen Preise nicht ändern. Das durch den Anstieg des Reallohnsatzes gestiegene Einkommen sorgt dafür, dass wir uns nun ein höheres Nutzenniveau leisten können. Deshalb vergleichen wir zwei Punkte, die auf unterschiedlichen Indifferenzkurven, aber auf Budgetgeraden gleicher Steigung liegen. Der Einkommenseffekt zeigt sich grafisch im Weg von B auf der alten Indifferenzkurve u_1 zu D auf der neuen Indifferenzkurve u_2.

Der Einkommenseffekt sorgt auf dem Arbeitsmarkt dafür, dass das Arbeitsangebot mit steigendem Reallohnsatz ab- und mit sinkendem Reallohnsatz zunimmt.

Der Netto-Effekt ergibt sich aus der Summe aus Substitutions- und Einkommenseffekt, er ist ohne weitere Annahmen unbestimmt. In der traditionellen mikroökonomischen Theorie nehmen wir an, dass der Substitutionseffekt überwiegt, sodass mit zunehmendem Reallohnsatz das Arbeitsangebot steigt. Diese Annahme erscheint willkürlich, deckt sich aber durchaus mit empirischen Beobachtungen und trägt dem Nicht-Sättigungsprinzip Rechnung. Für die Mehrheit der Menschen stellen steigende Reallohnsätze Anreize dar, mehr zu arbeiten.

In ◘ Abb. 1.56 sind unterschiedliche Budgetgeraden für unterschiedliche Reallohnsätze abgetragen:

Konsum-Freizeit-Kurve

Budgetgeraden, die weiter außen liegen, repräsentieren höhere Reallohnsätze. Unterschiedliche Indifferenzkurven stehen für unterschiedliche Nutzenniveaus, die umso höher sind, je weiter außen eine Indifferenzkurve liegt. A, B, C, und D stellen jeweils optimale Konsum-Freizeit-Pläne für unterschiedliche Reallohnsätze dar. Führen wir diese Analyse sich ändernder Real-

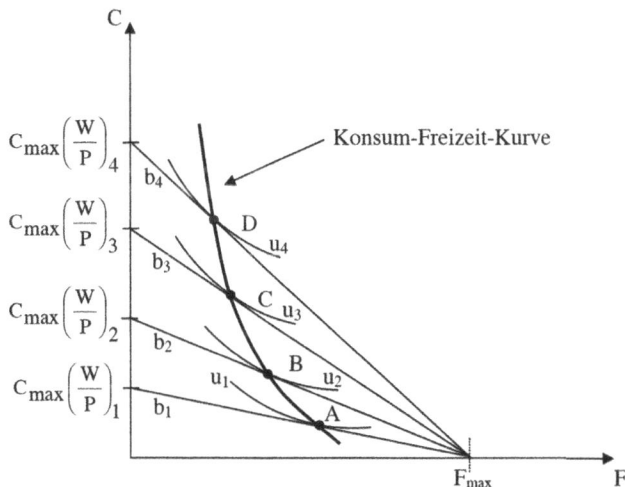

Abb. 1.56 Konsum-Freizeit-Kurve

lohnsätze unendlich oft fort und verbinden wir alle sich ergebenden Optima (Tangentialpunkte), erhalten wir die Konsum-Freizeit-Kurve:

> Die **Konsum-Freizeit-Kurve** ist in einem *Konsum-Freizeit*-Diagramm der geometrische Ort aller Kombinationen von Konsum und Freizeit, die bei Variation des Reallohnsatzes den Nutzen eines privaten Haushalts maximieren.

1.8.3 Lohn-Freizeit-Kurve und Arbeitsangebotskurve

Tragen wir anstelle des Konsums den Reallohnsatz explizit auf der Ordinate ab und messen auf der Abszisse weiterhin die Freizeit, erhalten wir in ▢ Abb. 1.57 die Lohn-Freizeit-Kurve:

Lohn-Freizeit-Kurve

> Die **Lohn-Freizeit-Kurve** ist in einem *Lohnsatz-Freizeit*-Diagramm der geometrische Ort aller Kombinationen von Reallohnsatz und Freizeit, die bei Variation des Reallohnsatzes den Nutzen eines privaten Haushalts maximieren.

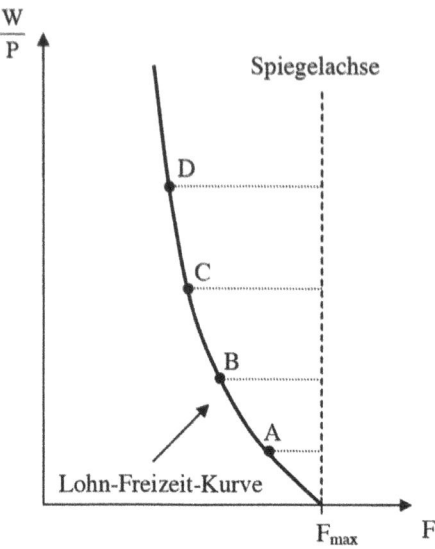

◘ Abb. 1.57 Lohn-Freizeit-Kurve

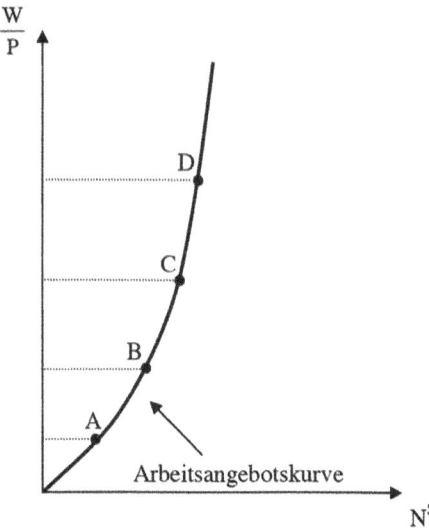

◘ Abb. 1.58 Arbeitsangebotskurve

Freizeit ist die Residualgröße zur Arbeitszeit. Steht eine dieser beiden Größen fest, ist auch die andere determiniert. Spiegeln wir die Lohn-Freizeit-Kurve an der Vertikalen, welche im Punkt der maximal möglichen Freizeit auf die Abszisse trifft, erhalten wir in ◘ Abb. 1.58 eine

Kurve, welche die Arbeitszeit in Abhängigkeit vom Reallohnsatz darstellt: die Arbeitsangebotskurve.

> Die **Arbeitsangebotskurve** ist der geometrische Ort aller Kombinationen von Reallohnsatz und Arbeitszeit, die bei Variation des Reallohnsatzes den Nutzen eines privaten Haushalts maximieren.

Arbeitsangebotskurve

Weil wir in der mikroökonomischen Theorie annehmen, dass bei der Konsum-Freizeit-Entscheidung der Substitutionseffekt den Einkommenseffekt dominiert, nimmt die Arbeitsangebotskurve einen positiven Verlauf.

> Das **Arbeitsangebot** N^S hängt positiv vom Reallohnsatz W/P ab:

$$N^S = N^S \left(\underset{(+)}{\frac{W}{P}} \right) \tag{1.112}$$

1.8.4 Zusammenfassung

1. Auf dem Arbeitsmarkt ist ein privater Haushalt Arbeitsanbieter – genauer: Anbieter seiner Arbeitskraft –, ein Unternehmer Arbeitsnachfrager – präziser: Nachfrager von Arbeitskraft.

2. In der traditionellen Haushaltstheorie nehmen wir an, dass Konsum einem privaten Haushalt Nutzen stiftet, wogegen Arbeit Arbeitsleid hervorruft. Ein privater Haushalt trifft daher eine Konsum-Freizeit-Entscheidung.

3. Die Budgetgerade für die Konsum-Freizeit-Entscheidung ist der geometrische Ort aller Kombinationen von Konsum(möglichkeiten) und Freizeit, welche die Budgetgleichung eines privaten Haushalts erfüllen. Die Budgetgerade gibt demnach an, welche Kombinationen von Konsum und Freizeit ein privater Haushalt realisieren kann.

4. Die Indifferenzkurve für die Konsum-Freizeit-Entscheidung ist der geometrische Ort aller Kombinationen von Konsum(möglichkeiten) und Freizeit, bei denen das Nutzenniveau eines privaten Haushalts gleich ist. Die Indifferenzkurve gibt demnach an, welche Kombinationen von Konsum und Freizeit ein privater Haushalt realisieren will.

5. Auf dem Arbeitsmarkt gibt der Substitutionseffekt an, inwieweit ein privater Haushalt bisherige Freizeit durch zusätzliche Arbeitszeit substituiert, da die Opportunitätskosten für Freizeit durch den höheren Lohnsatz gestiegen sind.

6. Auf dem Arbeitsmarkt gibt der Einkommenseffekt an, inwieweit ein privater Haushalt bisherige Freizeit ausweitet, da er aufgrund des gestiegenen Reallohnsatzes seine Arbeitszeit einschränken kann, ohne auf sein bisheriges Nutzenniveau verzichten zu müssen.

7. Die Konsum-Freizeit-Kurve ist in einem Konsum-Freizeit-Diagramm der geometrische Ort aller Kombinationen von Konsum und Freizeit, die bei Variation des Reallohnsatzes den Nutzen eines privaten Haushalts maximieren.

8. Die Lohn-Freizeit-Kurve ist in einem Lohnsatz-Freizeit-Diagramm der geometrische Ort aller Kombinationen von Reallohnsatz und Freizeit, die bei Variation des Reallohnsatzes den Nutzen eines privaten Haushalts maximieren.

9. Die Arbeitsangebotskurve ist der geometrische Ort aller Kombinationen von Reallohnsatz und Arbeitszeit, die bei Variation des Reallohnsatzes den Nutzen eines privaten Haushalts maximieren.

10. Das Arbeitsangebot hängt positiv vom Reallohnsatz ab:

$$N^s = N^s \left(\underset{(+)}{\frac{W}{P}} \right)$$

1.9 Wiederholungsfragen

1. Was ist eine Praeposteriori-Analyse?
   Lösung: ▶ Abschn. 1.2
2. Welche ökonomische Bedeutung hat die Steigung der Indifferenzkurve?
   Lösung: ▶ Abschn. 1.3
3. Welche ökonomische Bedeutung hat die Steigung der Budgetgeraden?
   Lösung: ▶ Abschn. 1.4
4. Welche Bedingungen sind im statischen Konsumoptimum erfüllt?
   Lösung: ▶ Abschn. 1.5
5. Wodurch zeichnet sich ein Giffen-Gut aus?
   Lösung: ▶ Abschn. 1.7
6. Wodurch unterscheidet sich die Hicks- von der Slutsky-Analyse?
   Lösung: ▶ Abschn. 1.7
7. Was besagt die Konsum-Freizeit-Kurve?
   Lösung: ▶ Abschn. 1.8

1.10 Übungsaufgaben

1. *Inwieweit beeinflusst die Preiselastizität der Nachfrage die Höhe der Konsumentenrente?*
   Lösungsvorschlag: Die Konsumentenrente ist die Summe der Differenzen aus den jeweiligen marginalen Zahlungsbereitschaften der Konsumenten und dem Marktpreis. Die marginalen Zahlungsbereitschaften spiegeln sich in der Nachfragekurve wider. Die Steigung der Nachfragekurve hängt von der Preiselastizität der Nachfrage ab: Je höher die Preiselastizität der Nachfrage, desto flacher verläuft ceteris paribus die Nachfragekurve. Je flacher die Nachfragekurve verläuft, desto geringer ist die Konsumentenrente, die ja – grafisch betrachtet – die Differenz zwischen der Nachfragekurve und der Preisgeraden darstellt.
2. *Zeigen Sie grafisch in einem Zwei-Güter-Fall den Substitutions- und den Einkommenseffekt nach der Slutsky-Analyse für den Fall einer Preissenkung für Gut eins.*
   Lösungsvorschlag (◘ Abb. 1.59)

1

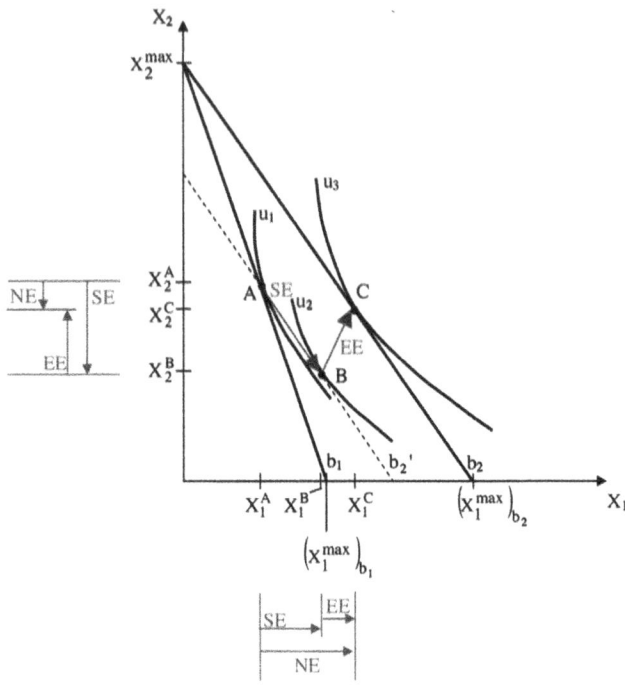

☐ **Abb. 1.59** Substitutions- und Einkommenseffekte nach Slutsky für den Fall einer Preissenkung von Gut 1.

Literatur

Arrow, K. J. (1951). *Social choice and individual values*. Yale University Press.

Bentham, J. [1907 (1789)]. *An introduction to the principles of morals and legislation*. Anodos Books.

Condorcet, Marquis de (1785). *Essai sur l'application de l'analyse à la probalité des decisions rendues á la pluralité des voix*. L'Imprimerie Royale.

Edgeworth, F. Y. [1994 (1881)]. *Mathematical psychics. An essay on the application of mathematics to the moral sciences*. C. Kegan Paul & Co..

Gossen, H. (1854). *Entwicklung der Gesetze des menschlichen Verkehrs und der daraus fließenden Regeln für menschliches Verhalten*. Vieweg.

Gray, S. (1815). *The happiness of states, or, an inquiry concerning population, the modes of subsisting and employing it, and the effects of all on human happiness*. J. Hatchard.

Hare, R. M. (1981). *Moral thinking: Its levels, method, and point*. Clarendon Press.

Hicks, J. R. & Allen, R. G. D. (1934). A reconsideration of the theory of value, Part I. *Economica, 1*(1), 52–76.

Hicks, J. R. & Allen, R. G. D. (1934). A reconsideration of the theory of value, Part II: A mathematical theory of individual demand functions. *Economica, 1*(2), 196–219.

Kahneman, D. & Tversky, A. (1979). Prospect theory: An analysis of decision under risk. *Econometrica, 47*(2), 263–291.

Law, J. (1705). *Money and trade considered: With a proposal for supplying the nation with money.* Heirs and Successors of A. Anderson.

Machlup, F. (1960). *Der Wettstreit zwischen Mikro- und Makrotheorien in der Nationalökonomie.* J. C. B. Mohr.

Marshall, A. (1890). *Principles of economics.* Macmillan.

Masuda, E. & Newman, P. (1981). Gray and Giffen goods. *Economic Journal, 91*(364), 1011–1014.

Mill, J. S. [2003 (1863)]. Utilitarianism. M. Warnock (Hrsg.), *Utilitarianism and on Liberty* (181–235). Blackwell.

Novemsky, N. & Kahneman, D. (2005). The boundaries of loss aversion. *Journal of Marketing Research, 42*(2), 119–128.

Sidgwick [2011 (1874)]. *The methods of ethics.* Cambridge.

Singer, P. (1975). *Animal liberation. The definite classic of the animal movement.* The Bodley Head.

Slutsky, E. (1915). Sulla teoria del bilancio del consumatore [On the Theory of the Budget of the Consumer]. *Giornale Degli Economisti e Rivista Di Statistica, 51*(3), 1–26.

Tversky, A. & Kahneman, D. (1974). Judgement under uncertainty: Heuristics and biases. *Science, 185* (4157), 1124–1131.

Veblen, T. (1899). *The theory of the leisure class: An economic study in the evolution of institutions.* Macmillan.

Xenophon [1998 (ca. 370 v. Chr.)]. Oikonomikos oder vom Hauswesen, Schäffer-Poeschel.

Unternehmungstheorie

Inhaltsverzeichnis

© Springer Verlag GmbH Deutschland, ein Teil von Springer Nature 2021
R. Richert, *Mikroökonomik – Schnell erfasst*,
Wirtschaft – Schnell erfasst, https://doi.org/10.1007/978-3-662-63189-8_2

2

2.1 Einleitung

Die Studenten sollen in der Lage sein,
- Produktions-, Skalen- und Substitutionselastizitäten zu interpretieren,
- die Unterschiede der klassischen Produktionsfunktion, der Cobb-Douglas-Produktionsfunktion sowie der Leontief-Produktionsfunktion zu erkennen,
- zwischen fixen, variablen und marginalen Kosten zu differenzieren,
- die Angebotskurve aus Kostenkurven herzuleiten,
- die Produzentenrente zu interpretieren,
- die Bedingungen für die Minimalkostenkombination zu analysieren,
- die Bedingungen für das Gewinnmaximum zu erläutern,
- die Preiselastizität des Angebots zu untersuchen.

Nach den einleitenden Ausführungen untersuchen wir im *zweiten* Abschnitt der Unternehmungstheorie **Produktionsfunktionen.** Nach der Behandlung der allgemeinen Charakteristika dieser Funktionen stellen wir drei Produktionsfunktionen vor: die klassische Produktionsfunktion, die Cobb-Douglas-Produktionsfunktion sowie die Leontief-Produktionsfunktion. Schließlich ermitteln wir die Produktionsmöglichkeiten von Unternehmungen.

Im *dritten* Abschnitt führen wir Kosten ein. Wir unterscheiden fixe, variable sowie marginale **Kosten** und betrachten die Zusammenhänge zwischen Erlösen und Gewinnen. Aus den Kostenkurven leiten wir die Angebotskurve ab. Ebenfalls anhand von Kostenkurven bestimmen wir die Produzentenrente, das unternehmungstheoretische Pendant zur haushaltstheoretischen Konsumentenrente. Schließlich analysieren wir das Kostenminimierungs- beziehungsweise Gewinnmaximierungsproblem der Unternehmer.

Ähnlich wie wir uns in der Haushaltstheorie mit den Nachfrageelastizitäten auseinandergesetzt haben, untersuchen wir im *vierten* Abschnitt die **Angebotselastizitäten,** die den Verlauf der Angebotskurve beeinflussen.

Abgerundet wird der Teil zur Unternehmungstheorie mit Wiederholungsfragen in Abschnitt fünf sowie Übungsaufgaben in Abschnitt sechs.

2.2 Produktion

2.2.1 Einführung

In der mikroökonomischen Theorie betrachten wir den Produktionsprozess als „Black Box": Unser Interesse gilt nicht der ingenieurwissenschaftlichen Frage, mit welcher spezifischen Technik ein Gut optimal produziert werden kann. Von volkswirtschaftlicher Bedeutung ist vielmehr, was in den Produktionsprozess eingeht (Input) und was

herauskommt (Output). Die wirtschaftswissenschaftliche Analyse konzentriert sich auf die zeitlich vor- beziehungsweise nachgelagerten Beziehungen zwischen dem Beschaffungsmarkt und der Produktion beziehungsweise zwischen der Produktion und dem Absatzmarkt.

Der grundsätzliche Zusammenhang zwischen den Produktionsfaktoren und der Produktionsmenge wird durch die Produktionsfunktion verdeutlicht. Im Folgenden werden zuerst allgemeine Charakteristika von Produktionsfunktionen erläutert. Anschließend untersuchen wir die drei bekanntesten Produktionsfunktionen: die klassische Produktionsfunktion, die Cobb-Douglas-Produktionsfunktion sowie die Leontief-Produktionsfunktion.

2.2.2 Allgemeine Charakteristika von Produktionsfunktionen

2.2.2.1 Grundlagen

Produktionsfaktoren

Unter Produktion verstehen wir die Transformation von Produktionsfaktoren in Güter. Als volkswirtschaftliche Faktoren werden traditionell Arbeit(skraft), Boden und (Sach-) Kapital einschließlich Vor- und Zwischenprodukten angesehen. Mithilfe einer bestimmten Faktoreinsatzmenge wird die Produktionsmenge hergestellt.

Produktionsfunktion

Die **Produktionsfunktion** (Ertragsfunktion) ermittelt die *effiziente Produktions*menge in Abhängigkeit von der Faktoreinsatzmenge:

$$X = X(v_1, v_2, \ldots v_m), \text{mit } v_1, v_2 \ldots v_m > 0 \qquad (2.1)$$

Die Produktionsmenge X ist eine Funktion der Produktionsfaktoren $v_1, v_2, \ldots v_m$. Bei mehreren Produktionsfaktoren ordnet die Produktionsfunktion jeder Faktoreinsatzmengenkombination die maximal mögliche Produktionsmenge zu.

inverse Produktionsfunktion

Die *inverse* **Produktionsfunktion** (*inverse* Ertragsfunktion, Faktoreinsatzfunktion, Faktorverbrauchsfunktion) ermittelt die *effiziente Faktoreinsatz*menge in Abhängigkeit von der Produktionsmenge:

$$v_i = v_i (X), \text{für alle } i = 1, 2, \ldots, m \qquad (2.2)$$
$$\underset{(+)}{}$$

Der Produktionsfaktor v_i ist eine Funktion der Produktionsmenge X. Bei mehreren Produktionsfaktoren ordnet die *inverse* Produktionsfunktion jeder Produktionsmenge die minimal notwendige Faktoreinsatzmengenkombination zu.

Dass die Faktoreinsatzmenge mit zunehmender Produktionsmenge steigt, verdeutlichen wir in Gl. (2.2) durch das untergestellte (+):

Der Einfachheit halber untersuchen wir die Produktionsfunktion in einer statischen Analyse: Obwohl langfristig alle Produktionsfaktoren variabel sind, betrachten wir einen Produktionsprozess mit nur zwei variablen Faktoren. Die Produktionsfunktion gilt für eine *gegebene* Technik einer Unternehmung.

Technik

> Die **Technik** – fälschlicherweise oft als „Technologie" („Lehre von der Technik") bezeichnet – ist die Gesamtheit aller möglichen Kombinationen von Faktoreinsatzmengen, mit denen eine *gegebene* Produktionsmenge hergestellt werden *kann*.

Wir unterscheiden substitutionale von limitationalen Produktionsfunktionen:

> Die *substitutionale* **Produktionsfunktion** geht davon aus, dass die Substitutionalität („Ersetzbarkeit", „Austauschbarkeit") der Produktionsfaktoren immer möglich ist: Die gleiche Produktionsmenge kann mit unterschiedlichen Kombinationen von Faktoreinsatzmengen hergestellt werden.

substitutionale Produktionsfunktion

Vollkommen substitutional sind Produktionsfunktionen, wenn jeder Faktor vollständig durch einen anderen Faktor ersetzt werden kann. In diesem Fall sind die **Produktionsfaktoren** grundsätzlich *additiv* miteinander verbunden:

$$X = a_1 \cdot v_1 + a_2 \cdot v_2 \qquad (2.3)$$

Die Produktionskoeffizienten a_1 und a_2 geben an, in welchem Umfang die einzelnen Faktoren in der Produktion eingesetzt werden.

> Die *beschränkt-substitutionale* **Produktionsfunktion** geht davon aus, dass die Substitutionalität der Produktionsfaktoren nur innerhalb eines gewissen Rahmens möglich ist.

beschränkt-substitutionale Produktionsfunktion

Beispielsweise müssen notwendige Produktionsfaktoren mit einer Mindestmenge in die Produktion eingehen. Die **Produktionsfaktoren** sind grundsätzlich *multiplikativ* miteinander verbunden, aber für $X > 0$ darf keiner der Faktoren null sein:

$$X = a_1 \cdot v_1 \cdot a_2 \cdot v_2 \tag{2.4}$$

limitationale
Produktionsfunktion

> Die *limitationale* **Produktionsfunktion** geht davon aus, dass die Substitutionalität der Produktionsfaktoren nicht möglich ist: Die Austauschbarkeit ist deshalb „beschränkt", weil die Produktionsfaktoren komplementär zueinander sind, das heißt in einem festen, von den relativen Faktorpreisen unabhängigen Faktoreinsatzverhältnis stehen.

Die Faktorintensität, das heißt das **Faktoreinsatzverhältnis** v_1/v_2 ist *konstant.* Deshalb legt der **Engpassfaktor** das Niveau der Produktion fest, alle anderen Faktoren sind **Überschussfaktoren.** Die allgemeine Form limitationaler Produktionsfunktionen lautet:

$$X = \frac{V_1}{a_1} \cdot \frac{V_2}{a_2} \tag{2.5}$$

Die Validität limitationaler Produktionsfunktionen ist in kurzfristigen Analysen höher als in **langfristigen,** weil die Substituierbarkeit von Produktionsfaktoren mit der Länge der betrachteten Periode zunimmt. Denn den Unternehmungen bleibt auf lange Sicht mehr Zeit, um entsprechende Anpassungsleistungen zu erbringen. Auch das Aggregationsniveau von Produktionsfaktoren beeinflusst ihre Austauschbarkeit: Je geringer das zugrundegelegte Aggregationsniveau der Produktionsfaktoren ist, desto eher ist der Austausch eines Faktors durch einen anderen möglich: Während die Substitution eines bestimmten Arbeitnehmers durch einen anderen leichter realisiert werden kann, ist die Substitution von Arbeitskraft im Allgemeinen durch den Produktionsfaktor Boden nicht ohne Weiteres möglich.

Produktionskurve

> Die **Produktionskurve** (Ertragskurve) ist der geometrische Ort aller effizienten Kombinationen von Produktionsmenge und Faktoreinsatzmenge.

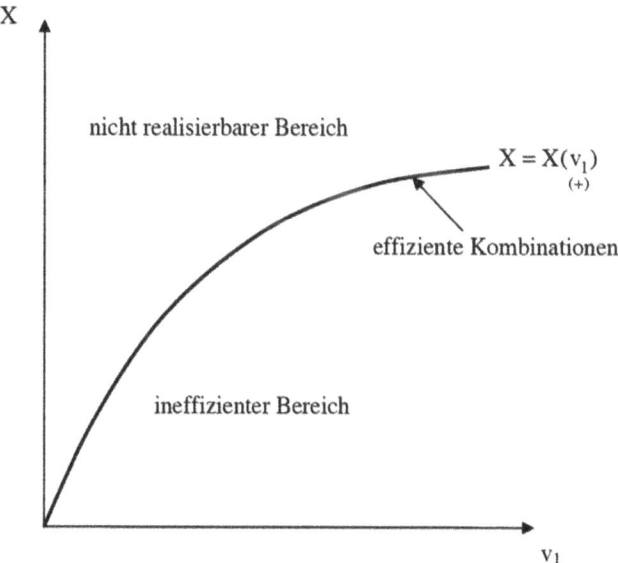

□ Abb. 2.1 Produktionskurve (Ertragskurve) mit einem Produktionsfaktor

□ Abb. 2.1 illustriert eine Produktionskurve mit einem
Produktionsfaktor:

Sämtliche Kombinationen unterhalb und auf der Produktionskurve sind realisierbar, aber nur diejenigen auf
der Produktionskurve sind effizient. Alle Kombinationen
unterhalb der Produktionskurve sind ineffizient, da sie
das ökonomische Prinzip verletzen: Bei gegebener Faktoreinsatzmenge könnte die Produktion gesteigert, bei
gegebener Produktionsmenge der Faktoreinsatz reduziert
werden. Alle Kombinationen oberhalb der Produktionskurve sind nicht realisierbar, da die Technik bei einer
gegebenen Faktoreinsatzmenge eine höhere Produktionsmenge nicht zulässt.

Erhöhen wir die Zahl der Produktionsfaktoren auf
zwei, erhält die Produktionsfunktion die Form eines drei-
dimensionalen Produktionsgebirges (Ertragsgebirges):

In □ Abb. 2.2 werden die unterschiedlichen Kombinationen der Faktoren auf der Grundfläche abgetragen: Die
Mengeneinheiten des Faktors eins v_1 werden in südöstli-
cher, die Mengeneinheiten des Faktors zwei v_2 in nord-
östlicher Richtung gemessen. Die Produktionsmenge X
wird auf der Höhenachse abgetragen.

Setzen wir den *zweiten* Produktionsfaktor null, erhalten wir bei *partieller* Variation des ersten Faktors eine

Produktionsgebirge =
Ertragsgebirge

2

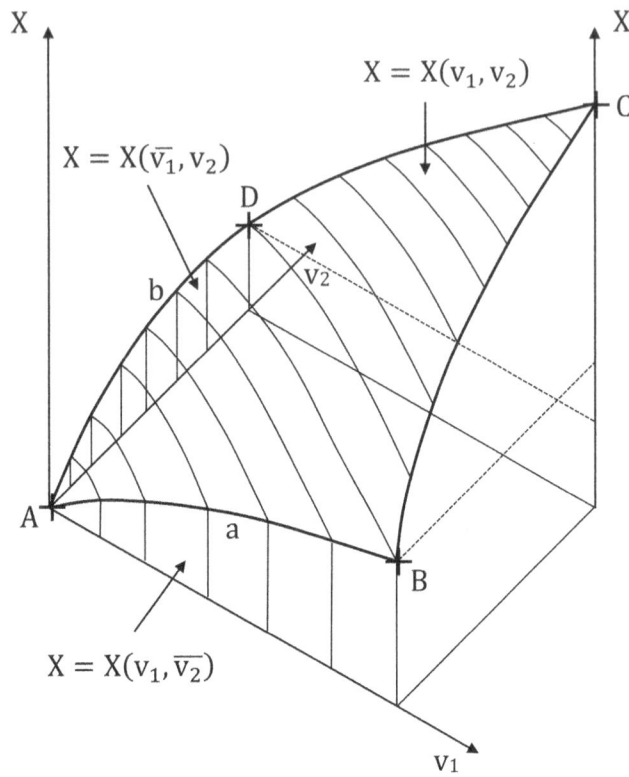

◘ **Abb. 2.2** Produktionsgebirge (Ertragsgebirge) mit zwei Produktionsfaktoren

zweidimensionale Produktionsfunktion, die der oberen Kante a der südwestlichen Wand entspricht:

$$X = X\left(\underset{(+)}{v_1}, \overline{v}_2 = 0\right) \tag{2.6}$$

Setzen wir den *ersten* Produktionsfaktor gleich null, erhalten wir bei *partieller* Variation des zweiten Faktors eine zweidimensionale Produktionsfunktion, die in ◘ Abb. 2.2 der oberen Kante b der nordwestlichen Wand entspricht:

$$X = X\left(\overline{v}_1 = 0, \underset{(+)}{v_2}\right) \tag{2.7}$$

Verwenden wir beide Produktionsfaktoren, erhalten wir bei *totaler* Faktorvariation ein dreidimensionales Produktionsgebirge (Ertragsgebirge). Alle Kombinationen unterhalb der Oberfläche dieses Ertragsgebirges sind ineffizient, da sie das ökonomische Prinzip verletzen: Bei gegebener Faktoreinsatzmenge könnte die Produktion gesteigert, bei gegebener Produktionsmenge der Einsatz mindestens eines Faktors reduziert werden. Alle Kombinationen oberhalb der Oberfläche sind nicht realisierbar. Sie sind nur unter der Annahme technischen Fortschritts erreichbar, wenn aufgrund von Produktivitätssteigerungen bei gegebener Ressourcenverwendung höhere Erträge erzielt werden. Davon sehen wir jedoch in unserer statischen Analyse ab. Alle Kombinationen auf der Oberfläche des Ertragsgebirges, die durch die Eckpunkte A, B, C und D eingegrenzt ist, sind effizient. Die Produktionsfunktion stellt grafisch eine Fläche dar. Die Produktionsmenge hängt positiv von der Einsatzmenge *beider* Produktionsfaktoren ab:

$$X = X\left(\underset{(+)}{v_1}, \underset{(+)}{v_2}\right) \tag{2.8}$$

Um wichtige produktionstheoretische Zusammenhänge herauszuarbeiten, werden wir im Folgenden das dreidimensionale Ertragsgebirge aufschneiden und zweidimensionale Ausschnitte darstellen:

a) *Vertikale* Schnitte, die das Ertragsgebirge *parallel* zu einer der beiden Grundachsen schneiden, erlauben Einsicht in die **Produktionselastizität** eines Faktors. Sie bilden die Produktionsfunktion des betreffenden Faktors bei *partieller* **Faktorvariation (Strukturvariation)** und Konstanz des *anderen* Faktors ab. Ein senkrecht zur Grundfläche erfolgter Schnitt, der parallel zur v_1-Achse verläuft, zeigt die Produktionsfunktion des Faktors eins bei Konstanz des Faktors zwei. Dieser Schnitt illustriert, inwieweit die Produktionsmenge zunimmt, wenn nur der Einsatz des Faktors eins erhöht wird. Ein senkrecht zur Grundfläche erfolgter Schnitt, der parallel zur v_2-Achse verläuft, zeigt die Produktionsfunktion des Faktors zwei bei Konstanz des Faktors eins. Dieser Schnitt illustriert, inwieweit die Produktionsmenge zunimmt, wenn nur der Einsatz des Faktors zwei erhöht wird. **Produktionselastizität**

b) *Vertikale* Schnitte, die das Ertragsgebirge vom Ursprung aus *diagonal* schneiden und einen Fahrstrahl durch den Ursprung bilden, erlauben Einsicht in die **Skalenelastizität** der Faktoren. Sie bilden die Produktionsfunktion beider Faktoren bei *totaler* **Skalenelastizität**

2

Substitutionselastizität

vertikale Schnitte

Durchschnitts-
produktivität

Faktorvariation (Niveauvariation) und Konstanz der Faktorintensität (des Faktoreinsatzverhältnisses) ab. Diese Schnitte illustrieren, inwieweit die Produktionsmenge zunimmt, wenn der Einsatz *beider* Faktoren proportional erhöht wird.

c) *Horizontale* Schnitte, die das Ertragsgebirge *parallel* zur Grundfläche schneiden, erlauben Einsicht in die **Substitutionselastizität** beider Faktoren. Sie bilden die jeweilige *Isoquante* bei Variation der Faktorintensität (Faktoreinsatzverhältnisse) und Konstanz der Produktionsmenge ab. Diese Schnitte illustrieren, inwieweit Faktor eins durch Faktor zwei beziehungsweise Faktor zwei durch Faktor eins substituiert werden kann, ohne dass sich die Produktionsmenge ändert.

2.2.2.2 Produktionselastizität

Wir beginnen mit vertikalen Schnitten, die parallel zu einer der Grundachsen erfolgen. Bei *partieller* Faktorvariation untersuchen wir die Veränderung der Produktionsmenge im Zuge der Änderung der Einsatzmenge *eines* Faktors bei Konstanz der Einsatzmenge des *anderen* Faktors. Um die Produktionselastizität herzuleiten, erläutern wir zunächst die Durchschnittsproduktivität und den Produktionskoeffizienten sowie die Grenzproduktivität und das Grenzprodukt.

Ökonomisch zeigt die **Durchschnittsproduktivität** (das Durchschnittsprodukt, der Durchschnittsertrag) eines Produktionsfaktors, wie viele Einheiten der Produktionsmenge durchschnittlich mit einer Einheit der Einsatzmenge dieses Faktors hergestellt werden. *Geometrisch* entspricht sie der Steigung der Geraden vom Ursprung bis zum ausgewählten Punkt auf der Produktionskurve und somit dem Tangens des Winkels, dessen Gegenkathete die Produktionsmenge und dessen Ankathete die Faktoreinsatzmenge ist. *Algebraisch* ist sie der Quotient aus Produktionsmenge und Faktoreinsatzmenge: X/v.

Geometrisch entspricht in ⬛ Abb. 2.3 die Durchschnittsproduktivität des Faktors i im Punkt A dem Tangens des Winkels α, der durch die Abszisse und den durch A verlaufenden Fahrstrahl gebildet wird. Algebraisch ergibt sich die Durchschnittsproduktivität aus dem Quotienten aus dem Ertrag X eines Gutes und der Einsatzmenge v des Faktors i:

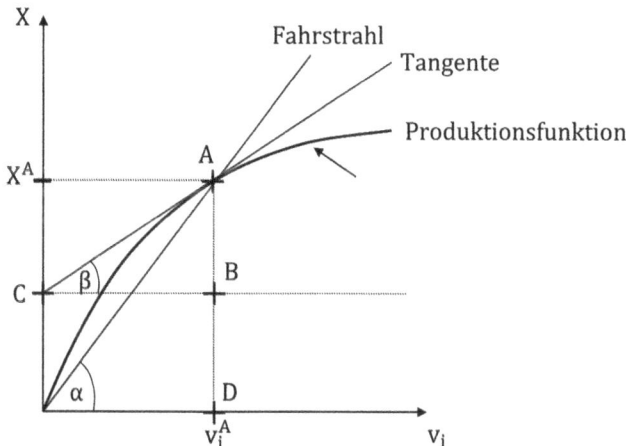

■ **Abb. 2.3**   Durchschnitts- und Grenzproduktivität

$$\text{Durchschnittsproduktivität} = \frac{X}{v_i} \qquad (2.9)$$

Ökonomisch zeigt der **Produktionskoeffizient** (Input-Output-Koeffizient) eines Produktionsfaktors, mit wie vielen Einheiten der Einsatzmenge eines Faktors durchschnittlich eine Einheit der Produktionsmenge hergestellt wird. *Algebraisch* ist er der Kehrwert der Durchschnittsproduktivität: der Quotient aus Faktoreinsatzmenge und Produktionsmenge:

Produktionskoeffizient (Input-Output-Koeffizient)

$$\text{Produktionseffizient } a_i = \frac{v_i}{X} \qquad (2.10)$$

Ökonomisch zeigt die **Grenz**produktivität eines Produktionsfaktors, wie viele Einheiten der Produktionsmenge durch eine *zusätzliche* Einheit der Einsatzmenge dieses Faktors hergestellt werden. *Geometrisch* entspricht sie der **Steigung** der **Produktionskurve** in einem Punkt. *Algebraisch* ist sie der Quotient aus der Änderung der Produktionsmenge und der Änderung der Faktoreinsatzmenge und somit die partielle Ableitung der Produktionsfunktion nach diesem Faktor:

Grenzproduktivität

$$\text{Grenzproduktivität} = \frac{\partial X}{\partial v_i} \qquad (2.11)$$

2

In ◼ Abb. 2.3 entspricht die Grenzproduktivität des Faktors i der Steigung der Tangenten in A und damit dem Tangens des Winkels β. Dieser wird durch die Parallele zur Abszisse, die ihren Anfang im Ordinatenabschnitt der Tangenten nimmt, und der Tangenten selbst gebildet.

Grenzprodukt

Ökonomisch zeigt das **Grenzprodukt** eines Produktionsfaktors, wie viele Einheiten der Produktionsmenge durch *mehrere zusätzliche* Einheiten der Einsatzmenge eines Faktors hergestellt werden. *Algebraisch* ist es das Produkt aus der Grenzproduktivität und der Änderung der Faktoreinsatzmenge:

$$\text{Grenzprodukt} = \frac{\partial X}{\partial v_i} \cdot \Delta v_i \tag{2.12}$$

Gilt $\Delta v_i = 1$, sind Grenzprodukt und Grenzproduktivität eines Faktors identisch.

Produktionselastizität

Ökonomisch zeigt die **Produktionselastizität** – präziser, aber unüblich: die „*partielle* Faktor(mengen)elastizität der Produktion(smenge)" –, wie stark die Produktionsmenge bei *partieller* Faktorvariation auf Änderungen der Einsatzmenge *eines* Faktors reagiert. *Geometrisch* ist sie das Produkt aus der (inversen) Steigung der Produktionskurve und dem umgekehrten Verhältnis der Ausgangswerte. *Algebraisch* ist sie der Quotient aus der relativen Änderung der Produktionsmenge und der relativen Änderung der Einsatzmenge *eines* Faktors:

$$\text{Produktionselastizität} = \pi_{X_{v_i}} = \frac{\frac{\partial X}{X}}{\frac{\partial v_i}{v_i}} \tag{2.13}$$

Formen wir den obigen Doppelbruch um, erhalten wir einen wichtigen Zusammenhang zwischen der Produktionselastizität eines Faktors und seiner Produktivität: Die **Produktionselastizität** eines Faktors entspricht dem **Quotienten** aus der *Grenz*produktivität und der *Durchschnitts*produktivität dieses Faktors:

$$\pi_{X,v_i} = \frac{\frac{\partial X}{X}}{\frac{\partial v_i}{v_i}} = \frac{\partial X}{\partial v_i} \cdot \frac{v_i}{X} = \frac{\frac{\partial X}{\partial v_i}}{\frac{X}{v_i}} \tag{2.14}$$

Ist die Produktionselastizität größer als eins, wird die Durchschnittsproduktivität mit zunehmender Produktionsmenge steigen, da in diesem Fall die Grenzproduktivität, also die Produktivität einer zusätzlichen Einheit, höher ist als die bisherige Durchschnittsproduktivität. Ist die Produktionselastizität kleiner als eins, wird die Durchschnittsproduktivität sinken, da in diesem Fall die Grenzproduktivität niedriger ist als die bisherige Durchschnittsproduktivität. Bei einer **Produktionselastizität** von **eins** wird die *maximale* **Durchschnittsproduktivität** erzielt.

2.2.2.3 Skalenelastizität

Bei vertikalen Schnitten, die das Ertragsgebirge diagonal schneiden, bewegen wir uns auf einem Fahrstrahl durch den Ursprung. Wir unterstellen bei *totaler* Faktorvariation ein konstantes Faktoreinsatzverhältnis. Der Vervielfachungsfaktor λ gibt an, um das Wievielfache der Einsatz *aller* Faktoren geändert wird.

Ökonomisch zeigt die **Skalenelastizität** – präziser, aber unüblich: die „*totale* Faktor(mengen)elastizität der Produktion(smenge)" –, wie stark die Produktionsmenge bei *totaler* Faktorvariation und konstantem Faktoreinsatzverhältnis auf Änderungen der Einsatzmengen *aller* Faktoren reagiert. *Geometrisch* ist sie die Steigung der Niveauertragskurve. *Algebraisch* ist sie der Quotient aus der relativen Änderung der Produktionsmenge und der relativen Änderung der Einsatzmengen *aller* Faktoren:

Skalenelastizität

$$\text{Skalenelastizität} = \rho_{X,\lambda} = \frac{\frac{dX}{X}}{\frac{d\lambda}{\lambda}} \qquad (2.15)$$

Eine Umformung von Gl. 2.15 verdeutlicht, dass die Skalenelastizität (Niveauelastizität) dem Produkt aus dem marginalen Skalenertrag (aus der Niveaugrenzproduktivität) $dX/d\lambda$ und dem Kehrwert des durchschnittlichen Skalenertrags (der Niveaudurchschnittsproduktivität) λ/X entspricht:

$$\Leftrightarrow \rho_{X,\lambda} = \frac{\frac{dX}{X}}{\frac{d\lambda}{\lambda}} = \frac{dX}{d\lambda} \cdot \frac{\lambda}{X} \qquad (2.16)$$

2

> Bei *konstanten* **Skalenerträgen** steigt die Produktions-
> menge proportional, bei *steigenden* Skalenerträgen über-
> proportional und bei *sinkenden* Skalenerträgen unter-
> proportional stark an.

Homogenitätsgrad

Die **Skalenelastizität** $\rho_{X,\lambda}$ (griechisch: „rho") ist gleichbedeutend mit dem **Homogenitätsgrad** einer Produktionsfunktion. Bei *totaler* Faktorvariation ist die Skalenelastizität der Exponent des Vervielfachungsfaktors λ:

$$dX = \lambda^{\rho} \cdot X \tag{2.17}$$

> Eine Produktionsfunktion ist **homogen vom Grade** ρ,
> wenn eine Vervielfachung aller Faktoreinsatzmengen um
> den Faktor λ die Produktionsmenge um das λ^{ρ}-fache er-
> höht:

$$\lambda^{\rho} \cdot X = X(\lambda \cdot v_1, \lambda \cdot v_2) \tag{2.18}$$

homogene
Produktionsfunktion

Haben die Faktoren unabhängig von ihrer Faktoreinsatzmenge stabile Eigenschaften, sodass bei *totaler* Faktorvariation ihre Skalenelastizität konstant bleibt, handelt es
sich um homogene Produktionsfunktionen.

> Eine *homogene* **Produktionsfunktion** hat unabhängig von
> ihren Faktoreinsatzmengen immer eine *konstante* Skalen-
> elastizität.

Wir unterscheiden drei Typen homogener Produktionsfunktionen:

konstante
Skalenerträge:
linear-homogene
Produktionsfunktion

a) Beträgt der Homogenitätsgrad einer Produktionsfunktion eins ($\rho_{X,\lambda} = 1$), liegen **konstante Skalenerträge** vor: Eine Verdoppelung der Einsatzmen-
gen aller Faktoren führt zu einer Verdoppelung
der Produktionsmenge. Die Produktionsfunktion
ist homogen vom Grade eins oder **linear-homogen**.
Grafisch bedeutet lineare Homogenität, dass bei totaler Faktorvariation mit zunehmenden Faktoreinsatzmengen die Steigung des Ertragsgebirges immer die
gleiche ist. Beispielsweise kann ein Schneeräumdienst
die doppelte Fläche an Schnee räumen, wenn er die
jeweiligen Faktoreinsatzmengen dispositiver und

exekutiver Arbeitskraft sowie seiner Schneeräumma-
schinen verdoppelt. Bei konstanten Skalenerträgen
entspricht die Skalenelastizität der Produktion der
Summe der Produktionselastizitäten der Faktoren:

$$\rho_{X,\lambda} = \pi_{X,v_1} + \pi_{X,v_2} \qquad (2.19)$$

$$\Rightarrow \frac{\frac{dX}{X}}{\frac{d\lambda}{\lambda}} = \frac{\frac{dX}{X}}{\frac{\partial v_1}{v_1}} + \frac{\frac{\partial X}{X}}{\frac{\partial v_2}{v_2}} \qquad (2.20)$$

b) Ist der Homogenitätsgrad einer Produktionsfunktion
kleiner als eins und nicht-negativ ($0 \le \rho_{X,\lambda} < 1$), liegen *sinkende* **Skalenerträge** vor: Eine Verdoppelung
der Einsatzmengen aller Faktoren führt zu weniger
als einer Verdoppelung der Produktionsmenge, beispielsweise zu einer Erhöhung um nur 50 %. Die Produktionsfunktion ist homogen vom Grade kleiner
als eins oder ***unter*linear-homogen**. Grafisch bedeutet unterlineare Homogenität, dass bei totaler Faktorvariation mit zunehmenden Faktoreinsatzmengen
die Steigung des Ertragsgebirges abnimmt. Sinkende
Skalenerträge tragen den *sinkenden* **Grenzproduktivitäten** der Faktoren Rechnung. Als Beispiel können wir an das Ernten von Erdbeeren auf einem Feld
denken: Pflücken immer mehr Arbeitskräfte mit immer mehr Körben, wird die Erdbeerernte zwar steigen, aber in immer geringerem Ausmaß, weil die ersten Pflücker sich auf die gut sichtbaren großen Erdbeeren konzentrieren können, während die letzten
Pflücker übersehene Erdbeeren unter den Blättern
suchen müssen. In jeder weiteren Arbeitsstunde wird
die zusätzliche Ernte immer geringer.

sinkende Skalenerträge:
unterlinear-homogene
Produktionsfunktion

c) Ist der Homogenitätsgrad einer Produktionsfunk-
tion größer als eins ($\rho_{X,\lambda} > 1$), liegen *steigende* **Skalenerträge** vor: Eine Verdoppelung der Einsatzmen-
gen aller Faktoren führt zu mehr als einer Verdoppelung der Produktionsmenge, beispielsweise zu einer
Verdreifachung. Die Produktionsfunktion ist homogen vom Grade größer als eins oder ***über*linear-homogen**. Grafisch bedeutet überlineare Homogenität,
dass bei totaler Faktorvariation mit zunehmenden
Faktoreinsatzmengen die Steigung des Ertragsgebirges zunimmt. Steigende Skalenerträge tragen den
Vorteilen der **Massenproduktion** (economies of scale)
Rechnung. Als Beispiel wählen wir die Kraftfahr-
zeugbranche: Für einen einzigen Mechaniker ist es

steigende
Skalenerträge:
überlinear-homogene
Produktionsfunktion

2

schwierig, alle Autos mit unterschiedlichen Schäden zu reparieren, sodass er relativ viel Zeit für die Reparaturen benötigt. Verdoppeln wir die Anzahl der Mechaniker sowie der Werkzeuge und Maschinen, können wir davon ausgehen, dass die Zahl reparierter Autos aufgrund der positiven Effekte der Arbeitsteilung um mehr als das Doppelte, beispielsweise um das Dreifache steigt.

variable
Skalenelastizität:
inhomogene
Produktionsfunktion

In ◘ Abb. 2.4 sind die Niveauertragskurven mit unterschiedlichen Skaleneigenschaften abgetragen:

Verändern sich die Eigenschaften der Faktoren in Abhängigkeit von ihrer Faktoreinsatzmenge, sodass bei totaler Faktorvariation ihre **Skalenelastizität variiert,** handelt es sich um *inhomogene* **Produktionsfunktionen.**

Die Bedeutung der Skalenelastizität wird an folgendem Beispiel aus der Bildungspolitik verdeutlicht: Viele Bundesländer haben die gymnasiale Schulzeit um ein Schuljahr verkürzt, sodass die gesamte Schulzeit eines Gymnasiasten von 13 Jahren (G 13) auf 12 Jahre (G 12) gesunken ist. Um Leistungseinbußen zu vermeiden, wurde die Zahl der wöchentlichen Unterrichtsstunden, die ein Schüler zu absolvieren hat, angehoben. Der Einfachheit halber unterstellen wir, dass die Unterrichtsstunden eines neunjährigen grundständigen Gymnasiums exakt auf die nunmehr verbleibenden acht Schuljahre verteilt worden sind. Das Leistungsniveau bleibt jedoch nur dann gleich, wenn die „Bildungsproduktionsfunktion" eine linear-ho-

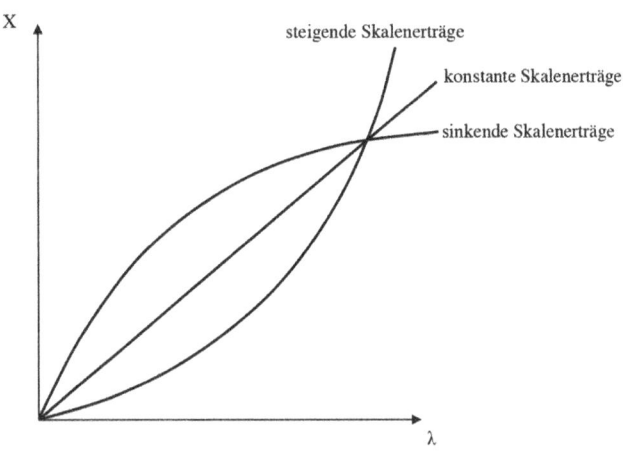

◘ **Abb. 2.4**   Niveauertragskurven mit unterschiedlichen Skaleneigenschaften

mogene Produktionsfunktion mit konstanten Skalenerträgen ist. Die Annahme einer Skalenelastizität von eins ist aber mehr als zweifelhaft: Allein aufgrund der mit zunehmender Unterrichtsdauer sinkenden Konzentrationsfähigkeit der Schüler und aufgrund der Verlagerung von Unterrichtsstunden in die weniger produktiven Nachmittagsstunden ist davon auszugehen, dass eine Erhöhung aller Faktoreinsatzmengen um ein Achtel den Bildungserfolg um weniger als ein Achtel steigern wird. In Bundesländern mit einer sechsjährigen Grundschulzeit wie Berlin, in denen die Gymnasialzeit von sieben auf sechs Jahre gesunken ist, verschärft sich dieses Problem, da aufgrund sinkender Skalenerträge ein Anstieg aller Faktoreinsatzmengen um ein Sechstel den Bildungserfolg noch stärker schmälert. Dass die Verkürzung der Gymnasialzeit kein unumstrittenes Erfolgsmodell ist, zeigt die optionale Rückkehr zu G 13.

2.2.2.4 Substitutionselastizität

Bei *horizontalen* Schnitten durch das Ertragsgebirge vergleichen wir Faktoreinsatzmengenkombinationen gleicher Ertragshöhe. Grafisch bewegen wir uns entlang einer Höhenlinie des Ertragsgebirges, der Isoquante, die in ◘ Abb. 2.5 dargestellt ist:

Isoquante

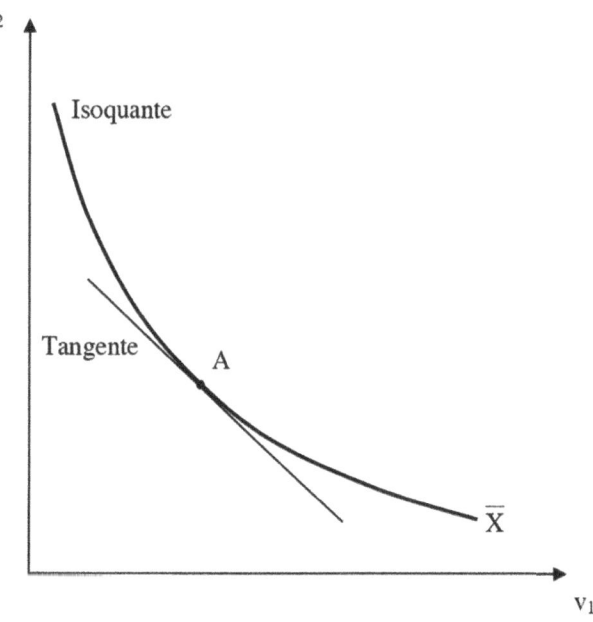

◘ **Abb. 2.5** Isoquante einer substitutionalen Produktionsfunktion

2

> Eine **Isoquante** ist der geometrische Ort aller *(technisch) effizienten* Kombinationen von Faktoreinsatzmengen, mit denen die gleiche Produktionsmenge („gleichviel") hergestellt werden kann.

$$\overline{X} = \overline{X}(v_1, v_2) \tag{2.21}$$

Dadurch dass die Isoquante die Faktoreinsatzmengenkombinationen erfasst, die *(technisch) effizient* sind, ist das ökonomische Prinzip erfüllt: Zum einen ist es gemäß dem Minimumprinzip nicht möglich, das durch die Lage der Isoquante vorgegebene Produktionsniveau mit einer geringeren Einsatzmenge eines Faktors zu erzielen, sofern die Einsatzmenge des anderen Faktors konstant bleibt. Zum anderen ist es gemäß dem Maximumprinzip nicht möglich, mit einer auf der Isoquante gelegenen Faktoreinsatzmengenkombination eine größere Produktionsmenge zu erzielen. Sämtliche Faktoreinsatzmengenkombinationen auf derselben Isoquante führen zum gleichen Produktionsniveau:

$$v_1 = v_1\left(\overline{X}, v_2\right) \tag{2.22}$$

Grenzrate der technischen Substitution

Wir wollen feststellen, inwieweit wir die Einsatzmenge des ersten Faktors erhöhen müssen, um die Reduktion der Einsatzmenge des zweiten Faktors auszugleichen, damit wir unser ursprüngliches Produktionsniveau halten können. Ähnlich wie in der Haushaltstheorie die Steigung der Indifferenzkurve die Grenzrate der Substitution zwischen Gütern repräsentiert, illustriert die Steigung der Isoquante die Grenzrate der *technischen* Substitution zwischen Produktionsfaktoren:

> *Ökonomisch* zeigt die **Grenzrate der *technischen* Substitution** die Substitutionsmöglichkeiten von *Produktionsfaktoren* auf: Sie ermittelt, wie viele *zusätzliche* Einheiten eines Faktors benötigt werden, um den Verzicht auf *eine* Einheit eines *anderen* Faktors zu kompensieren, ohne dass sich die Produktionsmenge ändert. *Geometrisch* ist sie die Steigung der Isoquante in einem Punkt. *Algebraisch* ist sie der Quotient aus den Austauschmengen beider Faktoren:

$$\text{Grenzrate der technischen Substitution} = \frac{dv_2}{dv_1} \tag{2.23}$$

In ◘ Abb. 2.5 weist die Isoquante einer substitutionalen Produktionsfunktion eine negative Steigung auf und verläuft konvex zum Ursprung. Somit ist die erste Ableitung negativ und die zweite Ableitung positiv:

Steigung der Isoquante

$$\frac{dv_2}{dv_1} < 0 \qquad (2.24)$$

$$\frac{d^2v_2}{dv_1^2} > 0 \qquad (2.25)$$

Verwenden wir zwei Produktionsfaktoren, lautet die Produktionsfunktion:

$$X = X\,(v_1, v_2) \qquad (2.26)$$

Das totale Differential dieser Produktionsfunktion ergibt sich aus der Summe der Grenzprodukte der Faktoren, die wir erhalten, indem wir die Grenzproduktivitäten der Faktoren mit den jeweiligen Änderungen der Faktoreinsatzmengen multiplizieren:

$$\Rightarrow dX = \frac{\partial X}{\partial v_1}dv_1 + \frac{\partial X}{\partial v_2}dv_2 \qquad (2.27)$$

Faktoreinsatzmengenkombinationen, die auf derselben Isoquante liegen, führen zur gleichen Produktionsmenge, sodass diese sich nicht ändern kann:

$$\Rightarrow 0 = \frac{\partial X}{\partial v_1}dv_1 + \frac{\partial X}{\partial v_2}dv_2 \qquad (2.28)$$

$$\Leftrightarrow \frac{\partial X}{\partial v_1}dv_1 = -\frac{\partial X}{\partial v_2}dv_2 \qquad (2.29)$$

Die (negative) **Grenzrate der technischen Substitution** ist gleich dem umgekehrten Verhältnis der **Grenzproduktivitäten** der Faktoren:

$$\Leftrightarrow -\frac{dv_2}{dv_1} = \frac{\frac{\partial X}{\partial v_1}}{\frac{\partial X}{\partial v_2}} \qquad (2.30)$$

Ist die Grenzproduktivität des einen Faktors größer als diejenige des anderen Faktors, erfordert der Verzicht auf eine Einheit des produktiveren Faktors die Kompensation durch mehr Einheiten des weniger produktiven Faktors, wenn das Produktionsniveau gehalten werden soll.

2

homothetische
Produktionsfunktion

Ändert sich bei *totaler* Faktorvariation die Grenzrate der technischen Substitution nicht, handelt es sich um eine homothetische Produktionsfunktion.

> Eine **homothetische Produktionsfunktion** zeichnet sich dadurch aus, dass bei *totaler* Faktorvariation die Grenzrate der technischen Substitution *konstant* bleibt.

Isokline

Die Annahme der Homothetie bedeutet zum Beispiel: Wenn für die Produktion von 300 Mengeneinheiten eines Gutes eine doppelt so hohe Menge des ersten Faktors (150) im Vergleich zur Menge des zweiten Faktors (75) eingesetzt wird, dann gilt dieses Faktoreinsatzverhältnis von zwei zu eins auch für die Produktion von 400 Mengenheiten dieses Gutes: Steigt die Produktionsmenge um ein Drittel (von 300 auf 400), so steigen auch die jeweiligen Einsatzmengen beider Faktoren um ein Drittel (von 150 auf 200 beziehungsweise von 75 auf 100). Das Faktoreinsatzverhältnis ändert sich nicht. Für ein **konstantes Faktoreinsatzverhältnis** bleibt die Grenzrate der Substitution immer gleich. Grafisch wird dieser Zusammenhang durch eine Isokline in ◘ Abb. 2.6 veranschaulicht.

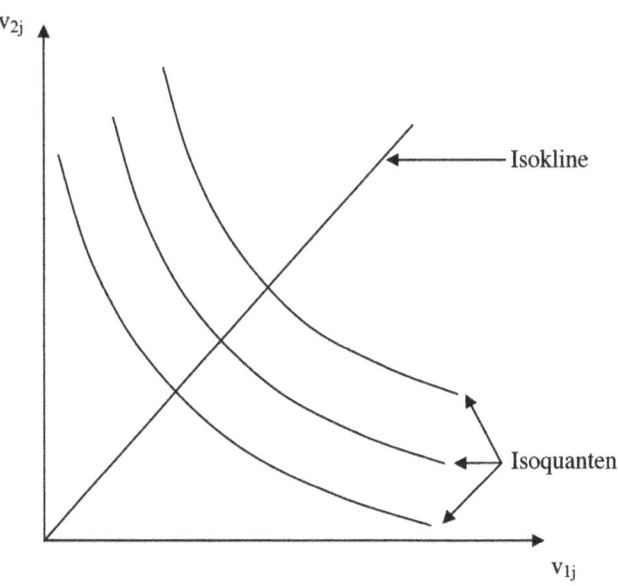

◘ **Abb. 2.6**   Isokline

> Eine **Isokline** ist der geometrische Ort aller Kombinationen von Faktoreinsatzmengen, bei denen die Grenzrate der technischen Substitution („Steigung") *„gleich"* ist.

Bei homothetischen Produktionsfunktionen ist die Isokline eine aus dem Ursprung kommende Gerade. In diesem Fall entspricht die totale Faktorvariation (Multiplikation aller Faktoreinsatzmengen mit dem Vervielfachungsfaktor λ) der *isoklinen* Faktorvariation (Änderung aller Faktoreinsatzmengen entlang ihrer Isokline).

> *Ökonomisch* zeigt der **Komplementaritätsgrad** die Änderung der Substitutionsmöglichkeiten von Produktionsfaktoren, also die Änderung der Grenzrate der technischen Substitution. *Geometrisch* ist er die Änderung der Steigung der Isoquanten in einem Punkt. *Algebraisch* ist er die erste Ableitung der Grenzrate der technischen Substitution sowie die zweite Ableitung des einen Faktors nach dem anderen:

Komplementaritätsgrad

$$\text{Komplementaritätsgrad} = \kappa_{v_1,v_2} = \frac{d^2 v_2}{dv_1^2} \qquad (2.31)$$

> *Ökonomisch* zeigt die **Substitutionselastizität**, wie stark sich das Faktoreinsatzverhältnis bei Konstanz der Produktionsmenge ändert, wenn sich die Substitutionsmöglichkeiten der Produktionsfaktoren ändern. *Geometrisch* ist sie das Verhältnis der relativen Änderung der Ausgangswerte zur Änderung der Steigung der Isoquanten. *Algebraisch* ist sie der Quotient aus der relativen Änderung des Faktoreinsatzverhältnisses und der relativen Änderung der Grenzrate der technischen Substitution:

Substitutionselastizität

$$\text{Substitutionselastizität} = \sigma_{\frac{v_1}{v_2}, \frac{dv_1}{dv_2}} = \frac{\frac{d\left(\frac{v_1}{v_2}\right)}{\frac{v_1}{v_2}}}{\frac{d\left(\frac{dv_1}{dv_2}\right)}{\frac{dv_1}{dv_2}}} \qquad (2.32)$$

Nach einigen Umformungen erhalten wir Gl. (2.33), nach der die Substitutionselastizität dem Produkt aus der

2

Änderung der Faktorintensität im Verhältnis zur Änderung der Grenzrate der technischen Substitution multipliziert mit der ursprünglichen Grenzrate der technischen Substitution im Verhältnis zur ursprünglichen Faktorintensität entspricht:

$$\Rightarrow \sigma_{\frac{v_1}{v_2}, \frac{dv_1}{dv_2}} = \frac{d\left(\frac{v_1}{v_2}\right)}{\frac{v_1}{v_2}} \bigg/ \frac{d\left(\frac{dv_1}{dv_2}\right)}{\frac{dv_1}{dv_2}} = \frac{d\left(\frac{v_1}{v_2}\right)}{d\left(\frac{dv_1}{dv_2}\right)} \cdot \frac{\frac{dv_1}{dv_2}}{\frac{v_1}{v_2}} \qquad (2.33)$$

Die Substitutionselastizität illustriert die Schwierigkeit, mit der ein Faktor durch einen anderen ersetzt werden kann. Verlaufen die Isoquanten (annähernd) linear, ist vollständige Substituierbarkeit gegeben, weil bei Substitution des einen Faktors durch den anderen die Grenzrate der technischen Substitution (nahezu) unverändert bleibt. In diesem Fall strebt der Nenner des Dreifachbruchs für die Substitutionselastizität gegen null, sodass der Bruch als Ganzes gegen unendlich strebt. Sind die Isoquanten hingegen stark gekrümmt, verändert der Austausch von Faktoren die Grenzrate der Substitution erheblich. Der Nenner wird groß, der Bruch als Ganzes und damit die Substitutionselastizität klein.

Je höher die Substitutionselastizität der Produktionsfaktoren ist, desto eher ist der Austausch eines Produktionsfaktors durch einen anderen möglich. Für die hohe **Flexibilität** einer Unternehmung ist eine hohe Substitutionselastizität der Produktionsfaktoren anzustreben. Verteuert sich zum Beispiel aufgrund von Wechselkursänderungen ein aus dem Ausland zu importierender Rohstoff innerhalb kurzer Zeit, ist eine Unternehmung vor Kostensteigerungen gefeit, wenn sie ihren Produktionsprozess so organisiert hat, dass sie diesen Rohstoff leicht durch einen anderen ersetzen kann. Ist sie jedoch auf genau diesen Rohstoff angewiesen, kann der Preisanstieg eines einzigen Faktors die Unternehmung vor große Probleme stellen.

Im Folgenden wenden wir die oben gewonnenen allgemeinen Erkenntnisse über Produktionsfunktionen auf drei in der Wirtschaftstheorie gebräuchliche Produktionsfunktionen an: die klassische Produktionsfunktion, die substitutionale neoklassische Cobb-Douglas-Produktionsfunktion sowie die limitationale Leontief-Produktionsfunktion.

2.2.3 Klassische Produktionsfunktion

2.2.3.1 Grundlagen

Der französische Ökonom Anne Robert Jacques Turgot (1727–1781) entwickelte die klassische Produktionsfunktion (vgl. Turgot 2010 [1770]).

> Die *klassische* **Produktionsfunktion** (klassische Ertragsfunktion, klassisches Ertragsgesetz) geht von zunächst zunehmenden, dann abnehmenden Grenzerträgen aus. Ihr Ertragsmaximum liegt im Bereich sinkender Durchschnittsproduktivitäten, in dem Grenzproduktivität, Produktionselastizität sowie Skalenelastizität null sind.

Diese Produktionsfunktion entstand nach Beobachtungen der landwirtschaftlichen Produktion: Ein rational handelnder, am Ziel der Gewinnmaximierung ausgerichteter Landwirt wird zunächst seine fruchtbarsten Böden zum Ackerbau nutzen und seine produktivsten Landarbeiter einsetzen. Anfänglich dominieren die positiven Effekte der Arbeitsteilung: Ein einziger Arbeiter muss sämtliche Tätigkeiten verrichten, während bei mehreren Arbeitern die Chance besteht, die anfallende Arbeit gemäß den speziellen Fähigkeiten der Arbeiter so aufzuteilen, dass die durchschnittliche Produktivität steigt. Mit zunehmender Produktion muss der Landwirt zwangsläufig auf weniger produktive Böden und Arbeiter zurückgreifen, sodass die marginalen und dadurch auch die durchschnittlichen Produktivitäten sinken.

Der Einfachheit halber unterstellen wir, dass die Faktorpreise für alle Einheiten gleich sind. In einer präzisen Analyse ist zu bedenken, dass ertragreicheres Land und bessere Arbeitskräfte teurer sein können. Für den Kalkül des Landwirts sind die Faktorkosten pro Produktionseinheit, das heißt die Stückkosten maßgeblich. Der Einsatz produktiver Faktoren kann durch zu hohe Pachten für gute Böden beziehungsweise zu hohe Lohnsätze für gute Landarbeiter weniger attraktiv sein als der Einsatz weniger produktiver Faktoren mit geringen Pachten beziehungsweise geringen Lohnsätzen. Wir können die Stückkosten vernachlässigen, weil die qualitativen Ergebnisse nicht anders ausfallen als in dem Fall, in dem wir von gleichen Faktorpreisen für alle Faktoreinsatzmengen ausgehen und unser Augenmerk ausschließlich auf unterschiedliche Produktivitäten richten.

klassisches Ertragsgesetz

2

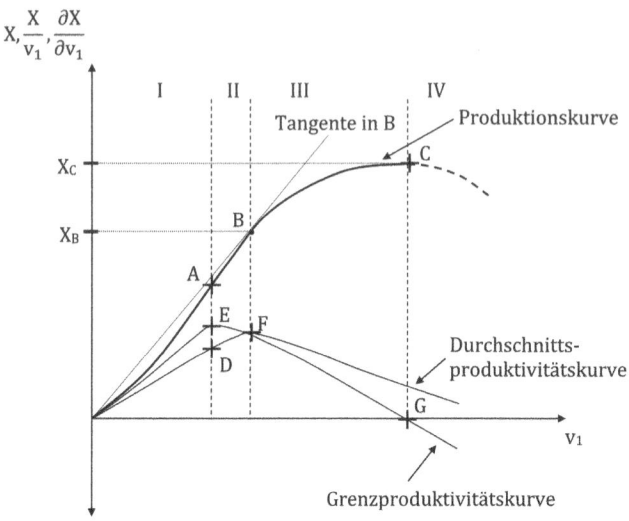

□ **Abb. 2.7**   Klassische Produktionsfunktion

□ Abb. 2.7 illustriert die klassische Produktionsfunktion.

Unser Interesse gilt den Erträgen, den Durchschnitts- und Grenzproduktivitäten sowie den Produktions-, Skalen- und Substitutionselastizitäten der klassischen Produktionsfunktion.

2.2.3.2 Produktionselastizität

Wir bestimmen mithilfe eines vertikalen Schnitts durch das Ertragsgebirge der klassischen Produktionsfunktion die Produktionselastizitäten. Die Produktionselastizität ist die Elastizität der Faktorproduktivität bei partieller Faktorvariation. Im Gegensatz zur Skalenelastizität verändern wir die Einsatzmenge nur *eines* Faktors. Dafür ist die Kenntnis der Grenz- sowie Durchschnittsproduktivitäten erforderlich. Zu diesem Zweck vergegenwärtigen wir uns die Veränderung der Produktionsmenge (Erträge) bei partieller Faktorvariation:

Die Produktionsmengen (Erträge) werden:

Erträge

- anfangs bis zum Wendepunkt A überproportional stark steigen (Phase I),
- später zwischen A und dem Gipfelpunkt C unterproportional stark steigen (Phasen II+III),
- schließlich nach dem Gipfelpunkt C sinken (Phase IV):

$$\left(\frac{\partial X}{\partial v_1}\right)^{I-III} > 0 \qquad (2.34)$$

$$\left(\frac{\partial X}{\partial v_1}\right)^{C} = 0 \qquad (2.35)$$

$$\left(\frac{\partial X}{\partial v_1}\right)^{IV} < 0 \qquad (2.36)$$

Somit sind die ersten Ableitungen der Produktionsfunktion in Phase I größer als eins, in den Phasen II-III liegen sie zwischen null und eins, im Gipfelpunkt C sind sie null und in Phase IV negativ.

Die über das Ertragsmaximum hinausgehende Produktion, die in Phase IV dargestellt wird, ist ineffizient, weil keine **Faktorergiebigkeit** gegeben ist: Der verstärkte Einsatz der Produktionsfaktoren führt zu einer *geringeren* Produktionsmenge. Da wir die Produktionsfunktion als geometrischen Ort aller *effizienten* Kombinationen von Faktoreinsatzmengen und Produktionsmengen definiert haben, ist Phase IV streng genommen kein Teil der klassischen Produktionsfunktion.

Die ***Durchschnitts*produktivitäten** (Durchschnittsprodukte, Durchschnittserträge) werden
- anfangs bis zum Punkt F steigen (Phasen I + II),
- schließlich nach dem Punkt F kontinuierlich sinken und sich asymptotisch der Abszisse nähern (Phasen III + IV).

Von besonderer Bedeutung ist, dass die Produktionsmenge mit dem höchsten Durchschnittsertrag X_B kleiner ist als die Produktionsmenge mit dem höchsten Ertrag X_C. Es macht einen Unterschied, ob die durchschnittlichen Erträge pro Faktoreinheit oder die Erträge insgesamt maximiert werden sollen. Ein Unternehmer wird sein Ertragsmaximum nicht erlangt haben, solange die Durchschnittsproduktivitäten noch zunehmen. Denn solange dies der Fall ist, steigen die Erträge aus zwei Gründen: Zum einen nimmt die Durchschnittsproduktivität pro Faktoreinheit zu, zum anderen erhöht sich die Faktoreinsatzmenge, die zu den Erlösen beiträgt.

Das **Ertragsmaximum** liegt im Bereich *sinkender* **Durchschnittsproduktivitäten**.

In der folgenden Marginalanalyse gehen wir davon aus, dass wir die Einsatzmenge eines Faktors immer um

Faktorergiebigkeit

Durchschnittserträge

Ertragsmaximum

Grenzerträge

2

genau eine Einheit verändern, sodass Grenzproduktivität und Grenzprodukt (Grenzertrag) gleich sind.

Die Grenzproduktivitäten (Grenzprodukte, Grenzerträge) werden

- anfangs bis zum Punkt E steigen (Phase I),
- in E ihr Maximum erreichen,
- danach sinken, aber noch bis zum Punkt F größer sein als die Durchschnittsproduktivitäten (Phase II),
- in F die Durchschnittsproduktivitätskurve in deren Maximum schneiden,
- danach weiterhin sinken und bis zum Punkt G immer noch positive Werte annehmen (Phase III),
- in G, in dem die Faktoreinsatzmenge genauso groß ist wie im Ertragsmaximum C, die Abszisse schneiden,
- schließlich negativ werden (Phase IV):

$$\left(\frac{\partial^2 X}{\partial v_1^2} \right)^{I} > 0 \tag{2.37}$$

$$\left(\frac{\partial^2 X}{\partial v_1^2} \right)^{E} = 0 \tag{2.38}$$

$$\left(\frac{\partial^2 X}{\partial v_1^2} \right)^{II-V} < 0 \tag{2.39}$$

Somit sind die zweiten Ableitungen der Produktionsfunktion in Phase I positiv, im Grenzproduktivitätsmaximum in E null und in den Phasen II-IV negativ.

Im **Ertragsmaximum** liegt die **Grenzproduktivität** bei **null**.

Das Ertragsmaximum kann nicht in Phase I liegen, weil dort die Grenzproduktivitäten noch steigen, auch nicht in Phase II, weil dort die Durchschnittsproduktivitäten noch steigen und auch nicht in Phase IV, weil dort die Erträge mit zunehmendem Faktoreinsatz sinken und die Grenzproduktivitäten negativ sind.

Produktionselastizität

Die jeweilige Produktionselastizität π_{X,v_1}, definiert als Quotient aus Grenz- und Durchschnittsproduktivität, nimmt folgende Entwicklung:

- anfangs positive, hohe, zunehmende Produktionselastizitäten (Phase I),
- danach positive, hohe, abnehmende Produktionselastizitäten (Phase II),
- später positive, niedrige, abnehmende Produktionselastizitäten (Phase III),
- schließlich negative, abnehmende Produktionselastizitäten (Phase IV).

(1) Phase	(2) Ertrag	(3) Grenzproduktivität 1. Ableitung (2)	(4) Veränderung Grenzproduktivität 2. Ableitung (2) 1. Ableitung (3)	(5) Durchschnitts-produktivität $(5)=(2){:}v_1$	(6) Veränderung Durchschnitts-produktivität 1. Ableitung (5)	(7) Produktions-elastizität $(7)=(3){:}(5)$
	X	$\dfrac{\partial X}{\partial v_1}$	$\dfrac{\partial^2 X}{\partial v_1^{\,2}}$	$\dfrac{X}{v_1}$	$d\!\left(\dfrac{X}{v_1}\right)$	$\pi_{X,v_1}=\dfrac{\frac{\partial X}{X}}{\frac{\partial v_1}{v_1}}$
Phase I	$X>0$	$\dfrac{\partial X}{\partial v_1}>0$	$\dfrac{\partial^2 X}{\partial v_1^{\,2}}\geq 0$	$\dfrac{X}{v_1}>0$	$d\!\left(\dfrac{X}{v_1}\right)>0$	$\pi_{X,v_1}>1$
Phase II	$X>0$	$\dfrac{\partial X}{\partial v_1}>0$	$\dfrac{\partial^2 X}{\partial v_1^{\,2}}<0$	$\dfrac{X}{v_1}>0$	$d\!\left(\dfrac{X}{v_1}\right)\geq 0$	$\pi_{X,v_1}\geq 1$
Phase III	$X>0$	$\dfrac{\partial X}{\partial v_1}\geq 0$	$\dfrac{\partial^2 X}{\partial v_1^{\,2}}<0$	$\dfrac{X}{v_1}>0$	$d\!\left(\dfrac{X}{v_1}\right)<0$	$0\leq \pi_{X,v_1}<1$
Phase IV	$X\geq 0$	$\dfrac{\partial X}{\partial v_1}<0$	$\dfrac{\partial^2 X}{\partial v_1^{\,2}}<0$	$\dfrac{X}{v_1}>0$	$d\!\left(\dfrac{X}{v_1}\right)<0$	$\pi_{X,v_1}<0$

◘ Abb. 2.8 Produktionselastizitäten der klassischen Produktionsfunktion

Im Punkt der maximalen Durchschnittsproduktivität F liegt die Produktionselastizität des betrachteten Faktors bei eins. Ist sie eins, stimmen Grenz- und Durchschnittsproduktivität überein. Bei geringerer Produktion ist die Produktionselastizität größer als eins, da die Grenzproduktivität größer als die Durchschnittsproduktivität ist. Bei größerer Produktion ist die Produktionselastizität kleiner als eins, da die Grenzproduktivität kleiner als die Durchschnittsproduktivität ist. Das Ertragsmaximum kann weder im Bereich positiver Produktionselastizitäten liegen, da sich die Produktionsmenge dann immer noch steigern lässt, noch im Bereich negativer Produktionselastizitäten, weil dann die Produktionsmenge abnimmt.

Im **Ertragsmaximum** liegt die **Produktionselastizität** bei **null.**

In ◘ Abb. 2.8 sind die Produktionselastizitäten der unterschiedlichen Phasen dargestellt: Die Veränderung der Grenzproduktivität ist am Ende von Phase I null, die Veränderung der Durchschnittsproduktivität am Ende von Phase II und die Grenzproduktivität am Ende von Phase III.

2.2.3.3 Skalenelastizität
Wir bestimmen mithilfe eines vertikalen Schnitts, der diagonal durch das Ertragsgebirge der klassischen Produktionsfunktion verläuft, die Skalenelastizitäten. Während

2

die Produktionselastizitäten durch *partielle* Faktorvariation gewonnen werden, ermitteln wir die Skalenelastizitäten durch *totale* Faktorvariation, indem wir die Einsatzmengen aller Faktoren im selben Verhältnis variieren. Wir nehmen für den zweiten Faktor die gleichen Eigenschaften an wie für den ersten: Bei partieller Variation dieses Faktors sind die gleichen Verläufe für die Ertrags-, Grenz- sowie Durchschnittsertragskurve zu beobachten wie bei Variation des ersten Faktors. Somit können wir folgende Aussagen über die Skalenelastizität treffen:

Skalenelastizität

Die Skalenelastizität $\rho_{x,\lambda}$, definiert als Quotient aus der relativen Änderung der Produktionsmenge im Verhältnis zur relativen Änderung der Faktoreinsatzmenge bei totaler Faktorvariation mit konstanter Faktorintensität, nimmt folgende Entwicklung:

- anfangs positive, steigende Skalenerträge (Phase I),
- später positive, sinkende Skalenerträge (Phasen II + III),
- im Ertragsmaximum in C Skalenerträge von null,
- schließlich negative Skalenerträge (Phase IV).

Die Erträge können solange wachsen, wie die Skalenelastizität positiv ist, das heißt, solange es noch möglich ist, durch verstärkten Einsatz beider Produktionsfaktoren das Produktionsniveau zu heben.

Im **Ertragsmaximum** liegt die Skalenelastizität bei null.

Insgesamt zeichnet sich die klassische Produktionsfunktion durch variierende Skalenerträge aus.

2.2.3.4 **Substitutionselastizität**

Grenzrate der technischen Substitution

Wir vergleichen mithilfe eines horizontalen Schnitts durch das Ertragsgebirge die Faktoreinsatzmengenkombinationen, die zu jeweils gleichen Erträgen führen. Die (negative) Grenzrate der *technischen* Substitution dv_2/dv_1 spiegelt die Substitutionsmöglichkeiten der Faktoren wider. Sie entspricht dem umgekehrten Verhältnis der Grenzproduktivitäten der Faktoren:

$$-\frac{dv_2}{dv_1} = \frac{\frac{\partial X}{\partial v_1}}{\frac{\partial X}{\partial v_2}} \qquad (2.30)$$

Komplementaritätsgrad

Die Veränderung der (negativen) Grenzrate der technischen Substitution wird durch den **Komplementaritätsgrad** κ_{v_1,v_2} gemessen. Er entspricht der ersten Ableitung nach der Grenzrate der technischen Substitution beziehungsweise der zweiten Ableitung des einen Faktors nach dem anderen. Geometrisch ist der Komplementaritätsgrad die Veränderung der Steigung der Isoquante. Algebraisch lautet er:

$$\text{Komplementaritätsgrad} = \kappa_{v_1,v_2} = \frac{d^2 v_2}{dv_1^2} \qquad (2.31)$$

Die **Substitutionselastizität** σ_{v_1,v_2} misst bei Konstanz des Produktionsniveaus das Verhältnis der relativen Änderung der Faktorintensität zur relativen Änderung der Grenzrate der Substitution:

Substitutionselastizität

$$\Rightarrow \sigma_{\frac{v_1}{v_2},\frac{dv_1}{dv_2}} = \frac{\frac{d\left(\frac{v_1}{v_2}\right)}{\frac{v_1}{v_2}}}{\frac{d\left(\frac{dv_1}{dv_2}\right)}{\frac{dv_1}{dv_2}}} = \frac{d\left(\frac{v_1}{v_2}\right)}{d\left(\frac{dv_1}{dv_2}\right)} \cdot \frac{\frac{dv_1}{dv_2}}{\frac{v_1}{v_2}}. \qquad (2.33)$$

Die Substitutionselastizität illustriert die Schwierigkeit, mit der ein Faktor durch einen anderen ersetzt werden kann. Bei der klassischen Produktionsfunktion verlaufen die Isoquanten gekrümmt, sodass – bei konstanter Produktionsmenge – eine Änderung der Grenzrate der Substitution zu einer Änderung des Faktoreinsatzverhältnisses führt und somit die Faktoren jeweils in einem veränderten Ausmaß in Anspruch genommen werden. Die Substitutionselastizitäten der Produktionsfaktoren sind nicht konstant, sondern variieren in Abhängigkeit vom Faktoreinsatzniveau. Deshalb ist die klassische Produktionsfunktion keine homothetische Produktionsfunktion.

2.2.4 Cobb-Douglas-Produktionsfunktion

2.2.4.1 Grundlagen

Der Kerngedanke der neoklassischen Cobb-Douglas-Produktionsfunktion geht zurück auf Forschungen (vgl. Thünen 2018 [1842]) des deutschen Agrarwissenschaftlers Johann Heinrich von Thünen (1783–1850). Die Funktion selbst wurde vom schwedischen Ökonomen Johan Gustav Knut Wicksell (1851–1926) entwickelt (vgl. Wicksell 1934 [1901]) und zwei Jahre nach dessen Tod durch den Mathematiker Charles Wiggins Cobb (1875–1949) sowie den Ökonomen Paul Howard Douglas (1892–1976) „wiederbelebt". Die beiden Amerikaner stellten diese nach ihnen benannte Produktionsfunktion auf eine statistische Grundlage (vgl. Cobb & Douglas, 1928, S. 139–165). Während die klassische

Cobb-Douglas-
Produktionsfunktion

2

Produktionsfunktion auf den landwirtschaftlichen Sektor zugeschnitten ist, ist die Cobb-Douglas-Produktionsfunktion auf den industriellen Sektor ausgerichtet. Diese Funktion basiert auf US-amerikanischen Daten zwischen 1889 und 1922 für Produktionsmengen und Einsatzmengen der Produktionsfaktoren Arbeit(skraft) und Kapital, vernachlässigt aber den Produktionsfaktor Boden, der für das klassische Ertragsgesetz eine entscheidende Rolle spielt.

> Die *substitutionale* **Cobb-Douglas-Produktionsfunktion** weist von Anfang an abnehmende Grenzerträge auf.

Diese neoklassische Produktionsfunktion, die in ◨ Abb. 2.9 dargestellt ist, nimmt folgende Form an:

$$X = a \cdot v_1^b \cdot v_2^c \qquad (2.40)$$

Der Produktionskoeffizient a gibt die Faktorproduktivität bei totaler Faktorvariation an. Auf die Exponenten b und c kommen wir im Zusammenhang mit der Produktions- und Skalenelastizität zurück.

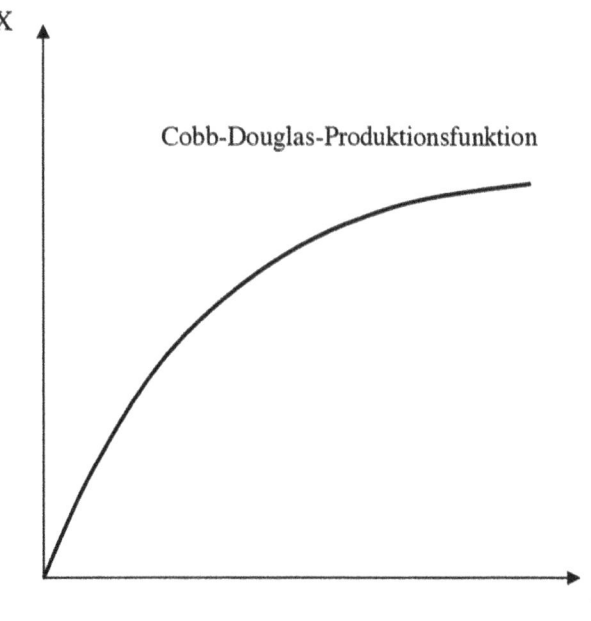

◨ **Abb. 2.9**   Cobb-Douglas-Produktionsfunktion

Grafisch entspricht die Cobb-Douglas-Produktionsfunktion der Phase III der klassischen Produktionsfunktion.

2.2.4.2 Produktionselastizität

Die Exponenten b und c spiegeln die jeweiligen Produktionselastizitäten der Faktoren Arbeit und Kapital bei partieller Faktorvariation wider. Die Produktionselastizitäten sind positiv, aber kleiner als eins, sodass die Produktionsfunktion steigende Erträge, aber sinkende Grenzerträge aufweist. Der vermehrte Einsatz eines Faktors wird die Produktionsmenge nur unterproportional stark erhöhen. Es gilt das **Gesetz** (von Anfang an) **abnehmender Grenzerträge**.

abnehmende
Grenzerträge

2.2.4.3 Skalenelastizität

Bei homogenen Produktionsfunktionen entspricht die Skalenelastizität der Summe ihrer Produktionselastizitäten. Die Skalenelastizität der homogenen Cobb-Douglas-Produktionsfunktion ergibt sich daher aus der Summe ihrer Exponenten (b + c). Sie ist regelmäßig konstant und beträgt grundsätzlich genau eins. In diesem Fall ist die Produktionsfunktion homogen vom Grade eins oder linear-homogen. Verändert sich die Faktoreinsatzmenge bei totaler Faktorvariation, wird die Produktionsmenge immer um denselben Prozentsatz zunehmen.

Gemäß dem **Eulerschen Theorem**, benannt nach dem Schweizer Mathematiker Leonhard Euler (1707–1783), entsprechen bei konstanten Skalenerträgen die Grenzprodukte den Faktoreinkommen, sodass die Residualgewinne null sind. Vernachlässigen wir die Marktbewertung, erlauben die beiden Exponenten der Cobb-Douglas-Produktionsfunktion eine Aussage über den Anteil des Arbeits- beziehungsweise Kapitaleinkommens am Gesamteinkommen.

Eulersches Theorem

Ist die Summe der Exponenten der Cobb-Douglas-Produktionsfunktion im Ausnahmefall kleiner als eins, ist die Produktionsfunktion unterlinear-homogen, sodass sinkende Skalenerträge auftreten. Addieren sich ausnahmsweise beide Exponenten zu mehr als eins, ist die Produktionsfunktion überlinear-homogen, sodass steigende Skalenerträge vorliegen.

2

CES-
Produktionsfunktion

2.2.4.4 Substitutionselastizität

Die Cobb-Douglas-Produktionsfunktion ist eine homothetische Produktionsfunktion. Ihre Substitutionselastizität ist konstant, sie beträgt minus eins:

$$\sigma_{\frac{v_1}{v_2}, \frac{dv_1}{dv_2}} = -1 \tag{2.41}$$

Somit ist die Cobb-Douglas-Produktionsfunktion eine Spezialfunktion der allgemeinen **CES-Produktionsfunktion**, die 1961 von den späteren Nobelpreisträgern Kenneth Joseph Arrow (1921–2017) und Robert Merton Solow (*1924) sowie von Hollis Burnley Chenery (1918–1994) und Bagicha Singh Minhas (1929–2005) entwickelt worden ist (vgl. Arrow et al. 1961, S. 225–250). Die CES-Produktionsfunktion geht von der **Konstanz der Substitutionselastizität** der Produktionsfaktoren aus, eine Eigenschaft, die dieser Funktion ihren Namen verliehen hat: Constant Elasticity of Substitution.

Die multiplikative Verknüpfung der Faktoren der Cobb-Douglas-Produktionsfunktion weist auf die Notwendigkeit des Einsatzes beider Faktoren hin, die nur beschränkt substituierbar sind, da von jedem Faktor ein Minimum eingesetzt werden muss. Andernfalls läge die Produktionsmenge bei null. In ◘ Abb. 2.10 ist eine Isoquante der Cobb-Douglas-Produktionsfunktion abgetragen:

Der Krümmungsgrad der Isoquante gibt die Schwierigkeit an, mit der ein Faktor durch einen anderen ersetzt

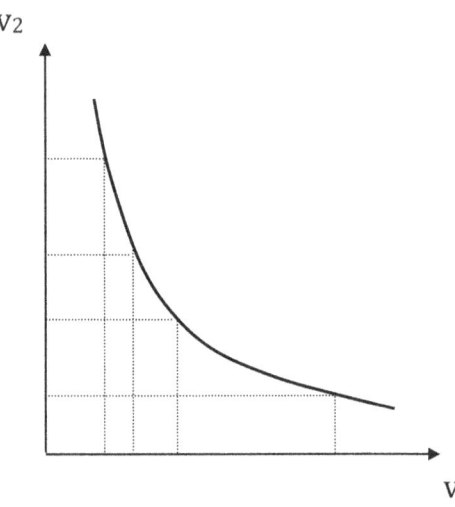

◘ **Abb. 2.10**   Isoquante der Cobb-Douglas-Produktionsfunktion

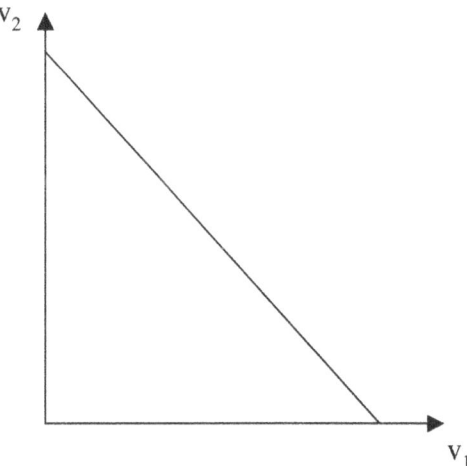

☐ Abb. 2.11 Isoquante perfekter Substitute

werden kann. Können die Produktionsfaktoren in jedem beliebigen Verhältnis eingesetzt werden, sind sie perfekte Substitute, deren Isoquante in ☐ Abb. 2.11 dargestellt ist.

Die Substitutionselastizität strebt in diesem Fall betragsmäßig gegen unendlich.

2.2.5 Leontief-Produktionsfunktion

2.2.5.1 Grundlagen

Bei limitationalen Produktionsfunktionen sind die Substitutionsmöglichkeiten von Faktoren „beschränkt", da in einem festen Faktoreinsatzverhältnis produziert werden muss. Die Faktorintensität ist sowohl von der Faktoreinsatzmenge als auch von den Faktorpreisen unabhängig.

limitationale Produktionsfunktion

Die bekannteste limitationale Produktionsfunktion ist die in ☐ Abb. 2.12 abgetragene Leontief-Produktionsfunktion (vgl. Leontief 1941): Sie ist nach ihrem Designer Wassily Leontief (1906–1999) benannt, der 1973 den Nobelpreis für Wirtschaftswissenschaften erhalten hat.

Leontief-Produktionsfunktion

Die **Leontief-Produktionsfunktion** hat folgende Form:

$$X = \min\left\{\frac{v_1}{a_1}, \frac{v_2}{a_2}, \dots \frac{v_m}{a_m}\right\} \tag{2.42}$$

2

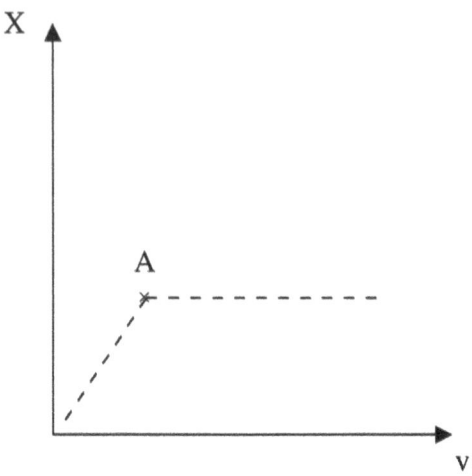

Die Produktionskoeffizienten a_1 a_2, ..., a_m zeigen, welche Faktoreinsatzmenge notwendig ist, um eine Produktionseinheit effizient herzustellen. Der Quotient aus der Faktoreinsatzmenge und dem Produktionskoeffizienten bestimmt daher die Produktionsmenge, die sich bei entsprechendem Faktoreinsatz herstellen lässt. Da die Produktionsfaktoren nur in einem bestimmten Verhältnis zueinander eingesetzt werden können und nicht beliebig substituierbar sind, bestimmt der Engpassfaktor die Produktionsmenge. Sind beispielsweise von einem Produktionsfaktor genügend Einheiten vorhanden, um zehn Gütereinheiten herzustellen, vom anderen Produktionsfaktor, der ebenfalls benötigt wird, aber nur so viele Einheiten, wie sie zur Produktion von acht Gütereinheiten notwendig sind, werden *beide* Faktoren so eingesetzt, dass insgesamt nur acht Gütereinheiten hergestellt werden. Aufgrund der Limitationalität der Produktionsfaktoren stellt in ◪ Abb. 2.12 der Punkt A die einzige effiziente Kombination von Faktoreinsatzmenge und Produktionsmenge dar.

2.2.5.2 Produktionselastizität

Engpassfaktor und Überschussfaktoren

Der Kehrwert des Produktionskoeffizienten a_i ist die Durchschnittsproduktivität $1/a_i$ des Faktors. Deshalb lässt sich für die Leontief-Produktionsfunktion auch formulieren: Die Produktionsmenge wird bestimmt durch das Produkt aus der Faktoreinsatzmenge und der

Durchschnittsproduktivität des Engpassfaktors. Nur eine Erhöhung des Engpassfaktors führt zu einer Erhöhung der Produktion, bis die Kapazitätsgrenze des (dann möglicherweise anderen) Engpassfaktors erreicht ist. Die übrigen Faktoren sind Überschussfaktoren, da ihre Kapazitäten für den Produktionsplan so lange irrelevant sind, bis sie selbst zu Engpassfaktoren werden.

In ◘ Abb. 2.12 steigt die Leontief-Produktionsfunktion mit zunehmender Menge des Engpassfaktors v_1 zunächst konstant an. Dies ist solange möglich, wie der Überschussfaktor v_2 im Überfluss vorhanden ist. Deshalb ist die Produktion ineffizient. Nur in dem Fall, in dem der andere Faktor auch zum Engpassfaktor wird, ist die Produktion effizient, weil keine Mengeneinheit überflüssig ist. In diesem Fall sind die Quotienten aus den Faktoreinsatzmengen und ihren jeweiligen Produktionskoeffizienten gleich, sodass der eine Faktor mithilfe des Verhältnisses der Produktionskoeffizienten durch den anderen Faktor ausgedrückt werden kann:

$$\frac{v_1}{a_1} = \frac{v_2}{a_2} \tag{2.43}$$

$$v_1 = \frac{a_1}{a_2} \cdot v_2 \tag{2.44}$$

Werden weitere Einheiten des ursprünglichen Engpass- und jetzigen Überschussfaktors eingesetzt, erhöht sich die Produktion nicht, weil der andere Faktor für den Engpass verantwortlich ist. Die Produktion ist ebenfalls ineffizient, die Produktionselastizität liegt bei null. Deshalb verläuft die Kurve in diesem Bereich parallel zur Abszisse. Effizient ist nur die Produktion im Punkt A.

Für eine **effiziente Produktion** werden die Produktionsfaktoren der Leontief-Produktionsfunktion immer in einem konstanten Verhältnis eingesetzt.

2.2.5.3 Skalenelastizität

Die *limitationale* **Leontief-Produktionsfunktion** ist eine homothetische, linear-homogene Produktionsfunktion mit konstanten Skalenerträgen. Sie weist nur jeweils eine effiziente Kombination von Produktionsmenge und Faktoreinsatzmenge auf, da ihre Produktionsfaktoren immer in einem konstanten Verhältnis zueinander eingesetzt werden. Sie hat eine Skalenelastizität von eins.

2

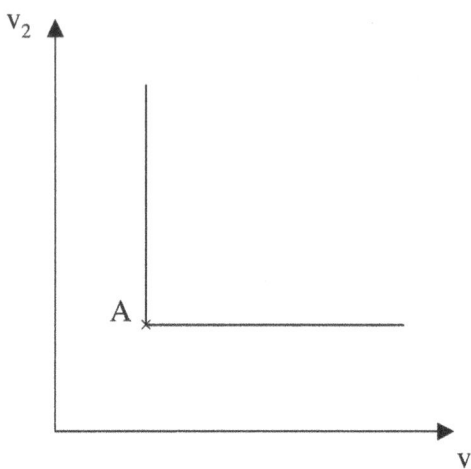

◖ **Abb. 2.13**   Isoquante der Leontief-Produktionsfunktion

Beispielsweise resultiert eine Verdoppelung der Faktoreinsatzmenge in einer Verdoppelung der Produktionsmenge.

2.2.5.4 Substitutionselastizität

Für jedes Produktionsniveau gibt es nur eine einzige effiziente Faktoreinsatzmengenkombination. Aufgrund ihrer Limitationalität weist die Leontief-Produktionsfunktion eine Substitutionselastizität von null auf. Denn bei einer linear-limitationalen Produktionsfunktion wie der Leontief-Produktionsfunktion kann sich das Faktoreinsatzverhältnis nicht ändern. Die relative Änderung des Faktoreinsatzverhältnisses steht im Zähler der Substitutionselastizität. Ist der Zähler null, so ist auch der Bruch – hier die Substitutionselastizität – null. Die Isoquanten der Leontief-Produktionsfunktion haben einen Ast, der parallel zur Ordinate verläuft, und einen, der parallel zur Abszisse verläuft, wie wir in ◖ Abb. 2.13 erkennen können:

2.2.6 Produktionsmöglichkeiten

Während Produktionsfunktionen Faktoreinsatzmengen und Produktionsmengen in Beziehung zueinander setzen, betrachten wir im Folgenden den Zusammenhang zwischen den Produktionsmengen zweier Güter. In ◖ Abb. 2.14 sind alle Produktionsmöglichkeiten wiedergegeben:

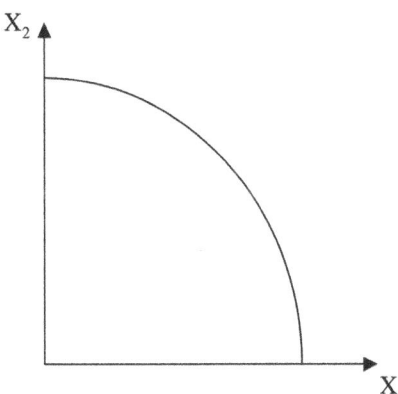

▣ Abb. 2.14   Transformationskurve

Die effizienten Produktionsmengenkombinationen liegen auf der Produktionsmöglichkeitenkurve, die wir auch Transformationskurve nennen, da sie zeigt, wie beispielsweise Einheiten des Gutes eins in Einheiten des Gutes zwei „transformiert" werden können.   Transformationskurve

> Die **Transformationskurve** (Produktionsmöglichkeiten-kurve) ist der geometrische Ort aller effizienten Kombinationen von Produktionsmengen zweier Güter, die mit einer *gegebenen* Technik hergestellt werden können.

Die Steigung der Transformationskurve ist die (nega-tive) Grenzrate der Transformation.   Grenzrate der Transformation

> *Ökonomisch* zeigt die (negative) **Grenzrate der Trans-formation** die Substitutionsmöglichkeiten von *Gütern* auf: Sie ermittelt, wie viele *zusätzliche* Einheiten des ei-nen Gutes hergestellt werden können, wenn bei Auslas-tung der Kapazitäten auf die Produktion *einer* Einheit eines *anderen* Gutes verzichtet wird. *Geometrisch* ist sie die Steigung der Transformationskurve in einem Punkt. *Algebraisch* ist sie die erste Ableitung der Transformati-onskurve:

$$\text{(negative) Grenzrate der Transformation} = -\frac{dX_2}{dX_1} \quad (2.45)$$

2

2.2.7 Zusammenfassung

1. Die **Produktionsfunktion** (Ertragsfunktion) ermittelt die *effiziente Produktions*menge in Abhängigkeit von der Faktoreinsatzmenge:

$$X = X(v_1, v_2, \ldots v_m), \text{mit } v_1, v_2 \ldots v_m > 0$$

2. Die *inverse* **Produktionsfunktion** (inverse Ertragsfunktion, Faktoreinsatzfunktion, Faktorverbrauchsfunktion) ermittelt die *effiziente Faktoreinsatz*menge in Abhängigkeit von der Produktionsmenge:

$$v_i = v_i \, (X), \text{für alle } i = 1, 2, \ldots, m$$
$$\scriptstyle (+)$$

3. Die **Technik** ist die Gesamtheit aller möglichen Kombinationen von Faktoreinsatzmengen, mit denen eine *gegebene Produktions*menge hergestellt werden *kann.*

4. Die *substitutionale* **Produktionsfunktion** geht davon aus, dass die Substitutionalität („Ersetzbarkeit", „Austauschbarkeit") der Produktionsfaktoren immer möglich ist: Die gleiche Produktionsmenge kann mit unterschiedlichen Kombinationen von Faktoreinsatzmengen hergestellt werden.

5. Die *beschränkt-substitutionale* **Produktionsfunktion** geht davon aus, dass die Substitutionalität der Produktionsfaktoren nur innerhalb eines gewissen Rahmens möglich ist.

6. Die *limitationale* **Produktionsfunktion** geht davon aus, dass die Substitutionalität der Produktionsfaktoren nicht möglich ist: Die Austauschbarkeit ist deshalb „beschränkt", weil die Produktionsfaktoren komplementär zueinander sind, das heißt, in einem festen, von den relativen Faktorpreisen unabhängigen Faktoreinsatzverhältnis stehen.

7. Die **Produktionskurve** (Ertragskurve) ist der geometrische Ort aller effizienten Kombinationen von Produktionsmenge und Faktoreinsatzmenge.

8. *Ökonomisch* zeigt die *Durchschnitts***produktivität** (das Durchschnittsprodukt, der Durchschnittsertrag) eines Produktionsfaktors, wie viele Einheiten der Produktionsmenge durchschnittlich mit einer Einheit der Einsatz-

menge dieses Faktors hergestellt werden. *Geometrisch* entspricht sie der Steigung der Geraden vom Ursprung bis zum ausgewählten Punkt auf der Produktionskurve und somit dem Tangens des Winkels, dessen Gegenkathete die Produktionsmenge und dessen Ankathete die Faktoreinsatzmenge ist. *Algebraisch* ist sie der Quotient aus Produktionsmenge und Faktoreinsatzmenge: X/v.

9. *Ökonomisch* zeigt der **Produktionskoeffizient** (Input–Output-Koeffizient) eines Produktionsfaktors, mit wie vielen Einheiten der Einsatzmenge eines Faktors durchschnittlich eine Einheit der Produktionsmenge hergestellt wird. *Algebraisch* ist er der Kehrwert der Durchschnittsproduktivität: der Quotient aus Faktoreinsatzmenge und Produktionsmenge: v/X.

10. *Ökonomisch* zeigt die **Grenzproduktivität** eines Produktionsfaktors, wie viele Einheiten der Produktionsmenge durch *eine zusätzliche* Einheit der Einsatzmenge dieses Faktors hergestellt werden. *Geometrisch* entspricht sie der Steigung der Produktionskurve in einem Punkt. *Algebraisch* ist sie der Quotient aus der Änderung der Produktionsmenge und der Änderung der Faktoreinsatzmenge und somit die partielle Ableitung der Produktionsfunktion nach diesem Faktor: $\partial X / \partial v$

11. *Ökonomisch* zeigt das **Grenzprodukt** eines Produktionsfaktors, wie viele Einheiten der Produktionsmenge durch *mehrere zusätzliche* Einheiten der Einsatzmenge eines Faktors hergestellt werden. *Algebraisch* ist es das Produkt aus der Grenzproduktivität und der Änderung der Faktoreinsatzmenge: $\partial X / \partial v \cdot \Delta v$

12. *Ökonomisch* zeigt die **Produktionselastizität,** wie stark die Produktionsmenge bei *partieller* Faktorvariation auf Änderungen der Einsatzmenge *eines* Faktors reagiert. *Geometrisch* ist sie das Produkt aus der (inversen) Steigung der Produktionskurve und dem umgekehrten Verhältnis der Ausgangswerte. *Algebraisch* ist sie der Quotient aus der relativen Änderung der Produktionsmenge und der relativen Änderung der Einsatzmenge *eines* Faktors:

$$\pi_{X,v_i} = \frac{\frac{\partial X}{X}}{\frac{\partial v}{v}}$$

13. *Ökonomisch* zeigt die **Skalenelastizität,** wie stark die Produktionsmenge bei *totaler* Faktorvariation und konstantem Faktoreinsatzverhältnis auf Änderungen der Einsatzmengen *aller* Faktoren reagiert. *Geometrisch* ist sie die Steigung der Niveauertragskurve. *Algebraisch* ist sie der Quotient aus der relativen Änderung der Produktionsmenge und der relativen Änderung der Einsatzmengen *aller* Faktoren:

$$\rho_{X,\lambda} = \frac{\frac{dX}{X}}{\frac{d\lambda}{\lambda}}$$

14. Bei *konstanten* **Skalenerträgen** steigt die Produktionsmenge proportional, bei *steigenden* Skalenerträgen überproportional und bei *sinkenden* Skalenerträgen unterproportional stark an.

15. Eine Produktionsfunktion ist **homogen vom Grade** ρ, wenn eine Vervielfachung aller Faktoreinsatzmengen um den Faktor λ die Produktionsmenge um das λ^ρ-fache erhöht:

$$\lambda^\rho \cdot X = X(\lambda \cdot v_1, \lambda \cdot v_2)$$

16. Eine *homogene* **Produktionsfunktion** hat unabhängig von ihren Faktoreinsatzmengen immer eine *konstante* Skalenelastizität.

17. Eine **Isoquante** ist der geometrische Ort aller *(technisch) effizienten* Kombinationen von Faktoreinsatzmengen, mit denen die gleiche Produktionsmenge („gleichviel") hergestellt werden kann: $\overline{X} = \overline{X}(v_1, v_2)$

18. *Ökonomisch* zeigt die **Grenzrate der *technischen* Substitution** die Substitutionsmöglichkeiten von *Produktionsfaktoren* auf: Sie ermittelt, wie viele *zusätzliche* Einheiten eines Faktors benötigt werden, um den Verzicht auf *eine* Einheit eines *anderen* Faktors zu kompensieren, ohne dass sich die Produktionsmenge ändert. *Geometrisch* ist sie die Steigung der Isoquante in einem Punkt. *Algebraisch* ist sie der Quotient aus den Austauschmengen beider Faktoren: dv_2/dv_1.

19. Die (negative) **Grenzrate der technischen Substitution** ist gleich dem umgekehrten Verhältnis der **Grenzproduktivitäten** der Faktoren:

$$-\frac{dv_2}{dv_1} = \frac{\frac{\partial X}{\partial v_1}}{\frac{\partial X}{\partial v_2}}$$

20. Eine *homothetische* **Produktionsfunktion** zeichnet sich dadurch aus, dass bei *totaler* Faktorvariation die Grenzrate der technischen Substitution *konstant* bleibt.

21. Eine **Isokline** ist der geometrische Ort aller Kombinationen von Faktoreinsatzmengen, bei denen die Grenzrate der *technischen* Substitution („Steigung") „*gleich*" ist.

22. *Ökonomisch* zeigt der **Komplementaritätsgrad** die Änderung der Substitutionsmöglichkeiten von Produktionsfaktoren, also die Änderung der Grenzrate der technischen Substitution. *Geometrisch* ist er die Änderung der Steigung der Isoquanten in einem Punkt. *Algebraisch* ist er die erste Ableitung der Grenzrate der technischen Substitution sowie die zweite Ableitung des einen Faktors nach dem anderen:

$$\kappa_{v_1, v_2} = \frac{d^2 v_2}{dv_1^2}$$

23. *Ökonomisch* zeigt die **Substitutionselastizität,** wie stark sich das Faktoreinsatzverhältnis bei Konstanz der Produktionsmenge ändert, wenn sich die Substitutionsmöglichkeiten der Produktionsfaktoren ändern. *Geometrisch* ist sie das Verhältnis der relativen Änderung der Ausgangswerte zur Änderung der Steigung der Isoquanten. *Algebraisch* ist sie der Quotient aus der relativen Änderung des Faktoreinsatzverhältnisses und der relativen Änderung der Grenzrate der technischen Substitution:

$$\text{Substitutionselastizität} = \sigma_{\frac{v_1}{v_2}, \frac{dv_1}{dv_2}} = \frac{\frac{d\left(\frac{v_1}{v_2}\right)}{\frac{v_1}{v_2}}}{\frac{d\left(\frac{dv_1}{dv_2}\right)}{\frac{dv_1}{dv_2}}}$$

24. Die *klassische* **Produktionsfunktion** geht von zunächst zunehmenden, dann abnehmenden Grenzerträgen aus. Ihr Ertragsmaximum liegt im Bereich sinkender Durchschnittsproduktivitäten, in dem Grenzproduktivität, Produktionselastizität sowie Skalenelastizität null sind.

2

25. Die *substitutionale* **Cobb-Douglas-Produktionsfunktion** weist von Anfang an abnehmende Grenzerträge auf.

26. Die *limitationale* **Leontief-Produktionsfunktion** ist eine homothetische, linear-homogene Produktionsfunktion mit konstanten Skalenerträgen. Sie weist nur jeweils eine effiziente Kombination von Produktionsmenge und Faktoreinsatzmenge auf, da ihre Produktionsfaktoren immer in einem konstanten Verhältnis zueinander eingesetzt werden. Sie hat eine Skalenelastizität von eins.

27. Die **Transformationskurve** (Produktionsmöglichkeitenkurve) ist der geometrische Ort aller effizienten Kombinationen von Produktionsmengen zweier Güter, die mit einer *gegebenen* Technik hergestellt werden können.

28. *Ökonomisch* zeigt die (negative) **Grenzrate der Transformation** die Substitutionsmöglichkeiten von *Gütern* auf: Sie ermittelt, wie viele *zusätzliche* Einheiten eines Gutes hergestellt werden können, wenn bei Auslastung der Kapazitäten auf die Produktion *einer* Einheit eines *anderen* Gutes verzichtet wird. *Geometrisch* ist sie die Steigung der Transformationskurve in einem Punkt. *Algebraisch* ist sie die erste Ableitung der Transformationskurve: $-dX_2/dX_1$

2.3 Kosten

2.3.1 Einführung

Nachdem wir uns ein Bild über die produktionstheoretischen Zusammenhänge gemacht haben, untersuchen wir in diesem Abschnitt kostentheoretische Aspekte. Zunächst stellen wir verschiedene Kostenkurven dar, bevor wir uns dem Kostenminimierungs- beziehungsweise Gewinnmaximierungskalkül der Unternehmer zuwenden.

2.3.2 Kostenkurven

Um uns ein besseres Bild über die unterschiedlichen Kostentypen einer Unternehmung machen zu können, untersuchen wir einige wichtige Kostenkurven.

2.3.2.1 Fixe Kosten

> *Fixe* **Kosten** sind Kosten, die (weitgehend) unabhängig von der Produktionsmenge anfallen:

Fixkosten

$$K^f = \overline{K}^f(X) \qquad (2.46)$$

Die Miete für Produktionsstätten ist zum Beispiel auch dann zu entrichten, wenn die Produktion gestoppt wird. In ☐ Abb. 2.15 ist ein möglicher Fixkostenverlauf dargestellt.

Die Kurve der in ☐ Abb. 2.16 abgetragenen durchschnittlichen Fixkosten verläuft fallend, weil sich die konstanten Fixkosten auf immer mehr Produktionseinheiten verteilen und daher pro Einheit sinken. Die Kurve nähert sich der Ordinate asymptotisch an, weil die durchschnittlichen Fixkosten bei Stilllegung der Produktion gegen unendlich streben. Sie nähert sich der Abszisse asymptotisch an, da die durchschnittlichen Fixkosten mit zunehmender Produktion gegen null streben.

durchschnittliche Fixkosten

Zu beachten ist, dass die Rechtecke unterhalb der Kurve der durchschnittlichen Fixkosten die Summe der Fixkosten darstellen und deshalb gleich groß sein müssen.

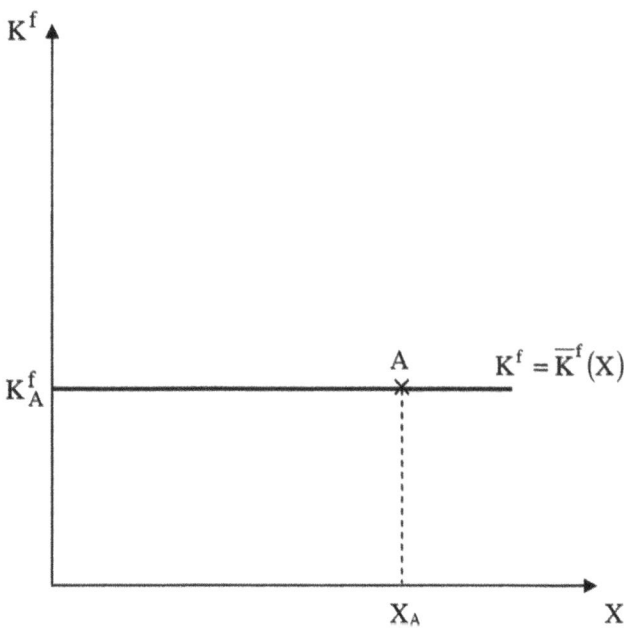

☐ **Abb. 2.15** Fixkosten

2

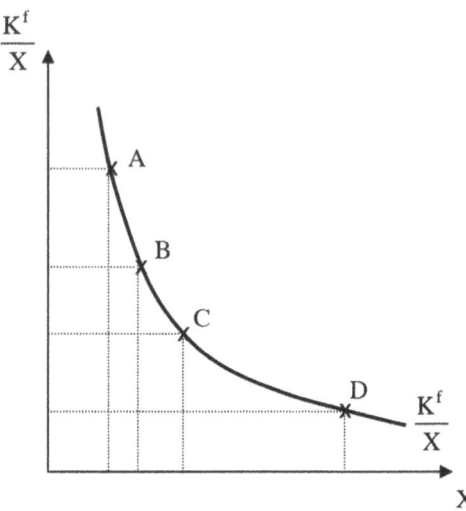

2.3.2.2 Variable Kosten

> *Variable* **Kosten** sind Kosten, die positiv von der Produktionsmenge abhängen:

$$K^v = K^v \underset{(+)}{(X)} \tag{2.47}$$

Beispielsweise sind die Kosten für einen Erntehelfer variable Kosten. Üblicherweise nehmen wir an, dass die variablen Kosten zunächst aufgrund positiver Skaleneffekte sinken und anschließend steigen, wenn die Kapazitätsgrenze erreicht ist. In unserem Beispiel können die durchschnittlichen variablen Kosten durch den Einsatz eines weiteren Erntehelfers zunächst sinken, solange die Vorteile der Arbeitsteilung überwiegen, und später steigen, sobald die Nachteile sinkender Grenzproduktivitäten dominieren.

durchschnittliche variable Kosten

○ Abb. 2.17 zeigt die durchschnittlichen variablen Kosten sowie die variablen Kosten der Produktionsmenge X_A, die sich als Produkt der durchschnittlichen variablen Kosten und der Produktionsmenge ermitteln lassen. Grafisch ist dies die Fläche links unterhalb von A.

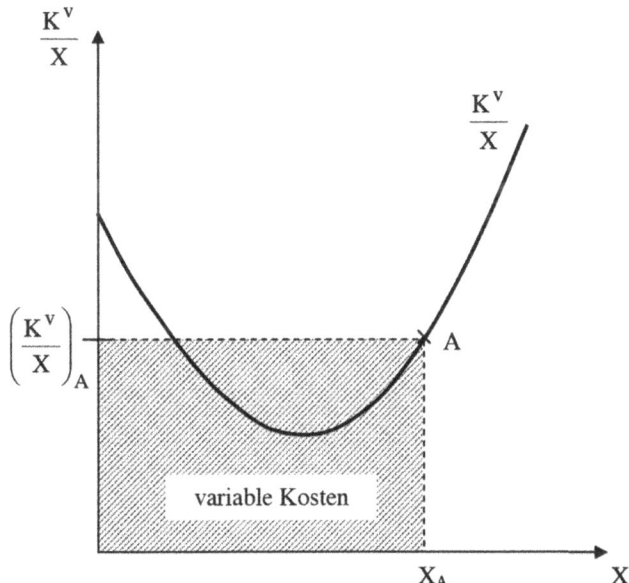

□ **Abb. 2.17** Variable und durchschnittliche variable Kosten

> **Remanente** Kosten sind variable Kosten, die bei sinken-
> der Produktion nicht zurückgehen, sondern in der Un-
> ternehmung „verbleiben".

remanente
Kosten

2.3.2.3 Grenzkosten

> **Grenz**kosten (*marginale* Kosten) sind Kosten, die bei der
> Produktion einer *zusätzlichen* Einheit eines Gutes anfal-
> len: dK/dX.

Grenzkosten

Idealtypisch gliedert sich der Verlauf der Grenzkostenkurve wie in □ Abb. 2.18 in zwei Bereiche: Mit Beginn
der Produktion werden die Grenzkosten hoch sein, da
die Produktion der ersten Einheit hohe zusätzliche Kosten verursacht: Maschinen müssen justiert, Arbeitskräfte
abgestellt, Forschungs- und Entwicklungsergebnisse um-
gesetzt, Qualitätskontrollen sichergestellt werden. In der
Regel sinken mit zunehmender Produktion diese pro-
duktionsbedingten Kosten je Einheit, sodass sich die
Kostenvorteile der Massenproduktion und Lerneffekte
in positiven Skalenerträgen niederschlagen. Deshalb

2

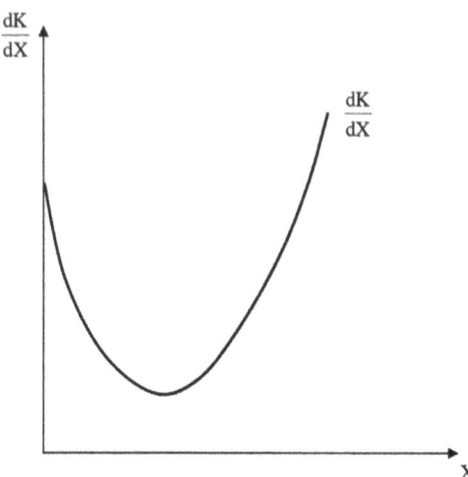

❍ **Abb. 2.18**   Grenzkosten

weist die Grenzkostenkurve zunächst eine negative Steigung auf. Jedoch wird mit sinkenden Grenzproduktivitäten der Faktoren die Produktion weiterer Einheiten die zusätzlichen Kosten pro Einheit in die Höhe treiben. Die Grenzkostenkurve durchschreitet ihr Minimum und nimmt von da an einen steigenden Verlauf ein.

Da die jeweiligen Grenzkosten die variablen Kosten für jede zusätzliche Einheit darstellen, ergeben sich die variablen Kosten von X_A auch als Summe der Grenzkosten aller produzierten Mengeneinheiten. Grafisch können die variablen Kosten daher wie in ❍ Abb. 2.19 als Fläche unterhalb der Grenzkostenkurve interpretiert werden.

2.3.2.4 Gesamtkosten

Gesamtkosten

> ***Gesamt*kosten** sind die Summe aus fixen und variablen Kosten:

$$K = K^f + \underset{(+)}{K^v (X)} = \underset{(+)}{K (X)} \qquad (2.48)$$

In ❍ Abb. 2.20 bilden sie das Rechteck, das sich aus der Multiplikation der Produktionsmenge X_A und der durchschnittlichen Gesamtkosten in A ergibt. Die Gesamtkosten hängen positiv von der Produktionsmenge ab.

Durchschnittskosten

Die Kurve der durchschnittlichen Gesamtkosten fällt zunächst, bevor sie später steigt, sodass ihr Verlauf wie derjenige der durchschnittlichen variablen Kosten einem

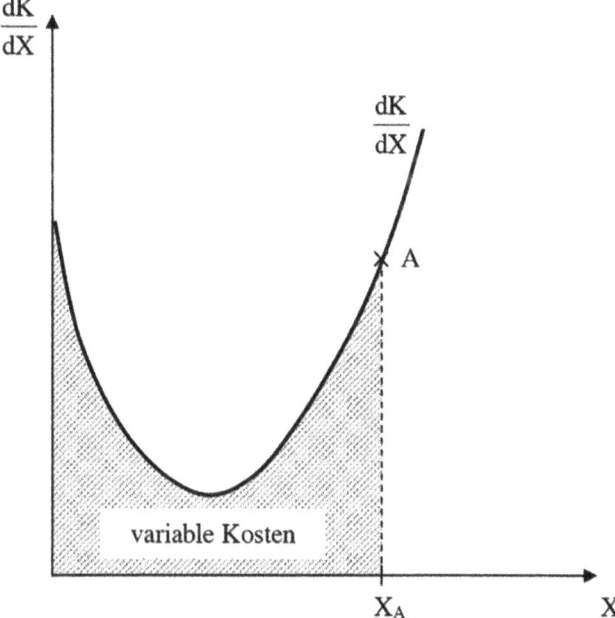

Abb. 2.19 Grenzkosten und variable Kosten

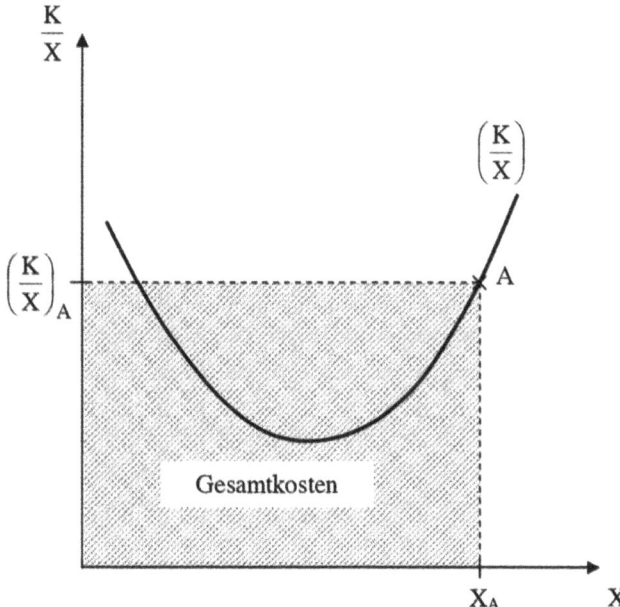

Abb. 2.20 Gesamtkosten und durchschnittliche Gesamtkosten

2

„U" gleicht. Ursache für sinkende Durchschnittskosten sind die stetig fallenden durchschnittlichen Fixkosten und die anfangs sinkenden durchschnittlichen variablen Kosten. Ursache für steigende Durchschnittskosten sind die später steigenden durchschnittlichen variablen Kosten. Die durchschnittlichen Gesamtkosten werden aber nicht sofort steigen, wenn die durchschnittlichen variablen Kosten zunehmen, da die durchschnittlichen Fixkosten weiterhin sinken. Steigende durchschnittliche Gesamtkosten erhalten wir erst, wenn der Anstieg der durchschnittlichen variablen Kosten stärker ausfällt als das Sinken der durchschnittlichen Fixkosten. Die durchschnittlichen Gesamtkosten liegen immer oberhalb der durchschnittlichen variablen Kosten:

$$\frac{K}{X} = \frac{K^f}{X} + \frac{K^v}{X} > \frac{K^v}{X} \tag{2.49}$$

In ◙ Abb. 2.21 sind die durchschnittlichen variablen Kosten, die Durchschnitts- sowie die Grenzkosten in einem Diagramm dargestellt, um ihre Beziehungen zueinander hervorzuheben.

Die Kurve der durchschnittlichen variablen Kosten beginnt notwendigerweise im selben Punkt auf der Ordinate wie die Grenzkostenkurve, weil die (durchschnittlichen) variablen Kosten und die Grenzkosten der ersten Produktionseinheit identisch sind. Ab der zweiten hergestellten Mengeneinheit wird die Kurve der durchschnittlichen variablen Kosten oberhalb der Grenzkostenkurve verlaufen,

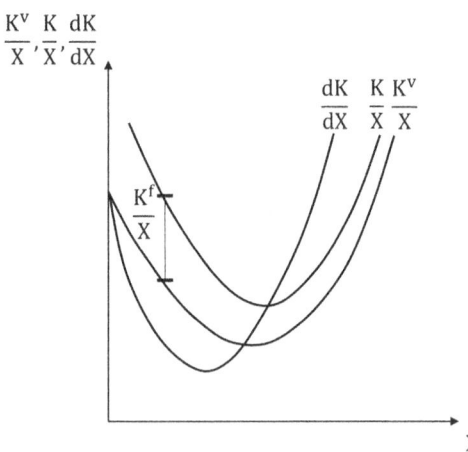

◙ **Abb. 2.21** Durchschnittliche variable Kosten, Durchschnitts- und Grenzkosten

solange diese fällt und weitere Produktionseinheiten niedrigere Kosten verursachen als bisherige. Im Gegensatz zu den Grenzkosten, die immer nur die jeweils letzte Produktionseinheit berücksichtigen, sind im Durchschnittswert der variablen Kosten alle bisher hergestellten Mengeneinheiten enthalten. In dem Punkt, in dem die Kurve der durchschnittlichen variablen Kosten ihr Minimum erreicht, wird sie von der Grenzkostenkurve von unten geschnitten: Eine Einheit zuvor sind die Grenzkosten noch niedriger als die bisherigen durchschnittlichen variablen Kosten, sodass selbige Kurve weiterhin fallen muss. Werden nach Erreichen dieses Schnittpunkts, bei der durchschnittliche variable und marginale Kosten gleich hoch sind, zusätzliche Einheiten hergestellt, sind die marginalen Kosten höher als die bisherigen durchschnittlichen variablen Kosten, sodass die Kurve der durchschnittlichen variablen Kosten steigen muss.

Die Kurve der durchschnittlichen Gesamtkosten verläuft immer oberhalb der Kurve der durchschnittlichen variablen Kosten, da jener noch die durchschnittlichen Fixkosten zugeschlagen werden. Die vertikal gemessene Differenz zwischen der Kurve der durchschnittlichen Gesamtkosten und der Kurve der durchschnittlichen variablen Kosten zeigt die jeweiligen durchschnittlichen Fixkosten. Die Grenzkostenkurve schneidet die Kurve der durchschnittlichen Gesamtkosten notwendigerweise von unten kommend in deren Minimum. Denn solange die marginalen Kosten geringer sind als die durchschnittlichen Gesamtkosten, fällt die Kurve der durchschnittlichen Gesamtkosten. Sind die Grenzkosten höher als die durchschnittlichen Gesamtkosten, steigt die Kurve der durchschnittlichen Gesamtkosten. Demzufolge muss die Grenzkostenkurve die Durchschnittskostenkurve in deren Minimum schneiden.

Bisher haben wir unterstellt, dass die oben erläuterten Kosten unabhängig vom zugrundegelegten Zeithorizont gelten. Die Bestimmung der Kosten hängt jedoch auch von der Länge der betrachteten Frist ab, wie ◘ Abb. 2.22 zeigt.

Kurzfristige Kostenverläufe unterscheiden sich von langfristigen, weil ein Unternehmer in einem längeren Zeitraum seine kurzfristig fixen Kosten beeinflussen kann. Auf lange Sicht betrachtet gibt es überhaupt keine fixen Kosten: Die Entscheidung, ob beispielsweise ein Bürogebäude mit einer bestimmten Größe gemietet werden soll oder nicht, hängt insbesondere von der Anzahl der Beschäftigten ab, deren Zahl langfristig mit der Höhe der Produktion variiert.

2

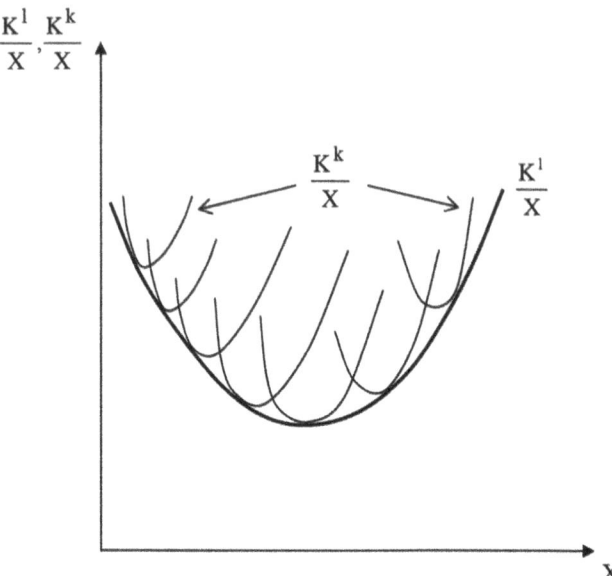

◘ **Abb. 2.22**   Kurzfristige und langfristige Durchschnittskostenkurve(n)

langfristige
Durchschnitts-
kostenkurve

Aufgrund der höheren langfristigen Flexibilität werden die langfristigen Durchschnittskosten nie höher liegen als die kurzfristigen. Grafisch bedeutet dies, dass die Schar kurzfristiger Durchschnittskostenkurven K^k/X von der langfristigen Durchschnittskostenkurve K^l/X umschlossen wird. Jede der kurzfristigen Durchschnittskostenkurven stellt in der langen Frist eine Option für den Unternehmer dar.

2.3.2.5 Erlöse und Gewinne

Erlöse

Erlöse (Umsätze) R („revenues") sind die mit ihren jeweiligen Preisen P_j bewerteten Umsatzmengen X_j:

$$R = P_1 \cdot X_1 + P_2 \cdot X_2 + P_3 \cdot X_3 + \ldots + P_n \cdot X_n \quad (2.50)$$

$$\Leftrightarrow R = \sum_{j=1}^{n} P_j X_j \quad (2.51)$$

Gewinne

Gewinne Π sind die *positive* Differenz aus Erlösen R minus Kosten K, **Verluste** die *negative*:

$$\Pi = R - K \quad (2.52)$$

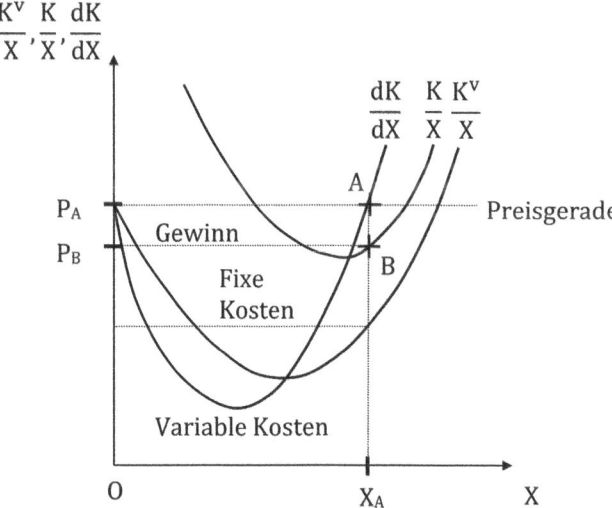

◘ Abb. 2.23 Gewinn

In ◘ Abb. 2.23 sind die Gewinne grafisch abgetragen.

Punkt A auf der Grenzkostenkurve ist die gewählte Preis-Mengen-Kombination des Unternehmers. Die Erlöse werden durch die Fläche $OX_A AP_A$ dargestellt. Die Kosten ermitteln wir, indem wir die durchschnittlichen Kosten der Produktionsmenge K/X bestimmen und mit der Produktionsmenge X_A multiplizieren. Grafisch werden die Kosten durch die Fläche $OX_A BP_B$ repräsentiert. Die Gewinne ergeben sich als Differenz aus Erlösen minus Kosten: $OX_A AP_A - OX_A BP_B = P_B BAP_A$.

2.3.2.6 Angebotskurve

Grundsätzlich kann die Angebotskurve, die in ◘ Abb. 2.24 abgetragen ist, nur auf dem steigenden Ast der Grenzkostenkurve liegen. Denn solange die Grenzkosten sinken, ergibt es keinen Sinn, auf die weitere Produktion zu verzichten. Außerdem sollen die Kosten gedeckt sein, da der Unternehmer andernfalls Verluste macht.

> Die *kurzfristige* **Angebotskurve** entspricht dem steigenden Ast der Grenzkostenkurve, der oberhalb der durchschnittlichen *variablen* Kosten liegt.

Langfristig ist zu gewährleisten, dass der Preis zumindest die durchschnittlichen Gesamtkosten deckt:

Betriebsoptimum

2

> Die *langfristige* **Angebotskurve** entspricht dem steigenden Ast der Grenzkostenkurve, der oberhalb der durchschnittlichen *Gesamt*kosten liegt.

In ◘ Abb. 2.24 ist der Schnittpunkt A von Grenzkosten- und Durchschnittskostenkurve das Betriebsoptimum.

> Im **Betriebs*optimum*** liegt die *langfristige* Preisuntergrenze eines Produzenten.

Das Betriebsoptimum ist nicht gleichbedeutend mit der optimalen Preis-Mengen-Kombination des Unternehmers.

Betriebsminimum   Kurzfristig soll der Preis zumindest die durchschnittlichen variablen Kosten decken.

> Im **Betriebs*minimum*** liegt die *kurzfristige* Preisuntergrenze eines Produzenten.

In ◘ Abb. 2.24 ist der Schnittpunkt B der Grenzkostenkurve mit der Kurve der durchschnittlichen variablen Kosten das Betriebsminimum.

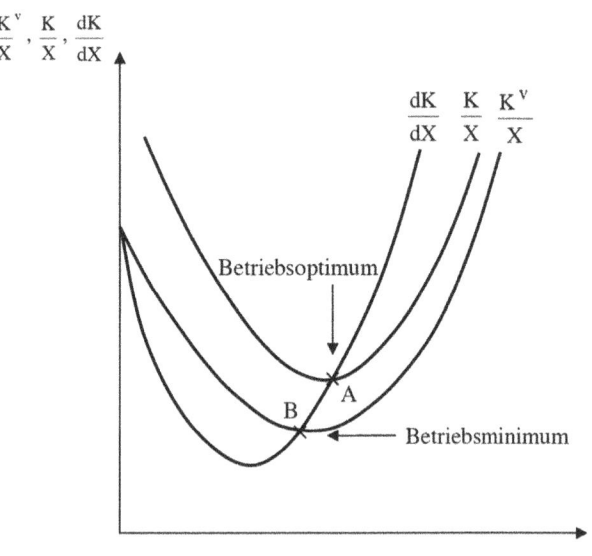

◘ **Abb. 2.24** Betriebsoptimum und Betriebsminimum

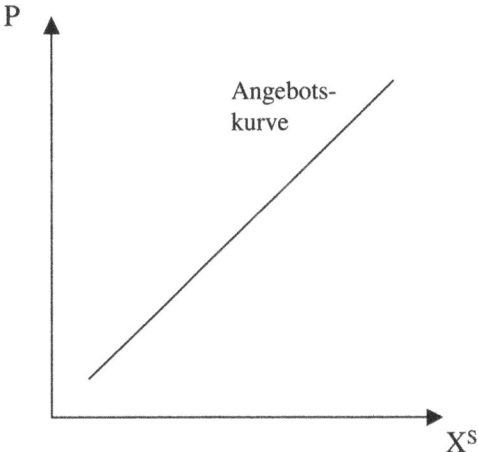

◘ Abb. 2.25 Angebotskurve

Der Unternehmer erzielt zwar keine Gewinne, weil seine Erlöse nicht einmal die Gesamtkosten decken. Das Aufrechterhalten seiner Produktion ist gleichwohl sinnvoll, weil seine Verluste bei Einstellung der Produktion noch höher ausfallen.

Mit zunehmendem Preis steigt die Angebotsmenge, da es für Unternehmer attraktiver wird, mehr anzubieten. Deshalb gehen wir in einem Preis-Mengen-Diagramm wie in ◘ Abb. 2.25 von einem steigenden Verlauf der Angebotskurve aus. Das Güterangebot hängt positiv vom Preis ab:

$$X^s = \underset{(+)}{X^s (P)} \tag{2.53}$$

Die **inverse Angebotskurve** zeigt den Preis in Abhängigkeit vom Angebot:

$$P = \underset{(-)}{P \left(X^s \right)} \tag{2.54}$$

2.3.2.7 Produzentenrente

Bis auf den Grenzproduzenten, der seine Güter exakt zum Preis seiner marginalen Angebotsbereitschaft anbietet, erhält jeder andere Produzent einen höheren Preis als den Preis, zu dem er bereits bereit ist, seine Güter anzubieten. Die Differenz kann als zusätzliche Wohlfahrt für den Unternehmer interpretiert werden und wird in Analogie zur Konsumentenrente eines privaten Haushalts Produzentenrente eines Unternehmers genannt:

Produzentenrente

2

Ökonomisch ist die **Produzentenrente** eines Unternehmers *erstens* die Differenz zwischen dem (höheren) Marktpreis und der (niedrigeren) marginalen Angebotsbereitschaft, das heißt dem Mindestpreis, zu dem der Unternehmer bereit ist, eine Gütereinheit anzubieten.

In ◘ Abb. 2.26 ist dies grafisch die vertikal gemessene Differenz $\overline{BA}$ zwischen der Preisgeraden, die von P_C nach C parallel zur Abszisse verläuft, und der Angebotskurve X^s, die positiv vom Preis abhängt. Der Unternehmer ist bereit, die Gütermenge X_A^s bereits zum Preis von P_A anzubieten. Der höhere Marktpreis P_C, den er durchsetzen kann, sorgt für zusätzliche Wohlfahrt des Unternehmers.

In ◘ Abb. 2.27 ist dies grafisch die Fläche unterhalb der Preisgeraden und oberhalb der Angebotskurve.

Wir können die Produzentenrente auch mithilfe unserer Kostenkurven grafisch herleiten:

In ◘ Abb. 2.28 ist dies grafisch die Fläche zwischen der Preisgeraden und der (kurzfristigen) Angebotskurve, die durch den steigenden Ast der Grenzkostenkurve oberhalb des Betriebsminimums repräsentiert wird.

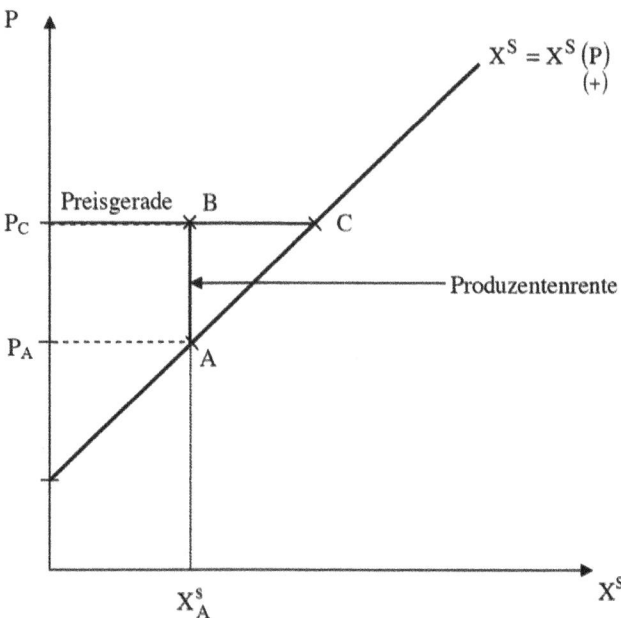

◘ **Abb. 2.26**   Produzentenrente *eines* Unternehmers

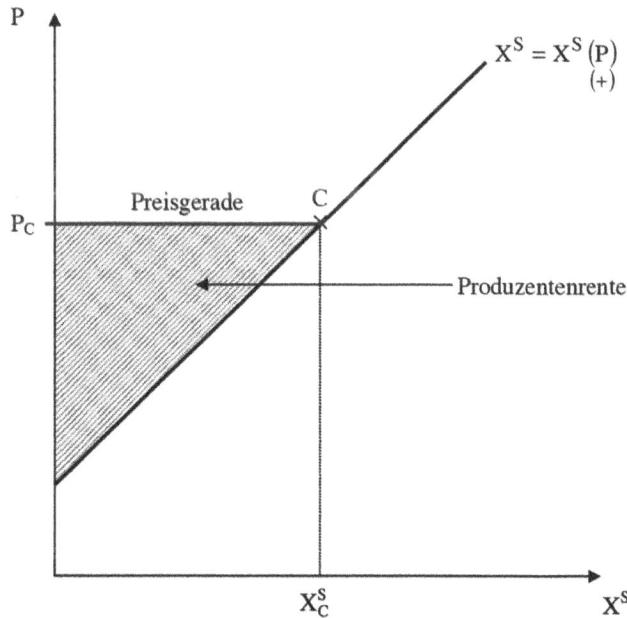

Abb. 2.27 Produzentenrente *aller* Unternehmer

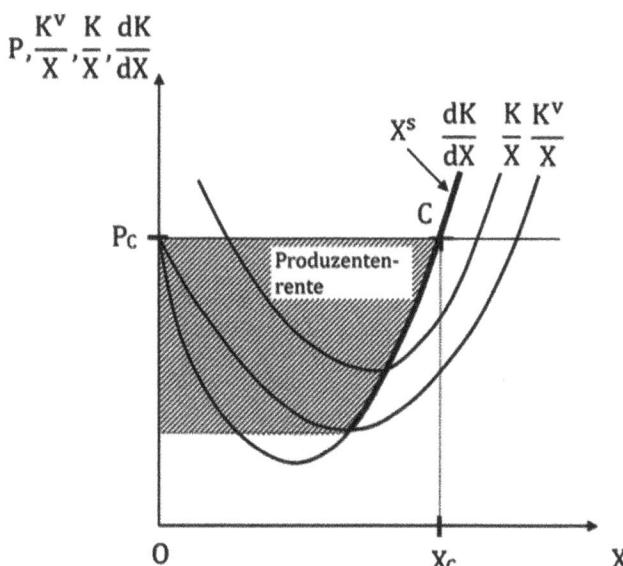

Abb. 2.28 Produzentenrente als Fläche zwischen der Preisgeraden und der kurzfristigen Angebotskurve

2

Ökonomisch ist die **Produzentenrente** *zweitens* die Differenz aus Erlösen minus variablen Kosten.

In ◘ Abb. 2.29 ist dies grafisch die Fläche zwischen der
Preisgeraden und der Geraden der durchschnittlichen variablen Kosten in A.

Mithilfe der Gewinngleichung können wir einen dritten Zusammenhang entwickeln:

Die Gewinne II sind gleich Erlöse R minus Kosten K:

$$\Pi = R - K \tag{2.55}$$

Kosten lassen sich in fixe und variable Kosten unterteilen:

$$\Leftrightarrow \Pi = R - K^f - K^v \tag{2.56}$$

Nach einer Umformung von Gl. (2.56) wird deutlich,
dass die Differenz aus Erlösen minus variablen Kosten
gleich ist der Summe aus Gewinnen plus Fixkosten:

$$\Leftrightarrow R - K^v = \Pi + K^f \tag{2.57}$$

Ökonomisch ist die **Produzentenrente** *drittens* die Summe
aus Gewinnen und fixen Kosten.

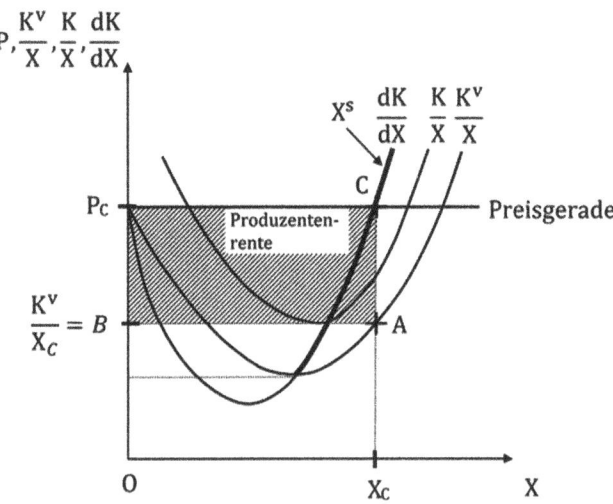

◘ **Abb. 2.29** Produzentenrente als Fläche von Erlösen minus variablen Kosten

In ◘ Abb. 2.29 stellen die Erlöse die Fläche OX_CCP_C dar, die variablen Kosten die Fläche OX_CAB. In diesem Fall ist die Produzentenrente die Fläche $BACP_C$, die oben durch die Preisgerade und unten durch deren Parallele $\overline{BA}$ begrenzt ist.

Variable Kosten können auch als Summe aller Grenzkosten gemessen werden. Daher gilt:

> *Ökonomisch* ist die **Produzentenrente** *viertens* die Differenz aus Marktpreis minus Grenzkosten.

In ◘ Abb. 2.30 ist dies grafisch die Fläche zwischen der Preisgeraden und der Grenzkostenkurve:

> *Geometrisch* ist die **Produzentenrente** *eines* Unternehmers die vertikal gemessene Differenz zwischen der Preisgeraden und seiner Angebotskurve (dem oberen Abschnitt seiner Grenzkostenkurve). Die Produzentenrente *aller* Unternehmer ist die Fläche zwischen der Preisgeraden, der Angebotskurve sowie der Ordinate zwischen dem Marktpreis und dem Ordinatenabschnitt der Angebotskurve.

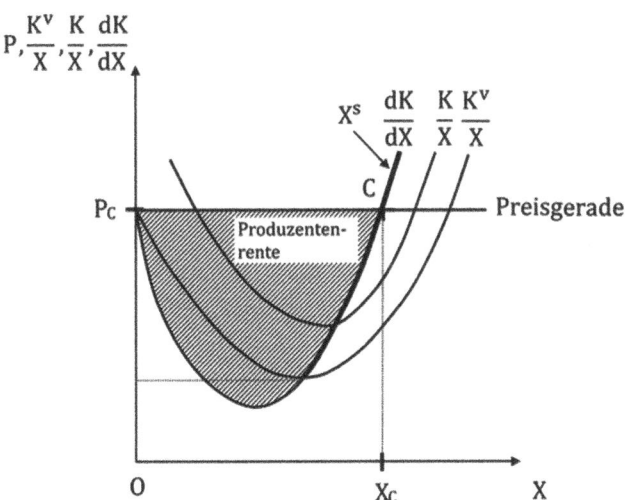

◘ **Abb. 2.30** Produzentenrente als Fläche zwischen der Preisgeraden und der Grenzkostenkurve

2.3.3 **Kostenminimierung**

2.3.3.1 **Isoquante und Isokostengerade**

Isokostengerade

Bei gegebener Produktionsmenge kombiniert der Unternehmer seine Produktionsfaktoren auf kostenminimierende Weise. Wir erinnern uns, dass die Isoquante, die in ◙ Abb. 2.5 illustriert wird, alle effizienten Faktoreinsatzmengenkombinationen darstellt, mit denen die gleiche Produktionsmenge hergestellt werden kann. Während die Isoquante die produktionstechnischen Möglichkeiten aufzeigt, benötigen wir zudem eine Kurve, welche alle Faktoreinsatzmengenkombinationen repräsentiert, die bei gleicher Kostensumme eingesetzt werden können: die in ◙ Abb. 2.31 dargestellte Isokostengerade:

Die variablen Kosten eines Produktionsfaktors entsprechen dem Produkt aus den Faktorpreisen q_i multipliziert mit den jeweiligen Faktoreinsatzmengen v_i. Eine typische Kostenfunktion lautet:

$$K = K^f + q_1 v_1 + q_2 v_2 \tag{2.58}$$

Isokostengleichung

Wir nehmen an, dass die Kostensumme K sowie die Faktorpreise q_1 und q_2 gegeben sind. Lösen wir die Kostenfunktion nach der Einsatzmenge des zweiten Produktionsfaktors auf, erhalten wir die Isokostengleichung:

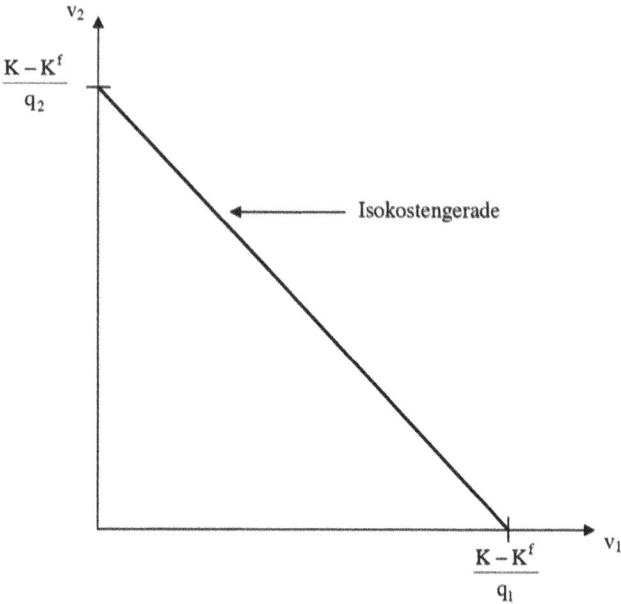

◙ **Abb. 2.31** Isokostengerade

$$v_2 = \frac{K - K^f}{q_2} - \frac{q_1}{q_2} v_1 \qquad (2.59)$$

Die grafisch Darstellung der Isokostengleichung ist die Isokostengerade.

> Die **Isokostengerade** ist der geometrische Ort aller Kombinationen von Faktoreinsatzmengen, bei denen die „Kosten gleich" hoch sind. Ihre Steigung ist das Faktorpreisverhältnis.

Die Isokostengerade hat die negative Steigung von $-(q_1/q_2)$, da wir bei einer Erhöhung der Einsatzmenge des einen Produktionsfaktors ein gegebenes Kostenniveau nur halten können, wenn wir gleichzeitig die Einsatzmenge des anderen Faktors reduzieren. Die Steigung der Isokostengeraden wird somit durch das Faktorpreisverhältnis bestimmt. Der Ordinatenabschnitt liegt bei $(K-K^f)/q_2$, der Abszissenabschnitt bei $(K-K^f)/q_1$.

2.3.3.2 Minimalkostenkombination
In ◩ Abb. 2.32 stellen wir die Minimalkostenkombination dar.

Wir gehen davon aus, dass die Produktionsmenge gegeben ist. Anhand einer Isoquante können wir ermitteln, mit welchen effizienten Faktoreinsatzmengenkombinationen wir dieses Produktionsniveau erreichen können. Der Unternehmer ist bestrebt, die Produktionsmenge zu minimalen Kosten herzustellen.

> *Ökonomisch* ist die **Minimalkostenkombination** die Kombination von Produktionsfaktoren, bei der die Kosten für eine *gegebene* Produktionsmenge am niedrigsten sind.

Deshalb tragen wir unterschiedliche Isokostengeraden ab, die jeweils für eine gegebene Kostensumme gelten. Der Optimalpunkt ist der Tangentialpunkt A der Isoquante mit der Isokostengeraden, die das niedrigste Kostenniveau aller Isokostengeraden repräsentiert, welche das durch die Isoquante vorgegebene Produktionsniveau erreichen.

2

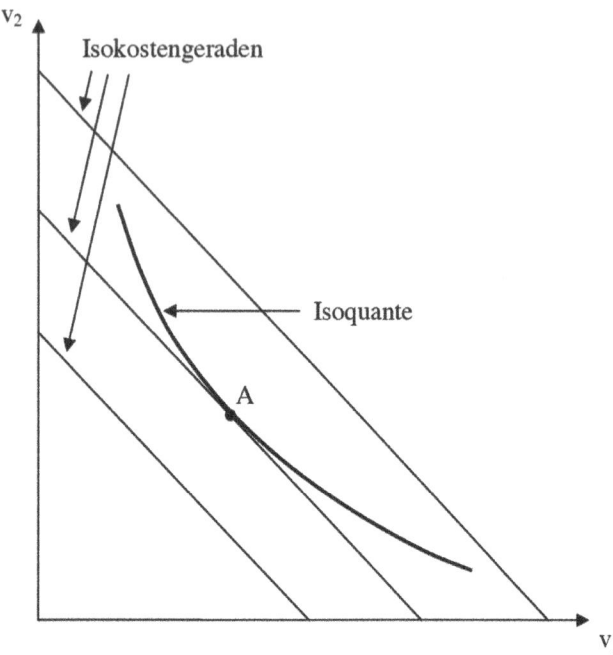

$\blacksquare$ **Abb. 2.32**   Minimalkostenkombination

Lagrange-Funktion   Wir können das Kostenminimum unter der Nebenbedingung einer gegebenen Produktionsmenge mithilfe der Lagrange-Funktion bestimmen:
Die Kosten sind zu minimieren:

$$K = K^f + q_1 v_1 + q_2 v_2 \rightarrow \min \tag{2.60}$$

Wir minimieren die Kosten unter der Nebenbedingung, dass die Produktionsmenge gegeben ist:

$$X(v_1, v_2) = \overline{X} \tag{2.61}$$

$$\Leftrightarrow \overline{X} - X(v_1, v_2) = 0 \tag{2.62}$$

Die Lagrange-Funktion ergibt sich aus
- der Zielfunktion (2.60) plus dem Produkt aus
- dem Vervielfachungsfaktor λ und
- der null gesetzten Nebenbedingung (2.62):

$$L = K^f + q_1 v_1 + q_2 v_2 + \lambda \cdot \left[\overline{X} - X(v_1, v_2) \right] \tag{2.63}$$

Wir bilden die partiellen Ableitungen und setzen sie gleich null:

$$\frac{\partial L}{\partial v_1} = q_1 - \lambda \cdot \frac{\partial X}{\partial v_1} = 0 \qquad (2.64)$$

$$\frac{\partial L}{\partial v_2} = q_2 - \lambda \cdot \frac{\partial X}{\partial v_2} = 0 \qquad (2.65)$$

$$\frac{\partial L}{\partial \lambda} = \overline{X} - X(v_1, v_2) = 0 \qquad (2.66)$$

Wir erhalten ein Gleichungssystem mit drei Gleichungen und den drei Unbekannten v_1 v_2 sowie λ, das sich für gegebene Werte der Fixkosten, der Faktorkosten und der Produktionsmenge eindeutig lösen lässt.

In der Minimalkostenkombination A gilt:

Mini malkostenkombination

> Die **Minimalkostenkombination** liegt im Tangentialpunkt von Isoquante und Isokostengerade: *Geometrisch* entspricht die **Steigung** der **Isoquante** der Steigung der **Isokostengeraden**. *Algebraisch* ist die **erste Ableitung** der Isoquante gleich der ersten Ableitung der Isokostengerade.

Da die Steigung der Isoquante der (negativen) Grenzrate der *technischen* Substitution und die Steigung der Isokostengeraden dem umgekehrten Faktorpreisverhältnis entspricht, gilt zudem:

> Die (negative) **Grenzrate der *technischen* Substitution** ist gleich dem umgekehrten **Faktorpreisverhältnis:**

$$-\frac{dv_2}{dv_1} = \frac{q_1}{q_2} \qquad (2.67)$$

Weil das Faktorpreisverhältnis dem Verhältnis der Grenzproduktivitäten entspricht, gilt auch:

> Die (negative) **Grenzrate der technischen Substitution** ist gleich dem umgekehrten Verhältnis der **Grenzproduktivitäten:**

$$-\frac{dv_2}{dv_1} = \frac{q_1}{q_2} = \frac{\frac{\partial X}{\partial v_1}}{\frac{\partial X}{\partial v_2}} \qquad (2.68)$$

2

Die Quotienten der jeweiligen Grenzproduktivitäten und ihrer Faktorpreise sind die Grenzerträge des Geldes. Daher gilt:

> Die **Grenzerträge des Geldes** sind für alle Faktoren gleich:

$$\frac{\frac{\partial X}{\partial v_1}}{q_1} = \frac{\frac{\partial X}{\partial v_2}}{q_2} \qquad (2.69)$$

Der Faktorpreis, der für die letzte Einheit des Faktors eins entrichtet wird, sorgt für denselben Produktionszuwachs wie der Faktorpreis, der für die letzte Einheit des Faktors zwei entrichtet wird. Zu erkennen ist die Analogie zum Zweiten Gossenschen Gesetz der Haushaltstheorie, nach dem im Konsumoptimum die Grenznutzen des Geldes für alle Güter gleich sind.

(2.69) lässt sich umformulieren zu:

$$\Leftrightarrow \frac{\partial X}{\partial v_1} \cdot q_2 = \frac{\partial X}{\partial v_2} \cdot q_1 \qquad (2.70)$$

Der Kehrwert der Grenzproduktivität gibt die zusätzliche Faktoreinsatzmenge an, die eingesetzt werden muss, wenn die Produktionsmenge um eine Einheit erhöht wird. Multiplizieren wir diesen Kehrwert mit dem Faktorpreis, erhalten wir die Faktorgrenzkosten. Deshalb gilt:

> Die **Faktorgrenzkosten** sind für alle Faktoren gleich:

$$\Leftrightarrow \frac{\partial v_1}{\partial X} \cdot q_1 = \frac{\partial v_2}{\partial X} \cdot q_2 \qquad (2.71)$$

2.3.3.3 **Faktoranpassungskurve**

Expansionspfad

Den in ◘ Abb. 2.33 abgetragenen Expansionspfad der Produktion können wir in Analogie zum Expansionspfad des Konsums bilden:

Verbindet in der Haushaltstheorie die Einkommen-Konsum-Kurve alle Tangentialpunkte von Indifferenzkurven und Budgetgeraden, die bei Einkommensvariationen die optimalen Konsumpläne repräsentieren, so ist in der Unternehmungstheorie die Faktoranpassungskurve die Verbindungslinie aller Tangentialpunkte von Isoquanten und Isokostengeraden, die

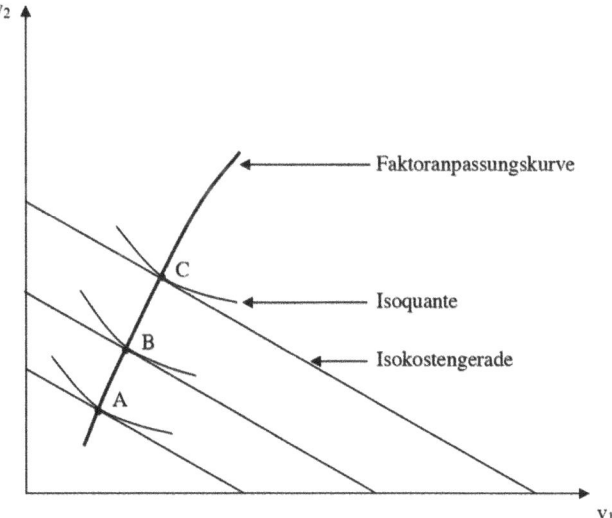

○ Abb. 2.33 Faktoranpassungskurve (Expansionspfad)

bei Änderungen der Produktionsmenge die jeweilige Minimal-kostenkombination repräsentieren.

> Die **Faktoranpassungskurve** (der Expansionspfad) ist der geometrische Ort aller Kombinationen von Faktorein-satzmengen, die bei Variation der Produktionsmenge die jeweilige Minimalkostenkombination repräsentieren.

2.3.4 Gewinnmaximierung

Der Gewinn π ergibt sich als Differenz aus den Erlösen R minus den Kosten K:

$$\Pi(X) = R(X) - K(X) \tag{2.72}$$

Im Gewinnmaximum kann der Gewinn durch zusätzliche Produktion nicht mehr gesteigert werden. Deshalb lautet die notwendige Bedingung für ein Gewinnmaximum, dass die erste Ableitung der Gewinngleichung (2.73) nach der Produktionsmenge null ist:

$$\Rightarrow \frac{d\Pi}{dX} = \frac{dR}{dX} - \frac{dK}{dX} = 0 \tag{2.73}$$

Aus Gl. (2.74) folgt, dass im Gewinnmaximum die Grenz-erlöse gleich den Grenzkosten sind.

Grenzerlöse = Grenzkosten

2

Ökonomisch zeigt das **Gewinnmaximum** die Produktionsmenge, bei welcher der Gewinn am höchsten ist. *Geometrisch* liegt das Gewinnmaximum im Schnittpunkt von
Grenzerlös- und Grenzkostenkurve. *Algebraisch* gilt:
Grenzerlöse gleich Grenzkosten:

$$\Leftrightarrow \frac{dR}{dX} = \frac{dK}{dX} \qquad (2.74)$$

Sind die Grenzerlöse größer als die Grenzkosten, lohnt
sich die weitere Produktion. Sind die Grenzerlöse kleiner als die Grenzkosten, wird bereits zu viel produziert.
In beiden Fällen ist das Gewinnmaximum nicht erreicht.

Bei zusätzlicher, über das Gewinnmaximum hinaus-
gehender Produktion sinkt der Gewinn, mithin ist die
zweite Ableitung der Gewinngleichung (2.73) negativ:

$$\Rightarrow \frac{d^2\Pi}{dX^2} = \frac{d^2R}{dX^2} - \frac{d^2K}{dX^2} < 0 \qquad (2.75)$$

Daraus folgt, dass im Gewinnmaximum die Steigung der
Grenzerlöskurve kleiner sein muss als die Steigung der
Grenzkostenkurve:

$$\Rightarrow \frac{d^2R}{dX^2} < \frac{d^2K}{dX^2} \qquad (2.76)$$

Die Erlöse R erhalten wir, indem wir den Preis mit der
abgesetzten Menge multiplizieren, sodass wir die Gewinngleichung (2.73) umschreiben können zu:

$$\Pi(X) = P \cdot X - K(X) \qquad (2.77)$$

Die notwendige Bedingung für das Gewinnmaximum bei
vollständiger Konkurrenz lautet:

$$\frac{d\Pi}{dX} = P - \frac{dK}{dX} = 0 \qquad (2.78)$$

Preis = Grenzkosten

Aus Gl. (2.79) folgt, dass im Gewinnmaximum der Preis
gleich den Grenzkosten ist:

$$\Leftrightarrow P = \frac{dK}{dX} \qquad (2.79)$$

Solange der Preis die Grenzkosten der Produktion über-
steigt, wird der Unternehmer seine Gewinne erhöhen
können. Sobald die Grenzkosten höher sind als der Preis,

lohnt sich eine Mehrproduktion nicht, da der Unternehmer mit dieser Mehrproduktion seinen möglichen Gewinn schmälert.

Bei vollständigem Wettbewerb ist das Ziel der Gewinnmaximierung ein notwendiges Ziel: Solange freier Markteintritt gewährleistet ist, werden immer mehr Unternehmungen eine Tätigkeit am Markt aufnehmen und die Gewinne schmälern, bis diese schließlich bei null liegen. Verzichtet eine Unternehmung auf das Ziel der Gewinnmaximierung, drohen ihr Verluste, bei denen sie langfristig ihre Markttätigkeit einstellen muss.

> Bei **vollständiger Konkurrenz** gilt im Gewinnmaximum: Preis gleich Grenzkosten gleich Grenzerlöse:

$$P = \frac{dK}{dX} = \frac{dR}{dX} \qquad (2.80)$$

2.3.5 Zusammenfassung

1. *Fixe* **Kosten** sind Kosten, die (weitgehend) unabhängig von der Produktionsmenge anfallen:

$$K^f = \overline{K}^f(X)$$

2. *Variable* **Kosten** sind Kosten, die positiv von der Produktionsmenge abhängen:

$$K^v = \underset{(+)}{K^v}(X)$$

3. *Remanente* **Kosten** sind variable Kosten, die bei sinkender Produktion nicht zurückgehen, sondern in der Unternehmung „verbleiben".

4. *Grenz*kosten (*marginale* Kosten) sind Kosten, die bei der Produktion einer *zusätzlichen* Einheit eines Gutes anfallen: dK/dX.

5. *Gesamt*kosten sind die Summe aus fixen und variablen Kosten:

$$K = K^f + \underset{(+)}{K^v}(X) = \underset{(+)}{K}(X)$$

2

6. **Erlöse** (Umsätze) sind die mit ihren jeweiligen Preisen bewerteten Umsatzmengen:

$$R = \sum_{j=1}^{n} P_j X_j$$

7. **Gewinne** sind die *positive* Differenz aus Erlösen minus Kosten, **Verluste** die *negative:*

$$\Pi = R - K$$

8. Die *langfristige* **Angebotskurve** entspricht dem steigenden Ast der Grenzkostenkurve, der oberhalb der Kurve der durchschnittlichen *Gesamt*kosten liegt.

9. Die *kurzfristige* **Angebotskurve** entspricht dem steigenden Ast der Grenzkostenkurve, der oberhalb der Kurve der durchschnittlichen *variablen* Kosten liegt.

10. Im **Betriebs*optimum*** liegt die *langfristige* Preisuntergrenze eines Produzenten.

11. Im **Betriebs*minimum*** liegt die *kurzfristige* Preisuntergrenze eines Produzenten.

12. *Ökonomisch* ist die **Produzentenrente** eines Unternehmers *erstens* die Differenz zwischen dem (höheren) Marktpreis und der (niedrigeren) marginalen Angebotsbereitschaft, das heißt dem Mindestpreis, zu dem der Unternehmer bereit ist, eine Gütereinheit anzubieten. *Zweitens* ist sie die Differenz aus Erlösen minus variablen Kosten, *drittens* die Summe aus Gewinnen und fixen Kosten, *viertens* die Differenz aus Marktpreis minus Grenzkosten. *Geometrisch* ist die Produzentenrente *eines* Unternehmers die vertikal gemessene Differenz zwischen der Preisgeraden und seiner Angebotskurve (dem oberen Abschnitt seiner Grenzkostenkurve). Die Produzentenrente *aller* Unternehmer ist die Fläche zwischen der Preisgeraden, der Angebotskurve sowie der Ordinate zwischen dem Marktpreis und dem Ordinatenabschnitt der Angebotskurve.

13. Die **Isokostengerade** ist der geometrische Ort aller Kombinationen von Faktoreinsatzmengen, bei denen die „Kosten gleich" hoch sind. Ihre Steigung ist das Faktorpreisverhältnis.

14. *Ökonomisch* zeigt die **Minimalkostenkombination** die Kombination von Produktionsfaktoren, bei der die Kosten für eine *gegebene* Produktionsmenge am niedrigsten sind: Das optimale Faktoreinsatzverhältnis ist *erstens* gleich dem umgekehrten Verhältnis der Grenzproduktivitäten und *zweitens* gleich dem umgekehrten Faktorpreisverhältnis. Für alle Produktionsfaktoren sind *drittens* die Grenzerträge des Geldes gleich und *viertens* die Faktorgrenzkosten gleich. *Geometrisch* liegt die Minimalkostenkombination im Tangentialpunkt von Isoquante und Isokostengerade: Somit entspricht *fünftens* die Steigung der Isoquante der Steigung der Isokostengeraden. *Algebraisch* ist *sechstens* die erste Ableitung der Isoquante gleich der ersten Ableitung der Isokostengerade: Deshalb ist *siebtens* die (negative) Grenzrate der technischen Substitution gleich dem umgekehrten Verhältnis der Grenzproduktivitäten und dem umgekehrten Faktorpreisverhältnis.

15. Die **Faktoranpassungskurve** (der Expansionspfad) ist der geometrische Ort aller Kombinationen von Faktoreinsatzmengen, die bei Variation der Produktionsmenge die jeweilige Minimalkostenkombination repräsentieren.

16. *Ökonomisch* zeigt das **Gewinnmaximum** die Produktionsmenge, bei welcher der Gewinn am höchsten ist. *Geometrisch* liegt das Gewinnmaximum im Schnittpunkt von Grenzerlös- und Grenzkostenkurve. *Algebraisch* gilt: Grenzerlöse gleich Grenzkosten:

$$\frac{dR}{dX} = \frac{dK}{dX}$$

17. Bei vollständiger Konkurrenz gilt im Gewinnmaximum: Preis gleich Grenzkosten gleich Grenzerlöse:

$$P = \frac{dK}{dX} = \frac{dR}{dX}$$

2.4 Angebotselastizitäten

2.4.1 Einführung

Ähnlich wie in der Haushaltstheorie für die Nachfrageelastizitäten stellen wir in der Unternehmungstheorie die Angebotselastizitäten als Bogen- und als Punktelastizitäten dar.

2

Danach wird mithilfe von Streckenabschnittsregeln gezeigt, wie die Höhe von Angebotselastizitäten mit einem schnellen Blick abzuschätzen ist. Den Abschluss dieses Abschnitts bildet ein Überblick über isoelastische Angebotskurven, die in jedem Punkt die gleiche Elastizität aufweisen.

2.4.2 Bogen- und Punktelastizität

Preiselastizität
des Angebots

Ökonomisch zeigt die (direkte) **Preiselastizität des Angebots**, wie stark die Angebotsmenge auf Preisänderungen reagiert. *Geometrisch* ist sie das Produkt aus der (inversen) Steigung der Angebotskurve und dem umgekehrten Verhältnis der Ausgangswerte. *Algebraisch* ist sie der Quotient aus der relativen Änderung der Angebotsmenge und der relativen Änderung des Preises:

$$\varepsilon_{X^s,P} = \frac{\frac{\Delta X^s}{X^s}}{\frac{\Delta P}{P}} = \frac{\Delta X^s}{\Delta P} \cdot \frac{P}{X^s} \qquad (2.81)$$

In Gl. (2.82) ist die Preiselastizität des Angebots als Bogenelastizität dargestellt.

Um die Preiselastizität des Angebots als Punktelastizität darzustellen, ersetzen wir in Gl. (2.82) die durch ein „Δ" symbolisierten endlichen Differenzen durch die durch ein „d" symbolisierten unendlich kleinen Differentiale:

$$\varepsilon_{X^s,P} = \frac{\frac{dX^s}{X^s}}{\frac{dP}{P}} = \frac{dX^s}{dP} \cdot \frac{P}{X^s} \qquad (2.82)$$

Ist die Preiselastizität des Angebots – **numerisch** ausgedrückt – größer als eins, ist die Preiselastizität relativ hoch; ist sie kleiner als eins, ist die Preiselastizität relativ niedrig; ist sie gleich eins, liegt die Einheitselastizität vor.

2.4.3 Streckenabschnittsregeln

Um auf einen schnellen Blick zu erkennen, ob die Preiselastizität hoch oder niedrig ist, empfiehlt sich wie bei der Behandlung der Nachfrageelastizitäten der Verweis auf einige Streckenabschnittsregeln.

Sinkt in ◘ Abb. 2.34 der Preis von P_D auf P_B, ändert sich der Preis um ΔP, was der Strecke $\overline{AB}$, aber auch der Strecke $\overline{DC}$ entspricht. Die Angebotsmenge ändert sich um ΔX^S, was der Strecke $\overline{OE}$, aber auch der Strecke $\overline{BC}$ entspricht. Der Ausgangspreis P_D entspricht der Strecke $\overline{OA}$, die Ausgangsmenge X_D^s der Strecke $\overline{OE}$, aber auch der Strecke $\overline{BC}$. Somit gilt für die Preiselastizität des Angebots:

$$\varepsilon_{X^s,P} = \frac{\Delta X^S}{\Delta P} \cdot \frac{P_D}{X_D^s} \tag{2.83}$$

$$\Rightarrow \varepsilon_{X^s,P} = \frac{\overline{BC}}{\overline{DC}} \cdot \frac{\overline{OA}}{\overline{BC}} \tag{2.84}$$

$\overline{BC}$ lässt sich kürzen, sodass wir vereinfachen können zu:

$$\Leftrightarrow \varepsilon_{X^S,P} = \frac{\overline{OA}}{\overline{DC}} \tag{2.85}$$

$$\Leftrightarrow \varepsilon_{X^S,P} = \frac{\overline{OA}}{\overline{BA}} \tag{2.86}$$

$\overline{OA}$ repräsentiert den ganzen, BA den Ordinatenbereich oberhalb von B, sodass die Preiselastizität des Angebots für eine lineare Angebotskurve grafisch als Verhältnis

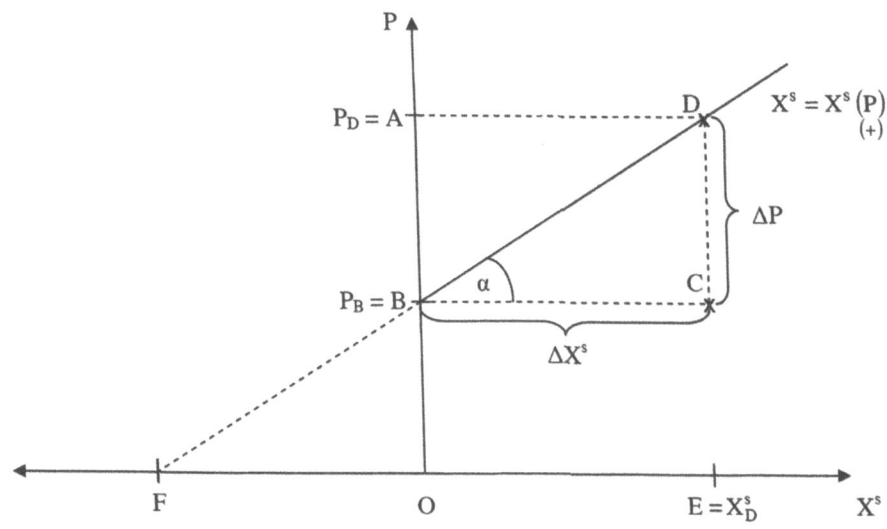

◘ **Abb. 2.34** Preiselastizität des Angebots

zwischen ihrem ganzen und ihrem oberen Ordinatenbereich gelesen werden kann:

$$\varepsilon_{X,P}\frac{\overline{OA}}{\overline{BA}} = \frac{\text{ganzer Ordinatenbereich}}{\text{oberer Ordinatenbereich}} \qquad (2.87)$$

Die Strecke $\overline{OA}$ gleicht der Strecke $\overline{ED}$ und die Strecke $\overline{BA}$ der Strecke $\overline{CD}$, sodass gilt:

$$\frac{\overline{OA}}{\overline{BA}} = \frac{\overline{ED}}{\overline{CD}} \qquad (2.88)$$

Verlängern wir gedanklich die Angebotskurve, bis sie die Abszisse in deren negativem Bereich in F schneidet, gilt gemäß Strahlensatz:

$$\frac{\overline{ED}}{\overline{CD}} = \frac{\overline{FD}}{\overline{BD}} \qquad (2.89)$$

Die **Preiselastizität** des Angebots für eine *lineare* **Angebotskurve** kann grafisch als Verhältnis zwischen ihrem Kurvenbereich oberhalb der Abszisse und ihrem Kurvenbereich rechts von der Ordinate gelesen werden:

$$\varepsilon_{X,P}\frac{\overline{FD}}{\overline{BD}} = \frac{\text{Kurvenbereich oberhalb der Abszisse}}{\text{Kurvenbereich rechts von der Ordinate}} \qquad (2.90)$$

Aus unseren grafisch untermauerten Überlegungen können wir für die jeweiligen Elastizitäten linearer Angebotskurven, die in ◘ Abb. 2.35 dargestellt sind, folgende Schlussfolgerungen ziehen:

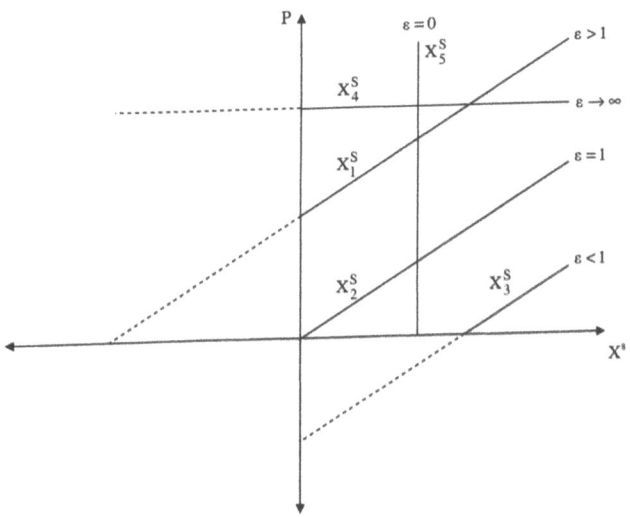

◘ **Abb. 2.35**   Lineare Angebotskurven mit unterschiedlichen Preiselastizitäten

1. Beginnt eine *lineare* **Angebotskurve** auf der **Ordinate,** ist ihr Kurvenbereich oberhalb der Abszisse größer als ihr Kurvenbereich rechts von der Ordinate, sodass die Preiselastizität des Angebots größer als eins ist: $\varepsilon_{X^S,P} > 1$

2. Beginnt eine *lineare* Angebotskurve im **Ursprung,** ist ihr Kurvenbereich oberhalb der Abszisse genauso groß wie ihr Kurvenbereich rechts von der Ordinate, sodass die Preiselastizität des Angebots eins ist: $\varepsilon_{X^S,P} = 1$

3. Beginnt eine *lineare* Angebotskurve auf der **Abszisse,** ist ihr Kurvenbereich oberhalb der Abszisse kleiner als ihr Kurvenbereich rechts von der Ordinate, sodass die Preiselastizität des Angebots kleiner als eins ist: $\varepsilon_{X^S,P} < 1$

4. Ist die *lineare* Angebotskurve eine **Waagerechte,** ist ihr Kurvenbereich oberhalb der Abszisse unendlich groß, sodass die Preiselastizität des Angebots gegen unendlich strebt: $\varepsilon_{X^S,P} \to \infty$

5. Ist die *lineare* Angebotskurve eine **Senkrechte,** ist ihr Kurvenbereich rechts von der Ordinate unendlich groß, sodass die Preiselastizität des Angebots null ist: $\varepsilon_{X^S,P} = 0$

lineare
Angebotskurven

Um die Preiselastizität des Angebots in Punkten nicht-linearer Angebotskurven zu bestimmen, greifen wir auf die entsprechenden Tangenten in diesen Punkten zurück.

Analog gelten die entsprechenden Streckenabschnittsregeln *nicht-linearer* **Angebotskurven** für ihre entsprechenden Tangenten in einem Punkt.

Schneidet wie in ◨ Abb. 2.36 die Tangente die Ordinate, ist die Preiselastizität hoch, schneidet sie die Abszisse, ist die Preiselastizität niedrig, geht sie durch den Ursprung, ist die Preiselastizität genau eins. Bei einer waagerechten Tangente strebt die Preiselastizität des Angebots gegen unendlich, bei einer senkrechten Tangente ist sie null.

2

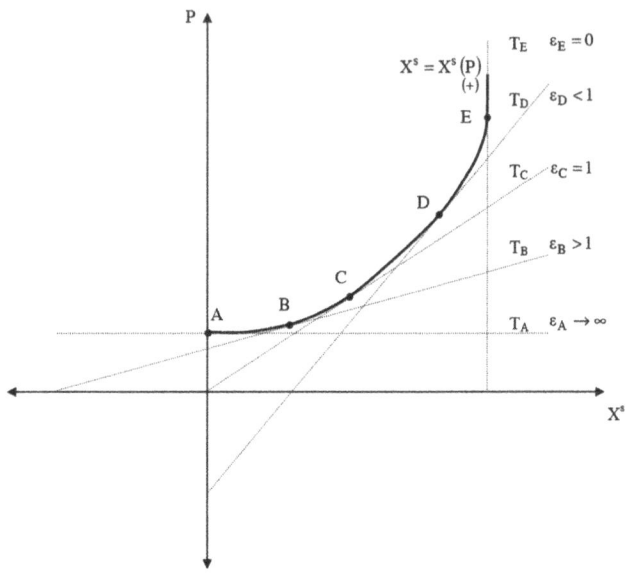

□ Abb. 2.36 Nicht-lineare Angebotskurve mit unterschiedlichen Preiselastizitäten

2.4.4 Isoelastische Angebotskurven

In den □ Abb. 2.37, 2.38 und 2.39 sind isoelastische Angebotskurven dargestellt, das heißt Angebotskurven, die in jedem Punkt die gleiche Preiselastizität des Angebots aufweisen.

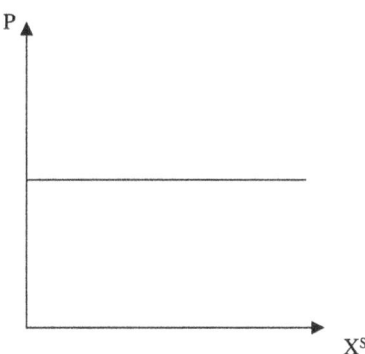

□ Abb. 2.37   Extrem hohe Preiselastizität des Angebots

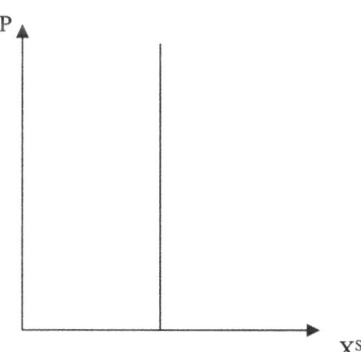

◘ Abb. 2.38   Preiselastizität des Angebots = 0

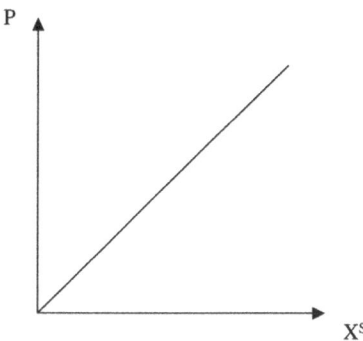

◘ Abb. 2.39   Preiselastizität des Angebots = 1

> Je stärker die **Konkurrenz,** desto höher ist die Preiselasti-
> zität des Angebots. Bei vollständiger Konkurrenz strebt
> die Preiselastizität des Angebots gegen unendlich.

So strebt die Preiselastizität des Angebots in ◘ Abb. 2.37
gegen unendlich, in ◘ Abb. 2.38 ist sie null, und in
◘ Abb. 2.39 beträgt sie eins.

2.4.5 Zusammenfassung

1. *Ökonomisch* zeigt die (direkte) **Preiselastizität des Angebots,** wie stark die Angebotsmenge auf Preisänderungen reagiert. *Geometrisch* ist sie das Produkt aus
der (inversen) Steigung der Angebotskurve (Tangens)

2

und dem umgekehrten Verhältnis der Ausgangswerte. *Algebraisch* ist sie der Quotient aus der relativen Änderung der Angebotsmenge und der relativen Änderung des Preises:

$$\varepsilon_{X^s,P} = \frac{\frac{dX^s}{X^s}}{\frac{dP}{P}} = \frac{dX^s}{dP} \cdot \frac{P}{X^s}$$

2. Ist die Preiselastizität des Angebots – **numerisch** ausgedrückt – größer als eins, ist die Preiselastizität relativ hoch; ist sie kleiner als eins, ist die Preiselastizität relativ niedrig; Ist sie gleich eins, liegt die Einheitselastizität vor.

3. Unter der Berücksichtigung von **Streckenabschnittsregeln** gilt: Beginnt eine *lineare* **Angebotskurve** auf der Ordinate, ist die Preiselastizität des Angebots größer als eins; beginnt sie im Ursprung, ist die Preiselastizität genau eins; beginnt sie auf der Abszisse, ist die Preiselastizität kleiner als eins. Ist die lineare Angebotskurve eine Waagerechte, strebt die Preiselastizität gegen unendlich; ist jene eine Senkrechte, liegt die Preiselastizität bei null.

4. Analog gelten die entsprechenden Streckenabschnittsregeln *nicht-linearer* **Angebotskurven** für ihre entsprechenden Tangenten in einem Punkt.

5. Je stärker die **Konkurrenz**, desto höher ist die Preiselastizität des Angebots. Bei vollständiger Konkurrenz strebt die Preiselastizität des Angebots gegen unendlich.

2.5 Wiederholungsfragen

1. Wodurch unterscheiden sich substitutionale Produktionsfunktionen von limitationalen?
   Lösung: ▶ Abschn. 2.2
2. Wodurch unterscheidet sich die Produktionselastizität von der Skalenelastizität?
   Lösung: ▶ Abschn. 2.2
3. Welche ökonomische Bedeutung hat die Steigung einer Isoquante?
   Lösung: ▶ Abschn. 2.2

4. Auf welche Weise lässt sich die Produzentenrente mithilfe von Kostenkurven darstellen?
   Lösung: ▶ Abschn. 2.3
5. Welche Bedingungen sind in der Minimalkostenkombination erfüllt?
   Lösung: ▶ Abschn. 2.3
6. Welche Bedingungen sind im Gewinnmaximum erfüllt?
   Lösung: ▶ Abschn. 2.3
7. Hat eine lineare Angebotskurve, die auf der Ordinate entspringt, eine hohe oder eine niedrige Preiselastizität?
   Lösung: ▶ Abschn. 2.4

2.6 Übungsaufgaben

1. *Erläutern Sie die ökonomische Bedeutung einer hohen Substitutionselastizität.*
   Lösungsvorschlag: Die Substitutionselastizität misst für ein gegebenes Produktionsniveau das Verhältnis der relativen Änderung des Faktoreinsatzverhältnisses zur relativen Änderung der Grenzrate der Substitution. Somit zeigt die Substitutionselastizität, wie leicht ein Unternehmer die Anteile seiner Produktionsfaktoren an der Produktion eines Gutes variieren kann, wenn er feststellt, dass sich das Austauschverhältnis dieser Faktoren geändert hat. Eine hohe Substitutionselastizität impliziert, dass der Unternehmer diesbezüglich flexibel reagieren kann.
2. *Erläutern Sie die Bedeutung remanenter Kosten.*
   Lösungsvorschlag: Remanente Kosten sind „verbleibende" Kosten. Sinkt in einer Unternehmung beispielsweise im Zuge einer konjunkturellen Abschwächung die Produktion, können nicht benötigte Arbeitskräfte aufgrund arbeitsrechtlicher Bestimmungen nicht entlassen werden. Die Lohn- beziehungsweise Gehaltskosten „verbleiben" somit in der Unternehmung. Antizipiert der Unternehmer die Remanenz dieser Kosten, wird er sich auch in prosperierenden Zeiten reserviert gegenüber der Einstellung von Arbeitskräften zeigen, wenn er einen wirtschaftlichen Aufschwung nicht als einen längerfristigen ansieht.

2

Literatur

Arrow, K. J., Chenery, H. B., Minhas, B. S. & Solow, R. M. (1961). Capital-labor substitution and economic efficiency. *Review of Economics and Statistics, 43*(3), 225–250.

Cobb, C. W. & Douglas, P. H. (1928). A theory of production. *American Economic Review, 18*(1), 139–165.

Leontief, W. (1941). *The structure of the American economy, 1919–1929.* Harvard University Press.

Turgot, A. R. J. (2010). *Reflections on the formation and distribution of riches.* (Erstveröffentlichung 1770). Forgotten Books.

Thünen, J. H. von (2018). *Der isolierte Staat in Beziehung auf Landwirtschaft und Nationalökonomie.* (Erstveröffentlichung 1842). Forgotten Books.

Wicksell, K. (1934). *Lectures on political economy, Bd. 1.* (Erstveröffentlichung 1901). Routledge.

Markttheorie

Inhaltsverzeichnis

© Springer-Verlag GmbH Deutschland, ein Teil von Springer Nature 2021
R. Richert, *Mikroökonomik – Schnell erfasst,*
Wirtschaft – Schnell erfasst, https://doi.org/10.1007/978-3-662-63189-8_3

DIE RÜCKSEITE DES KÜHLSCHRANKS

3.1 Einleitung

Lernziele dieses Kapitels

Die Studenten sollen in der Lage sein,
- unterschiedliche Marktformen zu beschreiben,
- die Allgemeine Gleichgewichtstheorie für eine reine Tauschwirtschaft zu erläutern,
- den Kalkül eines Monopolisten sowie die Wohlfahrtsverluste eines Monopols zu analysieren,
- die Bedeutung der monopolistischen Konkurrenz als Marktform polypolistischer und monopolistischer Elemente zu erfassen,
- die oligopolistischen Strategien der simultanen Mengen- und Preisfestsetzung, der Mengen- und Preisführerschaft sowie des Kartells zu verstehen.

Die **Markttheorie** beschäftigt sich mit unterschiedlichen Marktformen, deren jeweilige Marktunvollkommenheiten unterschiedlich stark ausgeprägt sind.

Nach dieser Einleitung wird in Abschnitt zwei ein Überblick über die gängigen Marktformen gegeben, bevor wir einige bedeutende Marktformen genauer untersuchen: In Abschnitt drei betrachten wir den Idealfall einer Marktwirtschaft, das Polypol. Wir stellen die vollständige Konkurrenz im Rahmen der Allgemeinen Gleichgewichtstheorie dar, die uns die Existenz eines allgemeinen Gleichgewichts nahebringt. Anschließend kommen wir zu den Marktformen, die Unvollkommenheiten aufweisen: Im vierten Abschnitt untersuchen wir die Wirkungsweise und die Wohlfahrtsverluste eines Monopols. Abschnitt fünf befasst sich mit der monopolistischen Konkurrenz, der in der Realität die höchste Bedeutung zukommt. Schließlich analysieren wir im sechsten Abschnitt das Oligopol, für das wir fünf unterschiedliche Strategien vorstellen. Den Abschluss der Markttheorie bilden Wiederholungsfragen in Abschnitt sieben sowie Übungsaufgaben in Abschnitt acht.

3.2 Marktformen

3.2.1 Einführung

Marktformen werden in der Regel in Abhängigkeit von der Anzahl der Anbieter beziehungsweise Nachfrager klassifiziert oder danach unterschieden, ob die gehandelten Güter homogen (gleichartig) oder heterogen (fremdartig) sind.

Wir greifen auf die erste Variante zurück und erhalten neun Marktformen, bei denen die Marktteilnehmer den Kategorien „viele" (vgl. griechisch: „poly"), „wenige" (vgl. griechisch: „oligoi") sowie „einer (allein)" (vgl. griechisch: „monos") zugeordnet werden. Die Abgrenzung zwischen „einem" Marktakteur und „wenigen" Marktteilnehmern ist offensichtlich, die zwischen „wenigen" und „vielen" nicht ohne Weiteres. Der Unterschied zwischen „wenigen" und „vielen" ist nicht numerisch auszumachen. So kann zum Beispiel die Anzahl von zehn Anbietern auf einem Markt „viele", auf einem anderen Markt „wenige" bedeuten. Entscheidend ist nicht die Zahl an sich, sondern der Einfluss, den ein einzelner Marktteilnehmer ausüben kann: Hat keiner der Anbieter beziehungsweise Nachfrager einen signifikanten Einfluss auf den Marktpreis, verhalten sie sich folglich als **Preis*nehmer***, gehören sie zur Gruppe der „**vielen**". Kann ein einzelner Anbieter beziehungsweise Nachfrager den Preis nachhaltig beeinflussen, verhält er sich als **Preis*setzer***. Wenn er sich beispielsweise mit den anderen Akteuren seiner Marktseite abspricht oder Marktführer beziehungsweise bedeutendster Nachfrager ist, gehört er zur Gruppe der „**wenigen**".

◼ Abb. 3.1 illustriert die neun Marktformen, die sich aus dieser Systematik ergeben:

Anbieter / Nachfrager	Viele	Wenige	Einer
Viele	Polypol = vollständige Konkurrenz	(Angebots-) Oligopol	(Angebots-) Monopol
Wenige	Nachfrageoligopol = Oligopson	bilaterales Oligopol	(oligopolistisch) beschränktes (Angebots-) Monopol
Einer	Nachfragemonopol = Monopson	(oligopolistisch) beschränktes (Nachfrage-) Monopol	bilaterales Monopol

◘ **Abb. 3.1** Marktformen

> Zu unterscheiden sind neun **Marktformen,** die nach dem Kriterium der Anzahl der Marktteilnehmer (viele, wenige, einer) aufgeschlüsselt werden. Ausschlaggebend für die Abgrenzung zwischen vielen und wenigen ist der Einfluss, den einzelne Anbieter beziehungsweise Nachfrager ausüben können.

3.2.2 Marktformen mit vielen Nachfragern

Wir beginnen mit den drei Marktformen, die durch viele Nachfrager gekennzeichnet sind:

Stehen viele Anbieter vielen Nachfragern gegenüber, liegt ein **Polypol** – auch **vollständige Konkurrenz** genannt – vor. Ein Beispiel eines polypolistischen Marktes ist der Markt für gewöhnliche Handtücher, da jeder Konsument Handtücher benötigt und sie in zahlreichen großen und kleinen Geschäften kaufen kann, ohne dass sich die Geschäftsführer miteinander absprechen (können).

Polypol

Bedienen nur wenige Anbieter viele Nachfrager, handelt es sich um ein Angebotsoligopol. Dem allgemeinen Sprachgebrauch folgend verzichten wir auf das erste Substantiv dieses Kompositums und sprechen kurz von einem **Oligopol.** Wenige Mineralölgesellschaften, die zahlreiche Pächter von Tankstellen beliefern, sind ein Beispiel für diese ebenfalls weit verbreitete Marktform. Eine besondere Form eines (Angebots-) Oligopols stellt das (Angebots-) **Dyopol** – auch (Angebots-) **Duopol** – (vgl. griechisch: „dyo", lateinisch: „duo" – „zwei") dar, bei dem genau zwei Anbieter die Angebotsseite vertreten.

Oligopol

3

Monopol

Sind viele Nachfrager von nur einem Anbieter abhängig, liegt ein Angebotsmonopol vor, das wir kurz
als **Monopol** bezeichnen. Als Beispiel kann das staatli-
che Monopol polizeilicher Gewalt angesehen werden,
das viele Bürger um ihrer eigenen Sicherheit willen
nachfragen.

> Stehen *viele* **Nachfrager** vielen Anbietern gegenüber,
> handelt es sich um ein Polypol (vollständige Konkur-
> renz); stehen sie wenigen Anbietern gegenüber, um ein
> (Angebots-) Oligopol; stehen sie nur einem Anbieter ge-
> genüber, um ein (Angebots-) Monopol.

3.2.3 Marktformen mit wenigen Nachfragern

Nach den Marktformen mit vielen Nachfragern betrachten wir im Folgenden die drei Marktformen mit wenigen
Nachfragern:

Nachfrageoligopol

Stehen wenigen Nachfragern viele Anbieter
gegenüber, sind die Bedingungen eines **Nachfrageoligo-
pols (Oligopsons)** erfüllt. Um Verwechselungen mit einem
(Angebots-) Oligopol zu vermeiden, darf in jenem Fall
das erste Substantiv des Kompositums nicht entfallen,
sodass ein Nachfrageoligopol immer als solches zu bezeichnen ist. Die Kurzform Oligopol bezieht sich immer
auf ein Angebotsoligopol. Ein Nachfrageoligopol liegt
beispielsweise vor, wenn viele Fischer versuchen, ihren
Fisch an wenige Fischgroßhändler in ihrem Einzugs-
bereich zu verkaufen. Eine Sonderform des Nachfra-
geoligopols stellt das **Nachfragedyopol** – auch: **Nachfra-
geduopol** – **(Dyopson)** dar, bei dem nur zwei Nachfrager
am Markt auftreten.

bilaterales Oligopol

Agieren auf beiden Marktseiten wenige Teilnehmer,
liegt ein *bilaterales* **Oligopol** vor. Versuchen zum Beispiel
Walfänger aus den verbliebenen Walfangnationen Island,
Norwegen und Japan, der Welt größtes Säugetier gewinn-
bringend an die wenigen, trotz moralischen Drucks tä-
tigen Händler zu verkaufen, liegt ein bilaterales Oligopol
vor. In einem bilateralen Duopol stehen sich genau zwei
Anbieter und zwei Nachfrager gegenüber.

beschränktes Monopol

Sind wenige Nachfrager auf einen einzigen Anbieter angewiesen, liegt ein **(oligopolistisch) beschränktes
(Angebots-) Monopol** vor. Verwenden wir die Kurzform

dieser Marktform, entfallen die Klammerausdrücke, und wir sprechen von einem beschränkten Monopol. Dieses ist ein Angebotsmonopol, weil nur ein Anbieter auftritt. Um kenntlich zu machen, dass nicht nur die Angebots-, sondern auch die Nachfrageseite beschränkt ist, nennen wir es ein beschränktes Angebotsmonopol, das oligopolistisch beschränkt ist, weil nur wenige Nachfrager die Nachfrageseite repräsentieren. Gibt es beispielsweise für ein spezielles medizinisches Gerät nur einen einzigen Hersteller und wenige Spezialkliniken als Nachfrager, liegt diese Marktform vor.

> Stehen *wenige* **Nachfrager** vielen Anbietern gegenüber, handelt es sich um ein Nachfrageoligopol (Oligopson); stehen sie wenigen Anbietern gegenüber, um ein bilaterales Oligopol; stehen sie nur einem Anbieter gegenüber, um ein (oligopolistisch) beschränktes (Angebots-) Monopol.

3.2.4 Marktformen mit einem Nachfrager

Schließlich verbleiben drei seltene Marktformen, in denen jeweils nur ein Nachfrager auf dem Markt aktiv ist.

Einen Fall stellt der eines **Nachfragemonopols** oder **Monopsons** dar. Ein Nachfragemonopol muss als solches bezeichnet werden, da der Ausdruck Monopol allein für ein Angebotsmonopol verwendet wird. Schreibt zum Beispiel das Verteidigungsministerium einen Auftrag für Briefpapier mit dem Bundeswehr-Logo aus, können sich viele Schreibwarenhersteller um diesen Auftrag bewerben, das hergestellte Briefpapier aber nur an die Bundeswehr, den einzigen autorisierten Nachfrager, verkaufen.

Nachfragemonopol

Ein *(oligopolistisch) beschränktes* **Nachfragemonopol** liegt vor, wenn wenige Anbieter einem Nachfrager gegenüberstehen. Verwenden wir die Kurzform dieser Marktform, entfallen die Klammerausdrücke, und wir sprechen von einem beschränkten Nachfragemonopol. Ein Nachfragemonopol liegt vor, weil es nur einen Nachfrager gibt. Um kenntlich zu machen, dass auch die Angebotsseite beschränkt ist, nennen wir es ein beschränktes Nachfragemonopol, das oligopolistisch

beschränktes
Nachfragemonopol

beschränkt ist, weil nur wenige Anbieter die Angebotsseite repräsentieren. Der Bau eines Tunnels zur besseren Streckenführung einer Landstraße wird beispielsweise von der zuständigen Landesregierung nachgefragt und von wenigen qualifizierten Baukonsortien angeboten.

bilaterales Monopol   Besteht der Markt nur aus zwei Marktakteuren, einem Anbieter sowie einem Nachfrager, liegt ein *bilaterales* **Monopol** vor. Beispielsweise ist für die Regelung von Angebot und Nachfrage ehelicher Pflichten in monogamen Kulturen das bilaterale Monopol die erwünschte Marktform.

> Steht nur *ein* **Nachfrager** vielen Anbietern gegenüber, handelt es sich um ein Nachfragemonopol (Monopson); steht er wenigen Anbietern gegenüber, um ein (oligopolistisch) beschränktes Nachfragemonopol; steht er nur einem Anbieter gegenüber, um ein bilaterales Monopol.

Im folgenden Abschnitt erläutern wir zunächst das Polypol anhand der Allgemeinen Gleichgewichtstheorie. Dem schließt sich eine Untersuchung über das Monopol an, bevor wir auf eine Marktform eingehen, die eine Zwitterstellung einnimmt: die monopolistische Konkurrenz. Diese ist zwar nicht in unserem Marktformenschema in ❏ Abb. 3.1 repräsentiert, stellt aber eine der wichtigsten Marktformen dar. Schließlich analysieren wir unterschiedliche Formen eines Oligopols.

3.2.5 **Zusammenfassung**

1. Die **Markttheorie** beschäftigt sich mit unterschiedlichen Marktformen, deren jeweilige Marktunvollkommenheiten unterschiedlich stark ausgeprägt sind.

2. Zu unterscheiden sind neun **Marktformen,** die nach dem Kriterium der Anzahl der Marktteilnehmer (viele, wenige, einer) aufgeschlüsselt werden. Ausschlaggebend für die Abgrenzung zwischen vielen und wenigen ist der Einfluss, den einzelne Anbieter beziehungsweise Nachfrager ausüben können.

3. Stehen *viele* **Nachfrager** vielen Anbietern gegenüber, handelt es sich um ein Polypol (vollständige Konkurrenz);

stehen sie wenigen Anbietern gegenüber, um ein (An-
gebots-) Oligopol; stehen sie nur einem Anbieter gegenüber, um ein (Angebots-) Monopol.

4. Stehen *wenige* **Nachfrager** vielen Anbietern gegenüber,
   handelt es sich um ein Nachfrageoligopol (Oligop-
   son); stehen sie wenigen Anbietern gegenüber, um ein
   bilaterales Oligopol; stehen sie nur einem Anbieter gegenüber, um ein (oligopolistisch) beschränktes (Ange-
   bots-) Monopol.

5. Steht nur *ein* **Nachfrager** vielen Anbietern gegenüber,
   handelt es sich um ein Nachfragemonopol (Monop-
   son); steht er wenigen Anbietern gegenüber, um ein
   (oligopolistisch) beschränktes Nachfragemonopol;
   steht er nur einem Anbieter gegenüber, um ein bilaterales Monopol.

3.3 Polypol

3.3.1 Einführung

Im **Polypol** stehen viele Anbieter vielen Nachfragern gegenüber.

Die bekannteste Theorie des Polypols ist die Allgemeine
Gleichgewichtstheorie.

Die **Allgemeine Gleichgewichtstheorie** zeigt die Existenz
eines allgemeinen Gleichgewichts auf. Durch freiwilligen
Tausch kann die Wohlfahrt aller Wirtschaftssubjekte gesteigert werden.

Die Allgemeine Gleichgewichtstheorie besticht durch ihre
formale Eleganz, weist aber einen hohen Abstraktions-
grad auf, und ihre Annahmen hinterlassen einen wirk-
lichkeitsfernen Eindruck. Selbst eingefleischte Apolo-
geten der Allgemeinen Gleichgewichtstheorie behaup-
ten nicht, dass die Umsetzung dieses Modells in der
Realität zu finden ist. Daher ist die Versuchung groß,

diese abstrakte Theorie des Marktes mangels Realitätsnähe zu verwerfen. Das Ziel der Allgemeinen Gleichgewichtstheorie besteht jedoch mitnichten darin, Realität zu *beschreiben.* Stattdessen soll diese Theorie ein *Erklärungs*muster der Wettbewerbswirtschaft bieten. Die Herausarbeitung des idealen vollkommenen Marktes als Referenzordnung realisierter Marktformen ist eine Leistung an sich. Dadurch kann der Fokus auf die Differenzen zwischen dem Soll- und dem Ist-Zustand gelegt werden.

Allgemeine Gleichgewichtstheorie

Mehrere Ökonomen haben einen bedeutenden Anteil an der Entwicklung der Allgemeinen Gleichgewichtstheorie: Als Erster auf umfassende Weise beschrieb Adam Smith 1759 in seiner „Theorie der ethischen Gefühle" (vgl. Smith, 2010 [1759]) und noch mehr 1776 in seiner „Untersuchung über die Natur und die Ursachen des Wohlstands der Nationen" (vgl. Smith, 2018a, b [1776]) die Funktionsweise einer Marktwirtschaft. Léon Walras (1834–1910) lieferte eine exakte mathematische Formulierung, in der er sich mit der Existenz, Eindeutigkeit und Stabilität des Allgemeinen Gleichgewichts befasste (vgl. Walras, 1874). Weil Walras die größten Anteile an der Allgemeinen Gleichgewichtstheorie zugeschrieben werden, wird diese Theorie auch „walrasianische Theorie" genannt. Der Siebenbürger Mathematiker Abraham Wald (1902–1950) bewies die Existenz des walrasianischen Systems mit Gleichgewichtspreisen (vgl. Wald, 1935, S. 12–18; derselbe 1936a, S. 1–6; derselbe 1936b, S. 637–670). Für weitere bedeutende Arbeiten zur Allgemeinen Gleichgewichtstheorie zeichneten sich insbesondere Paul Anthony Samuelson (1915–2009), Nobelpreisträger von 1970 (vgl. Samuelson, 1941, S. 97–120), Kenneth Joseph Arrow (1921–2017), Nobelpreisträger von 1972, sowie Gérard Debreu (1921–2004), Nobelpreisträger von 1983 (vgl. Arrow und Debreu, 1954, S. 265–290; Arrow, 1974, S. 253–272) verantwortlich.

> Der **Markt** ist der Ort, auf dem Angebot und Nachfrage zusammentreffen. *Marktgleichgewicht* liegt vor, wenn die Pläne der Marktteilnehmer übereinstimmen, wenn also das geplante Güterangebot der Unternehmer der geplanten Güternachfrage der privaten Haushalte entspricht. Ist das geplante Angebot größer als die geplante

> Nachfrage, liegt ein *Angebotsüberschuss* vor; ist die ge-
> plante Nachfrage größer als das geplante Angebot, liegt
> ein *Nachfrageüberschuss* vor.

Grafisch wird das Marktgleichgewicht in ◧ Abb. 3.2   Marktgleichgewicht
durch den Schnittpunkt A der Angebotskurve X^s und der
Nachfragekurve X^d repräsentiert. Im Gleichgewicht wollen die Konsumenten zum Gleichgewichtspreis P_A genau
die Gleichgewichtsmenge X_A nachfragen, welche die Produzenten anzubieten wünschen. Ist bei einem gegebenen
Preis die geplante Angebotsmenge größer als die geplante
Nachfragemenge, liegt ein Angebotsüberschuss vor; ist
die geplante nachgefragte Menge größer als die geplante
angebotene Menge, liegt ein Nachfrageüberschuss vor.

In der Theorie unterstellen wir einen vollkommenen   vollkommener Markt
Markt, wohl wissend, dass dieser nicht existiert. Der
Wert der Annahme eines vollkommenen Marktes liegt
darin, dass wir mit ihm einen Referenzmarkt erhalten,
auf dem wir analysieren können, was geschähe, wenn
der Markt vollkommen wäre. Identifizieren wir in einem
zweiten Schritt die Defizite des betrachteten unvollkommenen Marktes, lassen sich Schlussfolgerungen für die
Realität ableiten.

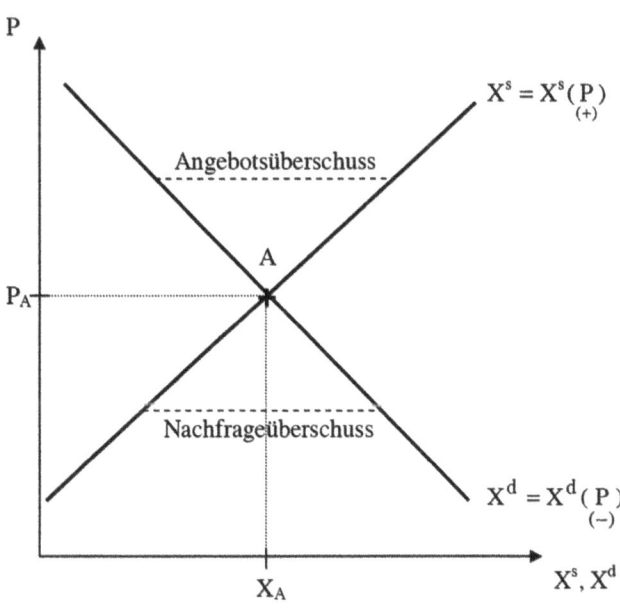

◧ **Abb. 3.2**   Marktgleichgewicht

homogene Güter

Eine bedeutende Eigenschaft eines vollkommenen Marktes ist die symmetrische Informationsverteilung zwischen den Marktteilnehmern. Wir nehmen beispielsweise an, dass die Unternehmer über die Preisbildung eines Gutes nicht besser informiert sind als die Konsumenten. Es gibt **keine Präferenzen** *räumlicher, zeitlicher, persönlicher* und *sachlicher* **Art:** Wir vernachlässigen, dass Güter an unterschiedlichen Orten (Stadt/Land), zu unterschiedlichen Zeiten („Business Lunch"/Menü nach der Abendkarte), von unterschiedlichen Personen (sympathisch/unsympathisch), mit unterschiedlichen Qualitäten (Herstellermarke/Handelsmarke) unterschiedliche Preise haben können. Stattdessen gehen wir davon aus, dass **Güter homogen** („gleichartig") sind.

law of indifference

Aus der Existenz eines vollkommenen Marktes folgt das Gesetz der Unterschiedslosigkeit der Preise („Law of Indifference"), das auf den englischen Neoklassiker William Stanley Jevons (1835–1882) zurückgeht (Jevons, 1871, S. 91–92):

> „When a commodity is perfectly uniform or homogeneous in quality, any portion may be indifferently used in place of an equal portion: hence, in the same market, and at the same moment, all portions must be exchanged at the same ratio. There can be no reason why a person should treat exactly similar things differently...
> If, in selling a quantity of perfectly equal and uniform barrels of flour, a merchant arbitrarily fixed different prices on them, a purchaser would of course select the cheaper ones; and where there was absolutely no difference in the thing purchased, even an excess of a penny in the price of a thing worth a thousand pounds would be a valid ground of choice. Hence follows what is undoubtedly true, with proper explanations, that *in the same open market, at any one moment, there cannot be two prices for the same kind of article.*"

Gemäß dem **Gesetz der Unterschiedslosigkeit der Preise** (Jevons) gilt: Der Preis für ein homogenes Gut ist immer gleich. Zeitliche, räumliche, sachliche und persönliche Präferenzen werden vernachlässigt.

Somit wird der Preis eines Gutes nicht davon beeinflusst, wo, wann, von wem und unter welcher Marke dieses Gut angeboten wird.

Die Aussagen, die wir oben über Güter getroffen haben, gelten auch für Produktionsfaktoren: Sie sind annahmegemäß homogen, wir sehen also beispielsweise davon ab, dass die Leistung(sfähigkeit) eines Produktionsfaktors in der Realität schwankt.

Ein vollkommener Markt zeichnet sich durch vollständige Konkurrenz aus: Eine atomistische Konkurrenz mit einer Vielzahl von Anbietern und Nachfragern stellt sicher, dass weder einzelne Produzenten noch einzelne Konsumenten über eine starke Marktmacht verfügen und Einfluss auf den Marktpreis ausüben. Der Marktpreis für ein Gut ist für alle Marktteilnehmer ein Datum. So lohnt sich beispielsweise eine einseitige Preiserhöhung eines Unternehmers nicht, da in diesem Fall alle Konsumenten zur Konkurrenz abwandern und der Unternehmer auf seinen Produkten sitzen bleibt. Eine einseitige Preissenkung eines Unternehmers zahlt sich ebenfalls nicht aus, da ein einzelner Unternehmer die zusätzliche Nachfrage nicht befriedigen kann. Ist ein Konsument nicht bereit, den von einer Unternehmung geforderten Preis zu entrichten, hat er keine Möglichkeit, auf andere Unternehmer auszuweichen, weil bei vollständiger Konkurrenz alle Unternehmer für ein homogenes Gut denselben Preis verlangen. Ist der Konsument bereit, mehr zu zahlen, schädigt er sich selbst, weil er das gleiche Produkt auch zu einem geringeren Preis erwerben kann.

vollständige Konkurrenz

> Bei **vollständiger Konkurrenz** verhalten sich Produzenten und Konsumenten als *Preisnehmer* und *Mengenanpasser.*

Wir nehmen grundsätzlich an, dass Güter ubiquitär („überall" verfügbar) sind. Wenn nicht anders hervorgehoben, vernachlässigen wir zudem die Schwierigkeiten, die mit der Akquisition qualifizierter Arbeitskräfte verbunden sind, und nehmen stattdessen an, dass auch alle Produktionsfaktoren ubiquitär sind.

ubiquitäre Güter

Wir vereinfachen unser Modell, indem wir eine Tauschwirtschaft ohne Produktion analysieren. Voraussetzung für Tauschmöglichkeiten sind Anfangsausstattungen mit Gütern, weil den Marktteilnehmern ansonsten unter Ausblendung der Produktion keine Mittel für Transaktionen zur Verfügung stehen. Diese Anfangsausstattungen können die privaten Haushalte durch Tausch verändern, sodass sie schließlich zu ihren gewünschten

Tauschwirtschaft ohne Produktion

Endausstattungen gelangen. Sind alle Tauschpläne miteinander vereinbar, liegt ein allgemeines Gleichgewicht vor.

> Das **allgemeine Gleichgewicht** lässt sich für eine Zwei-Personen-Ökonomie in acht Schritten herleiten. Zu ermitteln sind: 1. die jeweiligen Anfangsausstattungen, 2. die jeweils präferierten Ausstattungen, 3. alle Pareto-effizienten Verteilungen, 4. alle Pareto-optimalen Verteilungen bei konstantem Preisverhältnis, 5. alle Pareto-optimalen Verteilungen bei variablem Preisverhältnis, 6. alle Pareto-optimalen Verteilungen bei variabler Anfangsausstattung, 7. alle Pareto-optimalen individuellen Nutzenniveaus, 8. das Pareto-optimale soziale Nutzenniveau.

3.3.2 **Anfangsausstattungen**

Wir betrachten eine Volkswirtschaft mit zwei Gütern $i = 1, 2$ sowie zwei privaten Haushalten $j = 1, 2$. X_i^j ist die mengenmäßige Ausstattung des Haushalts j mit Gut i, $\overline{X}_i^j$ die mengenmäßige *Anfangs*ausstattung des Haushalts j mit Gut i.

Bei vollständigem Wettbewerb verhalten sich die Haushalte als Mengenanpasser, Güterpreise sind für sie Daten, auf die sie keinen Einfluss ausüben. In den ◘ Abb. 3.3 und 3.4 tragen wir die Anfangsausstattungen beider privaten Haushalte ab. Haushalt eins verfügt mit seiner Anfangsausstattung in A über eine große Menge des ersten und eine geringe Menge des zweiten Gutes. Haushalt zwei hat mit seiner Anfangsausstattung in B eine geringe Menge des ersten und eine große Menge des zweiten Gutes:

Edgeworth Box   Diese beiden Grafiken führen wir in ◘ Abb. 3.5 zu einem einzigen Diagramm zusammen. Eingedenk der Tatsache, dass mit den Erstausstattungen beider Haushalte mit beiden Gütern bereits die gesamte Anfangsausstattung der Ökonomie beschrieben ist, verwenden wir ein Schachteldiagramm, die **Edgeworth Box,** deren Name auf den irischen Ökonomen, Statistiker, Philologen und Oxford-Professor **Francis Ysidro Edgeworth** (1845–1926) zurückgeht, obgleich sie erstmals vom italienischen Ingenieur und Ökonomen Vilfredo Pareto (1848–1923) konstruiert worden ist. Dieser erläutert sie 1919 in seinem 600-Seiten-Werk, dem „Handbuch zur Wirtschaftspolitik

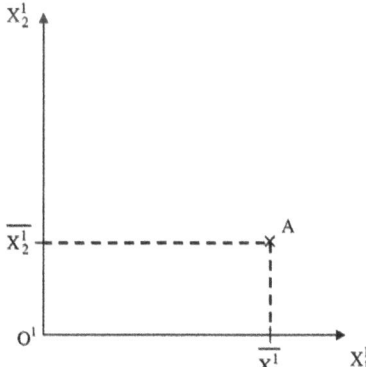

○ Abb. 3.3 Anfangsausstattung des Haushalts 1

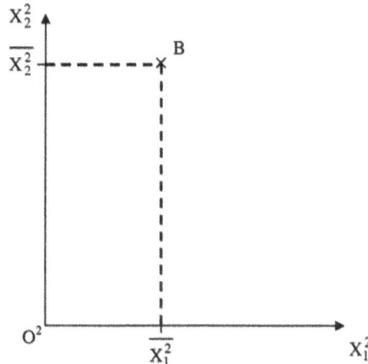

○ Abb. 3.4 Anfangsausstattung des Haushalts 2

mit einer Einführung in die Sozialwissenschaften" (vgl. Pareto, 1919, S. 187, 189, 192, 193, 333 und 338).

Alle den Haushalt eins betreffenden Größen werden ausgehend vom Ursprung O^1 gemessen, alle den Haushalt zwei betreffenden Größen vom Ursprung O^2 aus. Die Mengen von Gut eins X_1 werden horizontal gemessen, die Mengen des ersten Haushalts X_1^1 auf der unteren Abszisse von links nach rechts, die des zweiten Haushalts X_1^2 auf der oberen Abszisse von rechts nach links. Mengen von Gut zwei X_2 werden vertikal gemessen, Mengen des ersten Haushalts X_2^1 auf der linken Ordinate von unten nach oben, Mengen des zweiten Haushalts X_2^2 auf der rechten Ordinate von oben nach unten.

Die Anfangsausstattung des Haushalts eins $\left(\overline{X}_1^1 / \overline{X}_2^1\right)$ hat in ○ Abb. 3.5 dieselben Koordinaten wie in

3

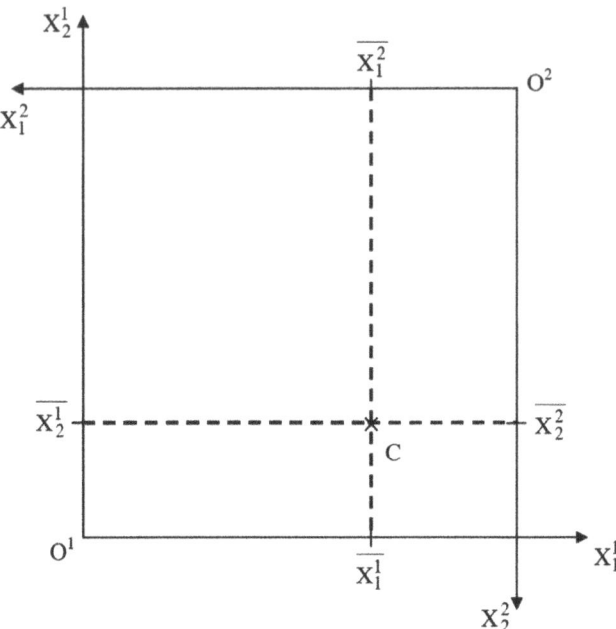

■ Abb. 3.3. Die Anfangsausstattung des Haushalts zwei $\left(\overline{X}_1^2 / \overline{X}_2^2\right)$ stellen wir in ■ Abb. 3.5 in abgewandelter Form dar: Wir drehen ■ Abb. 3.4 um 180°, sodass der Ursprung dieses Koordinatenkreuzes nicht im Südwesten, sondern im Nordosten der Grafik liegt. Wir lesen alle Werte sozusagen auf dem Kopf. Alle Achsen des Koordinatensystems messen positive Werte, die Achsen für Haushalt eins werden vom Südwesten aus betrachtet, die Achsen für Haushalt zwei vom Nordosten aus. Wir drehen ■ Abb. 3.4 in der Weise um 180°, dass beide Punkte A und B in den ■ Abb. 3.3 beziehungsweise 3.4 im Punkt C in ■ Abb. 3.5 genau aufeinanderliegen. Steht die Anfangsausstattung des ersten Haushalts mit Gut eins fest, gehört dem anderen Marktteilnehmer in einer Zwei-Personen-Ökonomie der Rest von Gut eins. Analog argumentieren wir für Gut zwei. Punkt C bildet die gesellschaftliche Verteilung der Güter eins und zwei auf die Haushalte eins und zwei ab. Die Größe der Edgeworth Box zeigt die gesamte Gütermenge der Volkswirtschaft, sie bildet somit die (Tausch-) Kapazitäten der Volkswirtschaft ab. Die Höhe der Edgeworth Box wird durch die Verfügbarkeit der Volkswirtschaft mit Gut zwei, die Breite durch die Verfügbarkeit mit Gut eins festgelegt.

3.3.3 Präferierte Ausstattungen

In unserer Untersuchung nehmen wir zunächst willkürlich an, die gewünschte Endausstattung liege in ☐ Abb. 3.6 im Punkt D.

Wir könnten auch einen beliebigen anderen Punkt wählen, der nicht außerhalb der Edgeworth Box liegt, da wir diesen Punkt nur als Ausgangspunkt für unser „Versuch-und-Irrtum"-Verfahren benötigen. Wir vergleichen die in C gegebenen Anfangsausstattungen mit den in D hypothetisch gewünschten Ausstattungen:

Haushalt eins wünscht mehr von Gut zwei, als ihm durch seine Anfangsausstattung gegeben ist:

Präferierte
Ausstattungen

$$X_2^1 > \overline{X}_2^1 \tag{3.1}$$

Für ihn liegt ein Nachfrageüberschuss E (vgl. englisch: „excess demand") von Gut zwei vor. Das (+) weist auf einen positiven Nachfrageüberschuss hin:

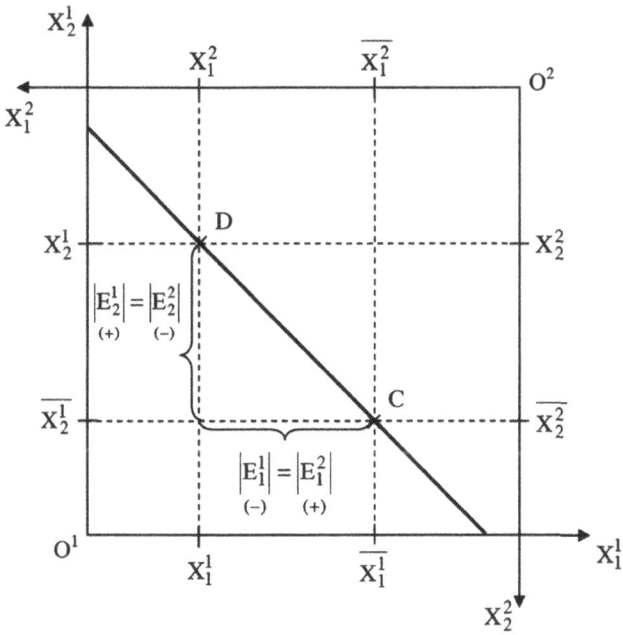

☐ **Abb. 3.6** Präferierte Ausstattungen beider Haushalte

3

$$\Rightarrow \underset{(+)}{E_2^1} > 0 \tag{3.2}$$

Haushalt eins wünscht weniger von Gut eins, als er bisher durch seine Erstausstattung erhalten hat:

$$X_1^1 < \overline{X}_1^1 \tag{3.3}$$

Deshalb weist er einen Angebotsüberschuss von Gut eins auf, der gleichbedeutend mit einem negativen – deshalb das (−) – Nachfrageüberschuss ist. Wir interpretieren Angebotsüberschüsse als negative Nachfrageüberschüsse, um in unserer Analyse auf eine weitere Variable verzichten zu können:

$$\Rightarrow \underset{(-)}{E_1^1} < 0 \tag{3.4}$$

Haushalt zwei wünscht weniger von Gut zwei, als er bisher durch seine Erstausstattung erhalten hat:

$$X_2^2 < \overline{X}_2^2 \tag{3.5}$$

Für ihn liegt ein Angebotsüberschuss von Gut zwei vor, der einem negativen Nachfrageüberschuss entspricht:

$$\Rightarrow \underset{(-)}{E_2^2} < 0 \tag{3.6}$$

Haushalt zwei wünscht mehr von Gut eins, als ihm durch seine Anfangsausstattung gegeben ist:

$$X_1^2 > \overline{X}_1^2 \tag{3.7}$$

Deshalb weist er einen (positiven) Nachfrageüberschuss von Gut eins auf:

$$\Rightarrow \underset{(+)}{E_1^2} > 0 \tag{3.8}$$

Um von C, dem Punkt der Anfangsausstattung, zu D, dem Punkt der – zunächst einmal – gewünschten Endausstattung zu gelangen, bildet sich ein Markt, der die entsprechenden Nachfrage- und Angebotsüberschüsse zusammenführt und ausgleicht. Da wir im Fall von Nachfrageüberschüssen mit positiven und im Fall von Angebotsüberschüssen mit negativen Mengen rechnen, für unser Verständnis aber nur die gehandelten Mengen, nicht die Vorzeichen im Vordergrund stehen, weichen wir auf die absoluten Beträge dieser Mengen aus. Somit gelten:

Für Gut zwei entspricht der Nachfrageüberschuss des ersten Haushalts genau dem Angebotsüberschuss des zweiten Haushalts:

$$\underset{(+)}{\left|E_2^1\right|} = \underset{(-)}{\left|E_2^2\right|} \tag{3.9}$$

Für Gut eins gleicht der Angebotsüberschuss des ersten Haushalts dem Nachfrageüberschuss des zweiten Haushalts:

$$\underset{(-)}{\left|E_1^1\right|} = \underset{(+)}{\left|E_1^2\right|} \tag{3.10}$$

Das Verhältnis zwischen dem (positiven beziehungsweise negativen) Nachfrageüberschuss eines Haushalts nach Gut zwei und seinem (negativen beziehungsweise positiven) Nachfrageüberschuss nach Gut eins ist das Tauschverhältnis des Haushalts. Im Gleichgewicht muss dieses für beide Haushalte gleich sein und dem umgekehrten Preisverhältnis entsprechen, das, wie wir bereits aus der Haushaltstheorie wissen, die Steigung der Budgetgeraden widerspiegelt:

Tauschverhältnis = umgekehrtes Preisverhältnis

$$\frac{\underset{(+)}{\left|E_2^1\right|}}{\underset{(-)}{\left|E_1^1\right|}} = \frac{\underset{(-)}{\left|E_2^2\right|}}{\underset{(+)}{\left|E_1^2\right|}} = \frac{P_1}{P_2} \tag{3.11}$$

Die Strecke $\overline{CD}$ ist die Preisgerade. Sie ist gleichzeitig die Budgetgerade für Haushalt eins, wenn wir sie vom Ursprung O^1 aus betrachten, und die Budgetgrade für Haushalt zwei, wenn wir sie vom Ursprung O^2 aus betrachten. Im Gleichgewicht gilt, dass für jeden Haushalt die Summe aller bewerteten (positiven wie negativen) Nachfrageüberschüsse null ergibt:

$$\sum_{i=1}^{2} P_i \cdot E_i^j = 0, \text{ für alle } j = 1, 2 \tag{3.12}$$

3.3.4 Pareto-effiziente Verteilungen

Um zu prüfen, ob der willkürlich gewählte Punkt D tatsächlich die gewünschte Ausstattung beider Haushalte darstellt, greifen wir auf die Indifferenzkurvenanalyse zurück.

3

In ◘ Abb. 3.7 nehmen die Indifferenzkurven des Haushalts eins u_1^1 sowie u_2^1 einen gewohnten Verlauf ein, sie verlaufen konvex zum Ursprung O^1. Die Indifferenzkurven des Haushalts zwei u_1^2 sowie u_2^2 sind ebenfalls konvex zum Ursprung, in diesem Falle ist der relevante Ursprung aber O^2. Der ungewohnte Verlauf der Indifferenzkurven des zweiten Haushalts ist einzig darin begründet, dass wir in der Edgeworth Box sämtliche Werte des Haushalts zwei von rechts oben nach links unten lesen.

Wir wählen jeweils eine Indifferenzkurve, die durch den Punkt der Anfangsausstattung C geht, um das durch die Erstausstattung gegebene Nutzenniveau beider Haushalte abzubilden. Freiwilliger Tausch ergibt nur Sinn, wenn sich durch den Tausch die Situation keines der Beteiligten verschlechtert, wenn also das Pareto-Kriterium erfüllt ist.

Pareto-Effizienz

> **Pareto-*effizient*** ist eine Maßnahme, die ein Individuum besserstellt, ohne ein anderes schlechterzustellen.

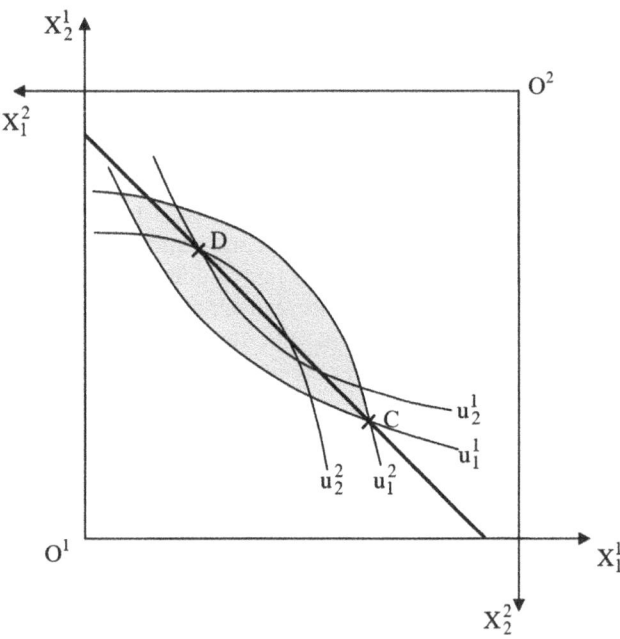

◘ **Abb. 3.7** Pareto-effiziente Verteilungen

Ein Problem des Pareto-Kriteriums liegt darin, dass seine Anwendung in der Vergangenheit geltende Verteilungsschlüssel zementiert. Beispielsweise wird die Bevorzugung eines Individuums in der Vergangenheit durch die Anwendung des Pareto-Kriteriums beibehalten, weil keine Änderungen möglich sind, die den bisher Bevorzugten schlechterstellen. Ein weiteres Problem besteht darin, dass die Frage, ob jemand besser- oder schlechtergestellt ist, nur absolut, nicht relativ entschieden wird: Verdoppelt sich das Realeinkommen eines Haushalts, ist er absolut bessergestellt als vorher. Relativ ist er jedoch schlechter gestellt, wenn sich die Realeinkommen der anderen Haushalte verdreifachen.

Eine Indifferenzkurve des Haushalts eins, die weiter rechts oben liegt, repräsentiert für den ersten Haushalt ein höheres Nutzenniveau, das ausgehend von O^1 gemessen wird. Eine zum Haushalt zwei gehörende Indifferenzkurve, die weiter links unten liegt, repräsentiert für den zweiten Haushalt ein höheres Nutzenniveau, das wir von O^2 aus messen. Die Fläche innerhalb der beiden Indifferenzkurven u_1^1 und u_1^2 eröffnet unausgenutzte Tauschpotentiale: Der Nutzen *beider* Haushalte kann durch Tausch gesteigert werden, weil für beide Akteure eine Indifferenzkurve mit einem jeweils höheren Nutzenniveau erreichbar ist. Punkte am Rand dieser Fläche, die auf einer der beiden Indifferenzkurven liegen, sind ebenfalls Pareto-effizient, da sie zumindest den Nutzen eines Haushalts steigern, ohne den des anderen zu schmälern. ◘ Abb. 3.7 macht deutlich, dass beide Haushalte gegenüber ihrer jeweiligen Anfangsausstattung in C ihren Nutzen steigern können, wenn die Ausstattung in D gewählt wird. Denn beide Indifferenzkurven, die durch den Punkt D gehen, weisen ein höheres Nutzenniveau auf als die beiden Indifferenzkurven, welche durch den Punkt C gehen: Für Haushalt eins repräsentiert u_2^1 ein höheres Nutzenniveau als u_1^1, für Haushalt zwei u_2^2 ein höheres Nutzenniveau als u_1^2.

3.3.5 Pareto-optimale Verteilungen bei konstantem Preisverhältnis

Pareto-*optimal* ist eine Situation, in der es nicht mehr möglich ist, ein Individuum besserzustellen, ohne ein anderes schlechterzustellen.

Pareto-Optimalität

3

■ Abb. 3.8 zeigt, dass die willkürlich als gewünscht angenommene Ausstattung in D nicht Pareto-optimal ist, da andere Pareto-effiziente Endausstattungen die Nutzenniveaus beider Haushalte steigern können.

Wir wählen die jeweils präferierten Güterausstattungen, welche die Haushalte beim gegebenen, durch die Steigung der Preisgeraden $\overline{CD}$ ausgedrückten Preisverhältnis anstreben. Wir müssen jeweils die Indifferenzkurve finden, welche die Preisgerade tangiert, weil nur dann die Bedingung erfüllt ist, dass die Grenzrate der Substitution beider Güter – repräsentiert durch die Steigung der jeweiligen Indifferenzkurve – dem umgekehrten Preisverhältnis – repräsentiert durch die Steigung der Budgetgeraden – entspricht. Für Haushalt eins ist beim gegebenen Preisverhältnis die Gütermengenkombination im Punkt F die Pareto-optimale, da in diesem Punkt die Preisgerade $\overline{CD}$ einen Tangentialpunkt mit der höchstmöglichen Indifferenzkurve des Haushalts eins u_3^1 aufweist. Haushalt zwei favorisiert das Güterbündel im Punkt G, weil dies der Tangentialpunkt der Preisgeraden $\overline{CD}$ mit der höchstmöglichen Indifferenzkurve des Haushalts zwei u_3^2 ist. Beide Punkte sind nicht

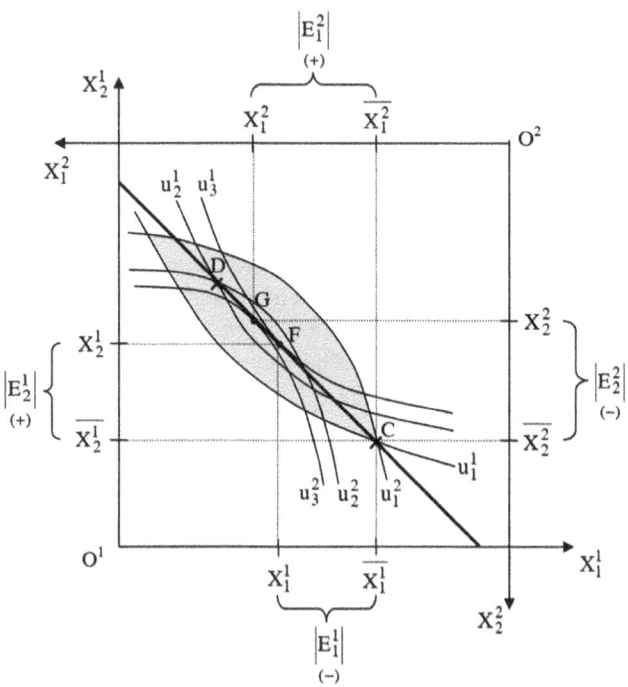

■ **Abb. 3.8** Pareto-optimale Verteilungen bei konstantem Preisverhältnis

miteinander kompatibel, da die Nachfrageüberschüsse nicht die gleiche Höhe aufweisen wie die Angebotsüberschüsse.

Für Gut eins besteht ein Nachfrageüberschuss, weil der Nachfrageüberschuss des zweiten Haushalts größer ist als der Angebotsüberschuss des ersten:

$$\left|X_1^2 - \overline{X}_1^2\right| > \left|X_1^1 - \overline{X}_1^1\right| \tag{3.13}$$

$$\Rightarrow \underset{(+)}{\left|E_1^2\right|} > \underset{(-)}{\left|E_1^1\right|} \tag{3.14}$$

Für Gut zwei besteht ein Angebotsüberschuss, weil der Angebotsüberschuss des zweiten Haushalts größer ist als der Nachfrageüberschuss des ersten:

$$\left|X_2^2 - \overline{X}_2^2\right| > \left|X_2^1 - \overline{X}_2^1\right| \tag{3.15}$$

$$\Rightarrow \underset{(-)}{\left|E_2^2\right|} > \underset{(+)}{\left|E_2^1\right|} \tag{3.16}$$

3.3.6 Pareto-optimale Verteilungen bei variablem Preisverhältnis

Im freien Spiel der Marktkräfte führen Marktungleichgewichte zu Änderungen der relativen Preise. Im Normalfall sind Nachfrageüberschüsse mit Preiserhöhungen und Angebotsüberschüsse mit Preissenkungen verbunden, sodass wir für Gut eins mit steigenden und für Gut zwei mit sinkenden Preisen zu rechnen haben. Dadurch verändert sich das Preisverhältnis und mit ihm die Steigung der Preisgeraden:

$$d\left(\frac{P_1}{P_2}\right) > 0 \tag{3.17}$$

In ◼ Abb. 3.9 dreht sich die Preisgerade um den Punkt C nach rechts oben, um deutlich zu machen, dass für den Tausch einer Einheit des günstiger gewordenen Gutes zwei gegen Einheiten des teurer gewordenen Gutes eins nun weniger Einheiten von Gut eins als Kompensation „gezahlt" werden.

3

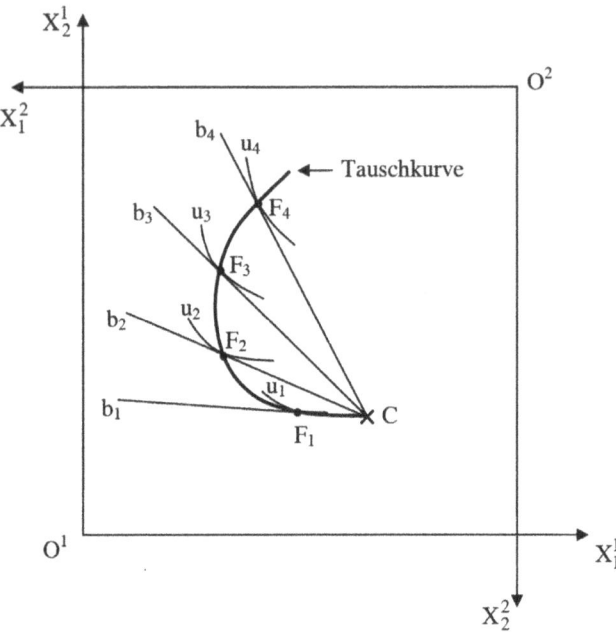

◘ **Abb. 3.9**   Tauschkurve für Haushalt 1

Tauschkurve

Ermitteln wir eine Schar von Budgetgeraden b, die alle für die gegebene Erstausstattung in C gelten, und verbinden wir die Tangentialpunkte zwischen den jeweiligen Preisgeraden und den entsprechenden Indifferenzkurven, erhalten wir die Tauschkurve („offer curve").

> Die **Tauschkurve** ist der geometrische Ort aller Kombinationen von *Gütermengen eines* privaten Haushalts, die bei *gegebener* Anfangsausstattung und Variation der relativen Preise Pareto-optimal sind.

Somit beschreibt die Tauschkurve implizit auch alle Angebots- und Nachfragemengen des Haushalts in Abhängigkeit vom Preisverhältnis.

In jedem dieser Nutzenmaxima des ersten Haushalts gilt, dass die (negative) Grenzrate der Substitution dem umgekehrten Verhältnis seiner Grenznutzen sowie dem umgekehrten Preisverhältnis entspricht:

$$-\frac{dX_2^1}{dX_1^1} = \frac{\frac{\partial U^1}{\partial X_1^1}}{\frac{\partial U^1}{\partial X_2^1}} = \frac{P_1}{P_2} \tag{3.18}$$

Analog lässt sich die Tauschkurve des zweiten Haushalts in ◘ Abb. 3.10 ermitteln:

Auch für den zweiten Haushalt gilt, dass die (negative) Grenzrate der Substitution dem umgekehrten Verhältnis seiner Grenznutzen und dem umgekehrten Preisverhältnis entspricht:

$$-\frac{dX_2^2}{dX_1^2} = \frac{\frac{\partial U^2}{\partial X_1^2}}{\frac{\partial U^2}{\partial X_2^2}} = \frac{P_1}{P_2} \qquad (3.19)$$

◘ Abb. 3.11 zeigt die Tauschkurven t^1 sowie t^2 der Haushalte eins beziehungsweise zwei in einem Diagramm:

Im Schnittpunkt H beider Tauschkurven sind die Wünsche beider Haushalte miteinander kompatibel. Dort und nur dort berühren sich die Preisgerade und die beiden Indifferenzkurven. Dies bedeutet, dass das Preisverhältnis, das durch die Steigung der Preisgeraden $\overline{CH}$ gegeben ist, genau das Preisverhältnis ist, bei dem die Nachfrage- und Angebotswünsche beider Haushalte vereinbar sind. Gegenüber der Situation in D in den ◘ Abb. 3.6 bis 3.8 stellt H eine Wohlfahrtssteigerung dar, da sich die Lage beider Haushalte verbessert. In H gilt:

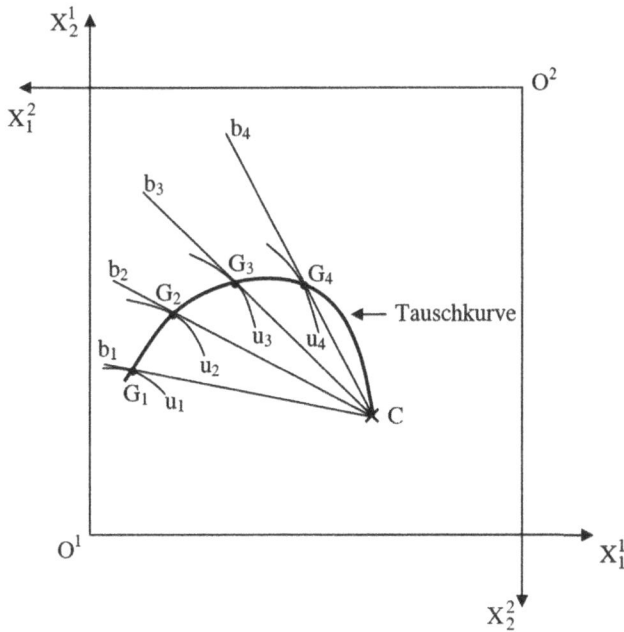

◘ **Abb. 3.10** Tauschkurve für Haushalt 2

3

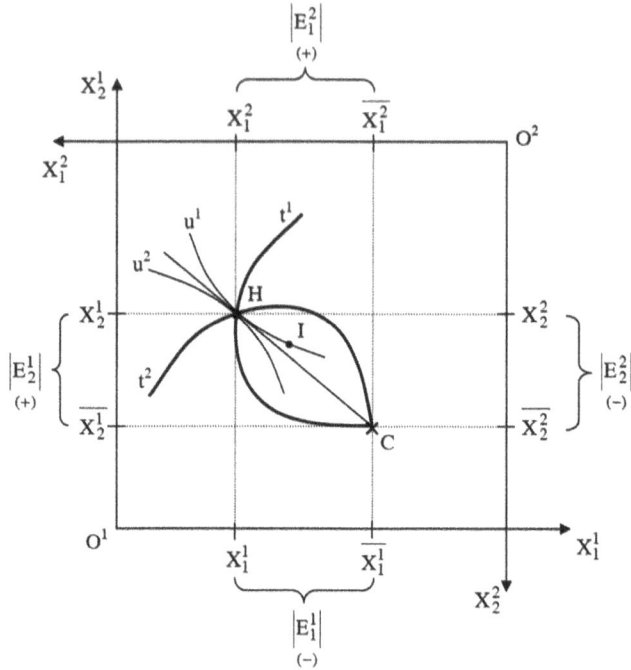

◘ **Abb. 3.11**   Tauschkurven beider Haushalte

Für Gut eins entspricht die geplante Angebotsmenge des Haushalts eins der geplanten Nachfragemenge des Haushalts zwei:

$$\Rightarrow \underset{(-)}{\left|E_1^1\right|} = \underset{(+)}{\left|E_1^2\right|} \tag{3.20}$$

Für Gut zwei entspricht die geplante Nachfragemenge des Haushalts eins der geplanten Angebotsmenge des Haushalts zwei:

$$\Rightarrow \underset{(+)}{\left|E_2^1\right|} = \underset{(-)}{\left|E_2^2\right|} \tag{3.21}$$

Die (negativen) Grenzraten der Substitution beider Haushalte sind gleich und entsprechen sowohl den umgekehrten Verhältnissen der Grenznutzen sowie dem umgekehrten Preisverhältnis:

$$-\frac{dX_2^1}{dX_1^1} = -\frac{dX_2^2}{dX_1^2} = \frac{\frac{\partial U^1}{\partial X_1^1}}{\frac{\partial U^1}{\partial X_2^1}} = \frac{\frac{\partial U^2}{\partial X_1^2}}{\frac{\partial U^2}{\partial X_2^2}} = \frac{P_1}{P_2} \tag{3.22}$$

In H wird die Existenz eines Gleichgewichts auf einem Markt mit vollständiger Konkurrenz aufgezeigt. Dieses Konkurrenzgleichgewicht ist Pareto-optimal, da der Nutzen des einen Haushalts nicht erhöht werden kann, ohne den des anderen zu mindern. Betrachten wir beispielsweise die Kombination im Punkt I, der auf der zu Haushalt eins gehörenden Indifferenzkurve u^1 liegt: Für Haushalt eins ist der Nutzen in I genauso hoch wie in H, da beide Punkte auf derselben Indifferenzkurve liegen. Für Haushalt zwei stiftet die Kombination in H jedoch einen höheren Nutzen als die in I, weil H im Vergleich zu I auf einer Indifferenzkurve mit höherem Nutzenniveau liegt. Wandern wir auf der zum ersten Haushalt gehörenden Indifferenzkurve u^1 von I nach H, wird der Nutzen für Haushalt eins gleichbleiben und derjenige für Haushalt zwei steigen, bis wir H erreichen. Wandern wir weiter, bleibt der Nutzen für Haushalt eins unverändert, weil wir uns immer noch auf derselben Indifferenzkurve bewegen, der Nutzen für Haushalt zwei sinkt jedoch. Bei der gegebenen Erstausstattung in C ist die gewünschte Ausstattung in H Pareto-optimal.

3.3.7 Pareto-optimale Verteilungen bei variabler Anfangsausstattung

Nunmehr vergewissern wir uns, dass die Wahl der Anfangsausstattung ebenfalls eine Entscheidung ist, die zur Disposition gestellt werden kann. Deshalb gehen wir im Folgenden nicht mehr von einer gegebenen Anfangsausstattung aus, sondern nehmen an, dass sie disponibel ist. Dann können wir unsere Analyse analog für andere Anfangsausstattungen durchführen und weitere Pareto-optimale Punkte ermitteln. Prüfen wir die Ergebnisse für alle möglichen Anfangsausstattungen, erhalten wir unendlich viele Pareto-optimale Punkte, nämlich immer genau einen Punkt für eine bestimmte Anfangsausstattung. Verbinden wir diese Punkte, entwickeln wir die Kontraktkurve in ◨ Abb. 3.12.

Kontraktkurve

> Die **Kontraktkurve** ist der geometrische Ort aller Kombinationen von *Gütermengen beider* privaten Haushalte, die bei *Variation* der Anfangsausstattungen und Variation der relativen Preise Pareto-optimal sind.

3

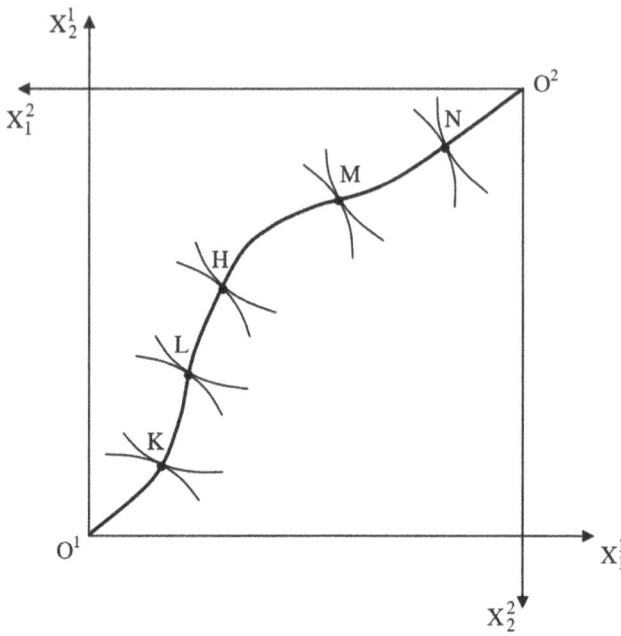

�‍ Abb. 3.12   Kontraktkurve

Die Kontraktkurve ist die Verbindungslinie aller Schnittpunkte der Tauschkurven beider Haushalte. Demzufolge ist einer der Punkte auf der Kontraktkurve der Punkt H, der für die Anfangsausstattung C Pareto-optimal ist. Für andere Erstausstattungen ergeben sich andere Pareto-optimale Endausstattungen. Der Verlauf der Kontraktkurve kann variieren, die Kontraktkurve geht aber immer von einem Ursprung zum anderen. Ihr spezifischer Verlauf hängt von den Nutzenfunktionen beider Haushalte ab.

3.3.8 Pareto-optimale individuelle Nutzenniveaus

Nutzenmöglichkeitenkurve

Jeder Indifferenzkurve eines Haushalts kann ein Nutzenindex zugeschrieben werden. Demnach stellt jeder Punkt auf der Kontraktkurve implizit eine Kombination zweier Nutzenindizes dar. Diese Nutzenindizes sowie die Kontraktkurve selbst können explizit in ein Nutzendiagramm übertragen werden. Während die Kontraktkurve die Pareto-optimalen Gütermengenkombinationen angibt, sind im Nutzendiagramm die

mit diesen Mengen korrespondierenden Pareto-optimalen Nutzenwerte abgetragen. Die Kontraktkurve, welche
an den Achsen Gütermengen misst, wird sozusagen in
eine Nutzenmöglichkeitenkurve „übersetzt", die an ihren Achsen Nutzenwerte misst.

> Die **Nutzenmöglichkeitenkurve** ist der geometrische Ort
> aller Kombinationen von *Nutzenniveaus beider* privaten
> Haushalte, die bei *Variation* der Anfangsausstattungen
> und Variation der relativen Preise Pareto-optimal sind.

Die Nutzenmöglichkeitenkurve hat eine negative Steigung, da in einer Pareto-optimalen Situation der Nutzen-
gewinn des einen Haushalts mit einem Nutzenverlust des
anderen einhergeht. Die Frage, ob sie konvex oder konkav zum Ursprung verläuft, ist nicht eindeutig zu beant-
worten, da wir nur eine ordinale, nicht eine kardinale
Nutzenskala verwenden. ◻ Abb. 3.13 stellt eine typische
Nutzenmöglichkeitenkurve dar:

Gütermengenkombinationen auf der Kontraktkurve wie N und M in ◻ Abb. 3.12, in denen Haushalt

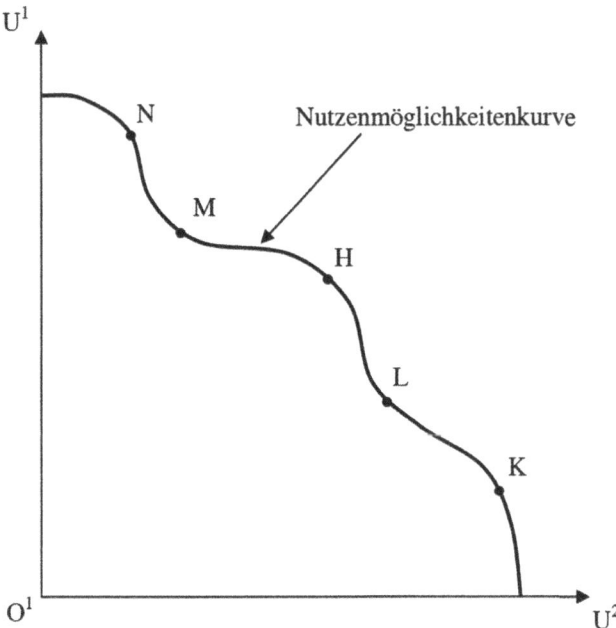

◻ **Abb. 3.13** Nutzenmöglichkeitenkurve

3

eins relativ viel von beiden Gütern konsumiert, sorgen dafür, dass das Nutzenniveau des ersten Haushalts relativ hoch und das des zweiten Haushalts relativ gering ist. Deshalb liegen ihre entsprechenden Punkte auf der Nutzenmöglichkeitenkurve in ◘ Abb. 3.13 relativ weit oben, wo das Nutzenniveau des ersten Haushalts relativ hoch und das des zweiten relativ niedrig ist. Gütermengenkombinationen auf der Kontraktkurve wie K und L in ◘ Abb. 3.12, in denen Haushalt eins relativ wenig von beiden Gütern konsumiert, sorgen dafür, dass das Nutzenniveau des ersten Haushalts relativ gering und das des zweiten Haushalts relativ hoch ist. Deshalb liegen ihre entsprechenden Punkte auf der Nutzenmöglichkeitenkurve in ◘ Abb. 3.13 relativ weit unten, wo das Nutzenniveau des ersten Haushalts relativ niedrig und das des zweiten relativ hoch ist.

3.3.9 Pareto-optimales soziales Nutzenniveau

soziale
Wohlfahrtskurve

Das Verteilungsproblem bleibt weiterhin ungelöst, weil wir uns bisher nur auf Pareto-optimale Lösungen konzentriert, nicht aber festgelegt haben, welche dieser Pareto-optimalen Ausstattungen die gesellschaftlich erwünschte ist. Dafür führen wir in ◘ Abb. 3.14 die soziale Wohlfahrtskurve ein:

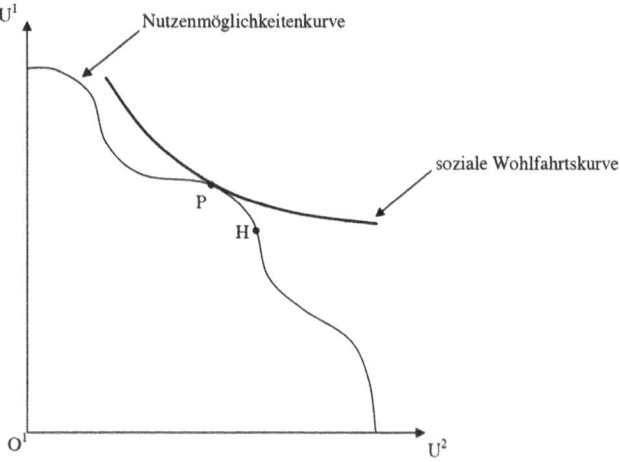

◘ **Abb. 3.14**   Soziale Wohlfahrtskurve

> Die **soziale Wohlfahrtskurve** ist der geometrische Ort aller Kombinationen von *Nutzenniveaus beider* privaten Haushalte, bei denen der gesellschaftliche Nutzen gleich hoch ist.

Die soziale Wohlfahrtsfunktion ordnet jeder Kombination individueller Nutzen einen gesellschaftlichen Nutzen zu. Sie kann daher als soziale Nutzenfunktion interpretiert werden, die grafisch eine gesellschaftliche Indifferenzkurve darstellt:

$$U = U\,(U^1, U^2) \tag{3.23}$$

Das gesellschaftlich „beste" Konkurrenzgleichgewicht wird ermittelt durch die Maximierung der gesellschaftlichen Wohlfahrtsfunktion unter der Nebenbedingung, dass die Pareto-Optimalität gewährleistet ist, also ein Punkt auf der Kontrakt- beziehungsweise Nutzenmöglichkeitenkurve gewählt wird. Grafisch wählen wir den Tangentialpunkt der Nutzenmöglichkeitenkurve mit der sozialen Wohlfahrtskurve, die das höchste gesellschaftliche Nutzenniveau verkörpert. In ◨ Abb. 3.14 ist dieser optimale Punkt der Punkt P.

Das Konzept der sozialen Wohlfahrtsfunktion ist nicht unumstritten, da insbesondere die Aggregation individueller Nutzenwerte zu einem gesellschaftlichen Nutzenwert problematisch ist. Unsere Intention, die Möglichkeit der Existenz eines allgemeinen Gleichgewichts aufzuzeigen, wird dadurch aber nicht berührt.

3.3.10 Erweiterungen durch Zukunftsmärkte

Der Amerikaner Kenneth Joseph Arrow (1921–2017) sowie der Franzose Gérard Debreu (1921–2004) erweiterten die walrasianische Gleichgewichtstheorie: Unter Berücksichtigung von intertemporalen Präferenzen und Situationen bei Unsicherheit lassen sich Güter spezifizieren nach

intertemporale Präferenzen

- ihren physischen Eigenschaften,
- ihrer örtlichen Verfügbarkeit,
- ihrer zeitlichen Verfügbarkeit,
- der Wahrscheinlichkeit ihrer Verfügbarkeit.

Märkte können in Gegenwarts- und Zukunftsmärkte unterteilt werden:

3

Gegenwarts- und
Zukunftsmärkte

> ***Gegenwarts*märkte** versuchen, das *gegenwärtige* Angebot
> und die *gegenwärtige* Nachfrage in Übereinstimmung zu
> bringen. ***Zukunfts*märkte** versuchen, das *künftige* Ange-
> bot und die *künftige* Nachfrage in Übereinstimmung zu
> bringen. Sie werden bereits in der Gegenwart eröffnet.

In der Gegenwart werden Kontrakte über künftige Ereignisse abgeschlossen. Der Preisvektor gilt für Kontrakte,
in denen Ansprüche auf die Zukunft verbrieft sind.

einfache
Zukunftsmärkte

> Auf ***einfachen* Zukunftsmärkten** herrscht Sicherheit über
> die physischen Eigenschaften, die örtliche und zeitliche
> Verfügbarkeit sowie die Wahrscheinlichkeit der Verfüg-
> barkeit von Gütern.

Alle diese Aspekte werden bereits in der Gegenwart in
Kontrakten fixiert. Zudem werden die Preise für die in
der Zukunft zu handelnden Güter festgelegt. Beispiele
einfacher Zukunftsmärkte sind Warenterminmärkte oder
Kreditmärkte.

kontingente
Zukunftsmärkte

> Auf ***kontingenten*** (bedingten) **Zukunftsmärkten** herrscht
> Unsicherheit, da die Erfüllung der Kontrakte von Ereig-
> nissen abhängt, die in der Gegenwart nicht vorherzuse-
> hen sind.

Beispiele kontingenter Zukunftsmärkte sind Versiche-
rungsmärkte. Angebot und Nachfrage eines Gutes hängen auf kontingenten Zukunftsmärkten auch von den
Preisen aller kontingenten Kontrakte ab, zwischen denen
Substitutions- und Komplementärbeziehungen bestehen.
Zudem darf die intertemporale Budgetrestriktion nicht
verletzt werden. Im simultanen Gleichgewicht aller kontingenten Zukunftsmärkte ist das intertemporale Pareto-Kriterium erfüllt, sodass sich in diesem Fall die expli-
zite Berücksichtigung künftiger Gegenwartsmärkte erüb-
rigt.
  Folgende Bedingungen für die Existenz von Zukunftsmärkten sind zu beachten:

Erstens müssen Zukunftsmärkte dem Kriterium der Vollständigkeit genügen, das heißt alle denkbaren Umweltzustände sind bekannt, keiner der Kontraktpartner kann die Eintrittswahrscheinlichkeit eines bestimmten Umweltzustands beeinflussen.

Zweitens müssen die Transaktionskosten vernachlässigbar gering sein. In der Realität können Transaktionskosten allerdings insbesondere durch hohe Kontrollkosten diesen engen Rahmen sprengen.

Drittens wird die Stabilität von Präferenzen angenommen. In der Gegenwart werden Verträge geschlossen, die in der Zukunft unter genau definierten Bedingungen bestimmte Ereignisse nach sich ziehen. Wir nehmen an, dass diese Ereignisse weiterhin die erwünschten sein werden.

Das gesamte Handeln der Marktteilnehmer wird in der Gegenwart determiniert. Der gleichgewichtige Preisvektor enthält die Gegenwartspreise aller in der Gegenwart und in der Zukunft gehandelten beziehungsweise zu handelnden Güter.

Kritisch zu betrachten ist insbesondere die Annahme, jederzeit die kontingenten Verträge für jeden denkbaren Umweltzustand erfüllen zu können. Beispielsweise beginnen auf einem Zukunftsmarkt Unternehmer mit der Produktion von Gütern, bevor sie den Umweltzustand kennen können. Somit besteht die Gefahr von Angebots- und Nachfrageüberschüssen. Wird der Ausweg aus diesem Dilemma in der Annahme gefunden, dass sich die Produktion unendlich schnell an den eingetretenen Umweltzustand anpasst, sodass Überschussmengen vermieden werden, ersetzen wir die Faktoren Zeit und Unsicherheit durch Flexibilität. In diesem Fall erodieren die Erweiterungen der Welt von Arrow und Debreu zu einer vereinfachten walrasianischen Welt.

Vollständigkeit

keine Transaktionskosten

stabile Präferenzen

3.3.11 Zusammenfassung

1. Im **Polypol** stehen viele Anbieter vielen Nachfragern gegenüber.

2. Die **Allgemeine Gleichgewichtstheorie** zeigt die Existenz eines allgemeinen Gleichgewichts auf. Durch freiwilligen Tausch kann die Wohlfahrt aller Wirtschaftssubjekte gesteigert werden.

3

3. Der **Markt** ist der Ort, auf dem Angebot und Nachfrage zusammentreffen. *Marktgleichgewicht* liegt vor, wenn die Pläne der Marktteilnehmer übereinstimmen, wenn also das geplante Güterangebot der Unternehmer der geplanten Güternachfrage der privaten Haushalte entspricht. Ist das geplante Angebot größer als die geplante Nachfrage, liegt ein *Angebotsüberschuss* vor; ist die geplante Nachfrage größer als das geplante Angebot, liegt ein *Nachfrageüberschuss* vor.

4. Gemäß dem **Gesetz der Unterschiedslosigkeit der Preise** (Jevons) gilt: Der Preis für ein homogenes Gut ist immer gleich. Zeitliche, räumliche, sachliche und persönliche Präferenzen werden vernachlässigt.

5. Bei **vollständiger Konkurrenz** verhalten sich Produzenten und Konsumenten als *Preisnehmer* und *Mengenanpasser.*

6. Das **allgemeine Gleichgewicht** lässt sich für eine Zwei-Personen-Ökonomie in acht Schritten herleiten. Zu ermitteln sind:
   1. die jeweiligen Anfangsausstattungen,
   2. die jeweils präferierten Ausstattungen,
   3. alle Pareto-effizienten Verteilungen,
   4. alle Pareto-optimalen Verteilungen bei konstantem Preisverhältnis,
   5. alle Pareto-optimalen Verteilungen bei variablem Preisverhältnis,
   6. alle Pareto-optimalen Verteilungen bei variabler Anfangsausstattung,
   7. alle Pareto-optimalen individuellen Nutzenniveaus,
   8. das Pareto-optimale soziale Nutzenniveau.

7. **Pareto-***effizient* ist eine Maßnahme, die ein Individuum besserstellt, ohne ein anderes schlechterzustellen.

8. **Pareto-***optimal* ist eine Situation, in der es nicht mehr möglich ist, ein Individuum besserzustellen, ohne ein anderes schlechterzustellen.

9. Die **Tauschkurve** ist der geometrische Ort aller Kombinationen von *Gütermengen eines* privaten Haushalts, die bei *gegebener* Anfangsausstattung und Variation der relativen Preise Pareto-optimal sind.

10. Die **Kontraktkurve** ist der geometrische Ort aller Kombinationen von *Gütermengen beider* privaten Haushalte, die bei *Variation* der Anfangsausstattungen und Variation der relativen Preise Pareto-optimal sind.

11. Die **Nutzenmöglichkeitenkurve** ist der geometrische Ort aller Kombinationen von *Nutzenniveaus beider* privaten Haushalte, die bei *Variation* der Anfangsausstattungen und Variation der relativen Preise Pareto-optimal sind.

12. Die **soziale Wohlfahrtskurve** ist der geometrische Ort aller Kombinationen von *Nutzenniveaus beider* privaten Haushalte, bei denen der gesellschaftliche Nutzen gleich hoch ist.

13. *Gegenwart*smärkte versuchen, das *gegenwärtige* Angebot und die *gegenwärtige* Nachfrage in Übereinstimmung zu bringen. *Zukunfts*märkte versuchen, das *künftige* Angebot und die *künftige* Nachfrage in Übereinstimmung zu bringen. Sie werden bereits in der Gegenwart eröffnet.

14. Auf *einfachen* **Zukunftsmärkten** herrscht Sicherheit über die physischen Eigenschaften, die örtliche und zeitliche Verfügbarkeit sowie die Wahrscheinlichkeit der Verfügbarkeit von Gütern.

15. Auf *kontingenten* (bedingten) **Zukunftsmärkten** herrscht Unsicherheit, da die Erfüllung der Kontrakte von Ereignissen abhängt, die in der Gegenwart nicht vorherzusehen sind.

3.4 Monopol

3.4.1 Einführung

Im (Angebots-) **Monopol** steht ein Anbieter vielen Nachfragern gegenüber.

Wir leiten zunächst die Amoroso-Robinson-Relation her, die für das Verständnis des Monopols eine herausragende Bedeutung einnimmt. Mithilfe dieser Bedingung zeigen wir, wie ein Monopolist seine gewinnmaximale Menge und seinen gewinnmaximalen Preis bestimmt. Anschließend untersuchen wir die Wohlfahrtsverluste eines Monopols, die nicht nur die Konsumenten, sondern zum Teil auch die Produzenten treffen. Trotz dieser Wohlfahrtsverluste ist eine monopolistische Marktform manchmal nicht zu umgehen, wie die Existenz natürlicher Monopole deutlich macht, deren Charakteristika wir analysieren. Schließlich wenden wir uns der für einen Monopolisten typischen Politik der Preisdifferenzierung zu.

3.4.2 Amoroso-Robinson-Relation

Bei vollständiger Konkurrenz ist der Preis ein Datum, die Anbieter sind Preisnehmer und Mengenanpasser. Die Preiselastizitäten des Angebots und der Nachfrage streben im Idealfall betragsmäßig gegen unendlich. Im Gewinnmaximum gilt für einen Polypolisten, dass die Grenzerlöse gleich den Grenzkosten und gleich dem Preis sind:

$$\frac{dR}{dX} = \frac{dK}{dX} = P \tag{3.24}$$

Ein Monopolist hat zwei Optionen: Entweder setzt er den Preis fest und passt seine Menge an, oder er setzt die Menge fest und passt seinen Preis an. Dadurch ist auf einem Monopolmarkt die Gleichgewichtsbedingung immer erfüllt, wonach das für einen bestimmten Preis geplante Güterangebot der für denselben Preis geplanten Güternachfrage entspricht:

$$X^S = X^d \tag{3.25}$$

Die Preis-Absatz-Funktion ermittelt die jeweiligen Mengen, die ein Monopolist zu alternativen, von ihm gesetzten Preisen absetzen kann. Der Preis ist die unabhängige, die abgesetzte Menge die abhängige Größe, das Minuszeichen unterhalb von P weist auf die negative erste Ableitung hin:

Preis-Absatz-Funktion

$$X = X \underset{(-)}{(P)} \tag{3.26}$$

inverse Preis-Absatz-Funktion

Die *inverse* Preis-Absatz-Funktion ermittelt die jeweiligen Preise, die ein Monopolist zu alternativen Absatzmengen festsetzen kann. Die abgesetzte Menge ist die unabhängige, der Preis die abhängige Variable:

$$P = P\underset{(-)}{(X)} \qquad (3.27)$$

Wie in der Unternehmungstheorie bereits erläutert, ergeben sich die Gewinne II als Differenz aus den Erlösen R minus den Kosten K:

$$\Pi(X) = R(X) - K(X) \qquad (3.28)$$

Notwendige Bedingung für ein Gewinnmaximum ist das Nullsetzen der ersten Ableitung:

$$\frac{d\Pi}{dX} = \frac{dR}{dX} - \frac{dK}{dX} = 0 \qquad (3.29)$$

Somit gilt:

> Im **Gewinnmaximum** eines Monopols sind wie im Polypol die Grenzerlöse gleich den Grenzkosten:

Grenzerlöse = Grenzkosten

$$\frac{dR}{dX} = \frac{dK}{dX} \qquad (3.30)$$

Die zweite Bedingung für ein Gewinnmaximum lautet, dass die zweite Ableitung negativ ist:

$$\frac{d^2\Pi}{dX^2} = \frac{d^2\Pi}{dX^2} - \frac{d^2K}{dX^2} < 0 \qquad (3.31)$$

Dies bedeutet, dass im Gewinnmaximum die Steigung der Grenzerlöskurve kleiner ist als die Steigung der Grenzkostenkurve, sodass die Grenzkostenkurve die Grenzerlöskurve von unten schneidet:

$$\Rightarrow \frac{d^2R}{DX^2} < \frac{d^2K}{dX^2} \qquad (3.32)$$

Eine Erhöhung der Produktionsmenge zieht einen Mengen- sowie einen Preiseffekt nach sich:

Zum einen steigen die Erlöse aufgrund des positiven Mengeneffekts. Denn der Monopolist erhöht seine Absatzmenge:

$$dR_1 = P \cdot dX \qquad (3.33)$$

Zum anderen sinken die Erlöse aufgrund des negativen Preiseffekts. Denn die erhöhte Absatzmenge führt zu einer Preissenkung für alle abgesetzten Gütermengen:

3

$$dR_2 = dP \cdot X \tag{3.34}$$

Die gesamte Erlösänderung beträgt:

$$dR = dR_1 + dR_2 = P \cdot dX + dP \cdot X \tag{3.35}$$

Somit gilt für die Grenzerlöse:

$$\Rightarrow \frac{dR}{dX} = P + \frac{dP}{dX} \cdot X \tag{3.36}$$

$$\Leftrightarrow \frac{dR}{dX} = P\left(1 + \frac{dP}{dX} \cdot \frac{X}{P}\right) \tag{3.37}$$

$$\Leftrightarrow \frac{dR}{dX} = P\left(1 + \frac{1}{\eta_{X,P}}\right) \tag{3.38}$$

Im Nenner dieses Bruchs steht die Preiselastizität der Nachfrage. Diese ist in der Regel negativ, sodass wir (3.38) umformulieren können:

$$\Rightarrow \frac{dR}{dX} = P\left(1 - \frac{1}{|\eta_{X,P}|}\right) \tag{3.39}$$

Gl. (3.39) ist die Amoroso-Robinson-Relation, die nach dem neapolitanischen Mathematiker Luigi Amoroso (1886–1965) und der englischen Ökonomin Joan Violet Robinson (1903–1983) benannt worden ist (vgl. Robinson, 1932, S. 544–554; dieselbe 1933).

> Gemäß der **Amoroso-Robinson-Relation** liegt das Gewinnmaximum eines Monopolisten im preiselastischen Bereich der Nachfrage. Somit liegt der Preis über den Grenzerlösen.

Ist die Preiselastizität der Nachfrage kleiner als eins, sind der Klammerausdruck in Gl. (3.39) und damit die Grenzerträge negativ. In diesem Fall können die (negativen) Grenzerträge nicht gleich den (positiven) Grenzkosten sein, die Optimalitätsbedingung ist nicht erfüllbar.

3.4.3 Gewinnmaximum

Das Gewinnmaximum im Monopol erläutern wir anhand von ◘ Abb. 3.15:

Die *lineare* Preis-Absatz-Kurve zeigt uns, welche Preise der Monopolist setzen muss, um bestimmte Mengen absetzen zu können. Im Schnittpunkt der Preis-Absatz-Kurve mit der Ordinate erhalten wir den Prohibitivpreis P_E, im Schnittpunkt mit der Abszisse die Sättigungsmenge X_{max}.

Preis-Absatz-Kurve

Die Grenzerlöskurve dR/dX weist wie die Preis-Absatz-Kurve eine negative Steigung auf. Beide Kurven entspringen im selben Punkt auf der Ordinate. Der Schnittpunkt der Grenzerlöskurve mit der Abszisse liegt genau bei der halben Sättigungsmenge $X_{max}/2$, da dort das Umsatzmaximum mit einer Preiselastizität der Nachfrage von eins liegen muss. Die Grenzerlöskurve ist doppelt so steil wie die Preis-Absatz-Kurve.

Grenzerlöskurve

Die Durchschnittskostenkurve K/X nimmt den typischen „U"-förmigen Verlauf ein: Die Grenzkostenkurve fällt zunächst, bevor sie ansteigt und die Durchschnittskostenkurve in deren Minimum in B schneidet. In ◘ Abb. 3.15 liegt B auf der Preis-Absatz-Kurve, damit wir später das Monopol leichter mit dem Polypol vergleichen können. Notwendig ist diese Position nicht.

Durchschnittskostenkurve

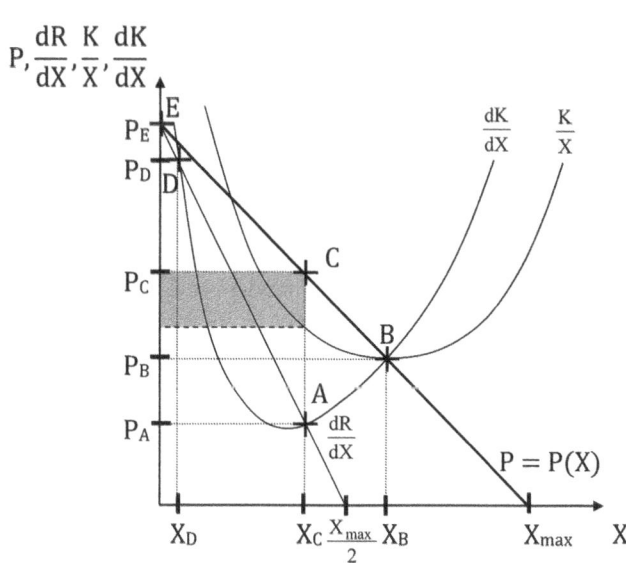

◘ **Abb. 3.15** Monopol

Cournotscher Punkt

Gemäß der Gleichgewichtsbedingung aus Gl. (3.30) gilt, dass im Gewinnmaximum die Grenzerlöse gleich den Grenzkosten sind. Deshalb ermitteln wir zunächst in A den Schnittpunkt von Grenzerlös- und Grenzkostenkurve, der uns die gewinnmaximale Produktionsmenge X_C des Monopolisten anzeigt. Um den gewinnmaximalen Preis P_C zu bestimmen, wandern wir von A aus senkrecht nach oben, bis wir in C die Preis-Absatz-Kurve erreichen. C ist der Cournotsche Punkt.

> Der **Cournotscher Punkt** zeigt die gewinnmaximale Preis-Mengen-Kombination eines Monopolisten.

Benannt ist dieser Punkt nach dem französischen Mathematiker und klassischen Ökonomen Antoine-Augustin Cournot (1801–1877), der diesen Zusammenhang als Erster aufgedeckt hat (vgl. Cournot, 1838).

Gewinnmaximum im preiselastischen Bereich

Die gewinnmaximale Menge muss kleiner als die halbe Sättigungsmenge sein. Denn nur dann sind die Grenzerträge positiv und können mit den positiven Grenzkosten in Übereinstimmung gebracht werden. Ist die halbe Sättigungsmenge erreicht, befinden wir uns im Ertragsmaximum. Bieten wir eine Einheit mehr an, werden die Grenzerträge negativ. Da die Preiselastizität der Nachfrage im Ertragsmaximum genau bei eins liegt, wissen wir, dass der Monopolist gemäß der Amoroso-Robinson-Relation immer im preiselastischen Bereich sein Gewinnmaximum finden wird.

Auch im Punkt D ist die notwendige Bedingung eines Gewinnmaximums erfüllt: Die Grenzerlöse sind gleich den Grenzkosten. Allerdings ist die zweite Ableitung positiv, da in D die Grenzerlöskurve steiler verläuft als die Grenzkostenkurve, sodass die Grenzkostenkurve die Grenzerlöskurve von oben schneidet. In D liegt ein Gewinnminimum beziehungsweise ein Verlustmaximum vor.

Ineffizienz des Monopols

Wir vergleichen die Monopollösung mit der Lösung, die wir bei gleicher Kostenstruktur im Polypol erzielen: Bei vollständiger Konkurrenz gilt, dass der Preis gleich den Grenzkosten ist. In ◘ Abb. 3.15 ist dies der Schnittpunkt B der Grenzkostenkurve mit der Preis-Absatz-Kurve. In diesem Punkt liegen die Unternehmergewinne bei null, weil die Erlöse den Kosten entsprechen. Im Monopol sind die Konsumenten schlechter gestellt als im Polypol: Zum einen ist im Monopol das Güterangebot kleiner:

$$X_C < X_B \qquad (3.40)$$

Zum anderen ist im Monopol der Preis höher:

$$P_C > P_B \qquad (3.41)$$

> Die **Monopollösung** ist Pareto-ineffizient: Im Monopol ist die gewinnmaximale Menge bei höheren Preisen kleiner als im Polypol.

Es gibt potentielle Nachfrager, die bereit sind, einen höheren Preis als die Grenzkosten zu zahlen. Diese potentielle Nachfrage kann jedoch im Monopol nicht befriedigt werden, weil das Angebot des Monopolisten kleiner ausfällt als das Angebot bei vollständiger Konkurrenz. Der Monopolist senkt seinen Preis nicht auf die Höhe der Grenzkosten, weil von solch einer Preissenkung alle Konsumenten profitieren und die Gewinne des Monopolisten geschmälert werden.

> Der **Monopolisierungsgrad** μ ist die relative Differenz zwischen dem Preis, den der Monopolist setzt, und dem Preis, der sich bei der gewinnmaximalen Menge ergibt, wenn der Preis wie im Polypol gleich den Grenzkosten ist:

Monopolisierungsgrad

$$\mu = \frac{P_C - P_A}{P_C} \qquad (3.42)$$

$$\Leftrightarrow \mu = \frac{P_C - \frac{dK}{dX_C}}{P_C} \qquad (3.43)$$

Der Monopolisierungsgrad kann Werte zwischen null und eins annehmen, bei vollständiger Konkurrenz liegt er bei null, weil in diesem Fall keine Monopolrenten abgeschöpft werden.

Da im Gewinnmaximum die Grenzkosten gleich den Grenzerlösen sind, gilt nicht nur, dass der Monopolisierungsgrad die relative Differenz zwischen dem Monopolpreis und den Grenzkosten der gewinn-

3

maximalen Menge misst, sondern auch die relative Differenz zwischen dem Monopolpreis und den Grenzerträgen der gewinnmaximalen Menge:

$$\mu = \frac{P_C - \frac{dR}{dX_C}}{P_C} \tag{3.44}$$

Gemäß der Amoroso-Robinson-Relation in Gl. (3.39) können wir die Grenzerlöse ersetzen:

$$\Rightarrow \mu = \frac{P_C - P_C\left(1 - \frac{1}{|\eta_{X_C,P_C}|}\right)}{P_C} \tag{3.45}$$

$$\Leftrightarrow \mu = \frac{1}{|\eta_{X_C,P_C}|} \tag{3.46}$$

Lerner-Index

Wir erhalten einen Zusammenhang, der dem US-Ökonomen Abba Ptachya Lerner (1903–1982) zugeschrieben wird (vgl. Lerner, 1934, S. 157–175), obwohl ihn der Italiener Luigi Amoroso bereits vier Jahre vorher herausgearbeitet hat (vgl. Amoroso, 1954 [1930]), S. 39–65):

> Gemäß dem **Lerner-Index** entspricht der Monopolisierungsgrad dem Betrag der inversen Preiselastizität der Nachfrage.

Bei vollständiger Konkurrenz strebt die Preiselastizität der Nachfrage gegen unendlich, sodass der Monopolisierungsgrad gegen null strebt: Der Polypolist verfügt über keine Marktmacht. In diesem Fall gilt gemäß der Amoroso-Robinson-Relation, dass der Preis gleich den Grenzkosten ist. Im Gewinnmaximum des Monopolisten hingegen liegt die Preiselastizität der Nachfrage bei eins, sodass der Lerner-Index eins beträgt: Der Monopolist verfügt über die größtmögliche Marktmacht. Dieser außerordentlich bedeutsame Zusammenhang zwischen Marktform und Marktmacht zeigt:

> Eine **Marktwirtschaft** mit hohem Wettbewerb stärkt nicht die Macht der Unternehmer, sondern verringert sie.

3.4.4 Wohlfahrtsverluste

In ◘ Abb. 3.16 identifizieren wir die durch ein Monopol
verursachten Wohlfahrtsverluste:

Wir vergleichen die Konkurrenzlösung in B mit der
Monopollösung in C. Die Wohlfahrtsverluste messen wir
anhand der Veränderungen der Konsumenten- und Produzentenrente. Wir nehmen weiterhin an, dass die Kostenstruktur im Polypol die gleiche ist wie diejenige im
Monopol. Wir blenden den Fall aus, dass im Monopol
die Grenzkosten beispielsweise aufgrund von Synergieef-
fekten in der Forschung, Entwicklung oder Produktion
geringer sein können als im Polypol. Zudem ist darauf
aufmerksam zu machen, dass die in ◘ Abb. 3.16 abgetragene Grenzerlöskurve eines Monopolisten, der Preissetzer ist, anders verläuft als die Grenzerlöskurve eines
Polypolisten, der Preisnehmer ist.

Die Fläche a repräsentiert den Zuwachs an Produ-   Preiseffekt
zentenrente auf Kosten der Konsumentenrente. Bedingt
ist diese Entwicklung durch den Preiseffekt: Im Monopol ist der gewinnmaximale Preis P_C höher als der gewinnmaximale Preis P_B bei vollständiger Konkurrenz.
Dadurch müssen alle Konsumenten für die gesamte Absatzmenge X_C einen höheren Preis entrichten, sodass
ihre Konsumentenrente sinkt und die Produzentenrente
steigt. Der durch den Preiseffekt bedingte Netto-Wohlfahrtsverlust liegt bei null, es findet nur eine Umvertei-
lung von den Konsumenten zu den Produzenten statt.

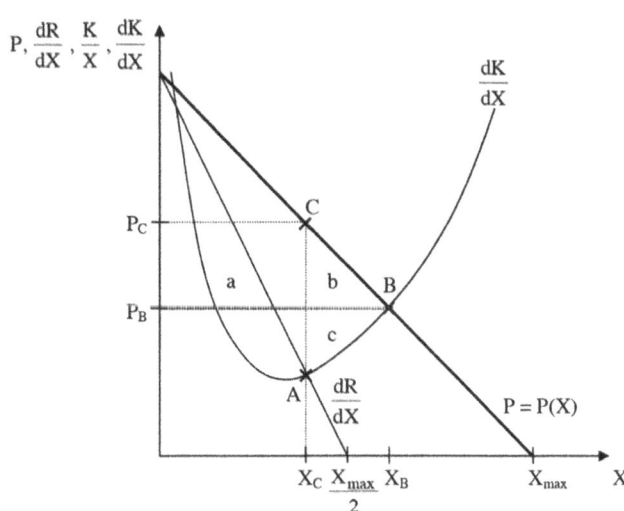

◘ Abb. 3.16   Wohlfahrtsverluste im Monopol

Mengeneffekt

Die Fläche b illustriert den Verlust an Konsumentenrente, der durch den Mengeneffekt hervorgerufen wird: Weil die gewinnmaximale Menge im Monopol geringer ist als im Polypol, fallen die Konsumenten weg, die bereit sind, einen Preis zu zahlen, der oberhalb der Grenzkosten, aber unterhalb des Monopolpreises liegt. Dieser Rückgang der Nachfrage von X_B auf X_C, ist mit einem Verlust an Konsumentenrente verbunden, der nicht ausgeglichen wird. Deshalb repräsentiert die Fläche b einen Netto-Wohlfahrtsverlust. Diese Pareto-Ineffizienz wird vom Monopolisten akzeptiert. Er senkt seinen Preis nicht, weil ein niedrigerer Preis für alle Gütereinheiten gilt, sodass sich der Monopolist im Fall einer Preissenkung schlechterstellt.

Netto-Wohlfahrtseffekt

Der Mengeneffekt wirkt sich auch negativ auf die Produzentenrente aus: Die Fläche c zeigt den Verlust an Produzentenrente, der dadurch entsteht, dass im Vergleich zur effizienten Produktionsmenge zu wenig produziert wird. Auch dieser Effekt wird nicht ausgeglichen, sodass er einen Netto-Wohlfahrtsverlust darstellt.

Harberger Dreieck

Insgesamt setzt sich der Netto-Wohlfahrtsverlust aus der Summe der Flächen b und c zusammen. Beide Effekte entstehen dadurch, dass die gewinnmaximale Menge kleiner ist als die effiziente Produktionsmenge: Im Vergleich zur effizienten Lösung im Polypol wird zu wenig konsumiert, sodass die Konsumentenrente sinkt, und zu wenig produziert, sodass die Produzentenrente abnimmt. Der gesamte Wohlfahrtsverlust speist sich aus der Ineffizienz des Konsums und der Ineffizienz der Produktion. Die Fläche (b + c) wird in Anlehnung an den Ökonomen Arnold Carl Harberger (*1924), der die Wohlfahrtsverluste der Monopollösung herausgearbeitet hat, auch Harberger Dreieck genannt (vgl. Harberger, 1954, S. 77–87; derselbe 1964, S. 58–76):

> Das **Harberger Dreieck** zeigt grafisch den Wohlfahrtsverlust eines Monopols gegenüber einem Polypol. Dieser entsteht aufgrund zweier Ineffizienzen, nämlich eines zu hohen Preises sowie einer zu geringen abgesetzten Menge.

3.4.5 Natürliches Monopol

Die Existenz volkswirtschaftlicher Wohlfahrtsverluste der Monopollösung macht deutlich, warum marktwirtschaftlich orientierte Volkswirtschaften Monopole grundsätzlich zu verhindern suchen. Allerdings gibt es auch Konstellationen, in denen sich eine Wettbewerbslösung langfristig nicht durchsetzen kann: Es besteht die Möglichkeit natürlicher Monopole.

> Ein *natürliches* Monopol zeichnet sich durch sehr hohe *Fix*kosten (und niedrige Grenzkosten) aus. Es besteht *Subadditivität* der Kosten, das heißt, bei gegebener Absatzmenge liegen die Kosten eines *einzelnen* Anbieters unterhalb der Kosten, die sich bei derselben Absatzmenge aus der Addition der Kosten *mehrerer* Anbieter ergibt.

Subadditivität der Kosten

Alle Anbieter müssen die hohen Fixkosten tragen, können aber nicht die Menge produzieren, die für die Amortisation der Kosten erforderlich ist. Bei jeder absetzbaren Menge sind die Kosten höher als die Erlöse.

Wir können an Projekte denken, die mit hohen Kosten für die Infrastruktur verbunden sind: Zum Beispiel ist die mehrfache Bereitstellung von Schienennetzen durch mehrere Unternehmer finanziell nicht tragbar. Zudem ist eine Verschwendung volkswirtschaftlicher Ressourcen zu vermeiden. Deshalb wird die Monopolsituation akzeptiert. In ◘ Abb. 3.17 sehen wir, dass die langfristigen Durchschnittskosten bei jeder absetzbaren Menge sinken, sodass die langfristige Durchschnittskostenkurve mit ihrem fallenden Ast die Preis-Absatz-Kurve schneidet.

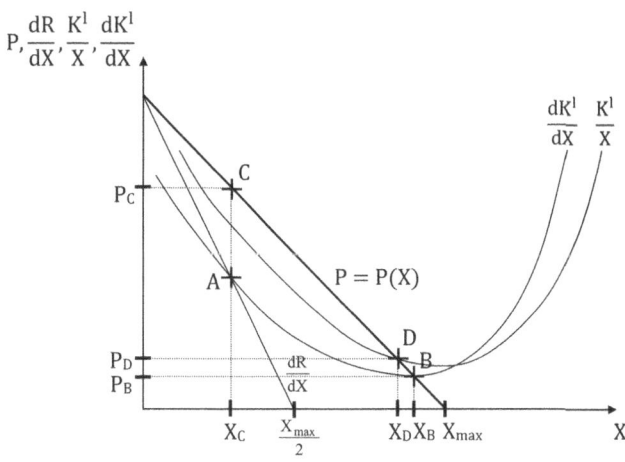

◘ Abb. 3.17   Natürliches Monopol

Dies ist eine hinreichende Bedingung für ein natürliches Monopol.

Im Punkt C haben wir die gewinnmaximale Monopollösung, die volkswirtschaftlich unattraktiv ist, da eine geringe Menge X_C zu einem hohen Preis P_C angeboten wird. Punkt B repräsentiert die Konkurrenzlösung mit dem effizienten Output, weil der Preis gleich den langfristigen Grenzkosten ist. Allerdings ist der Preis P_B niedriger als es die langfristigen Durchschnittskosten sind, sodass eine Unternehmung auf Dauer Verluste erzielt.

Im Punkt D erreichen wir Kostendeckung, da der Preis P_D genauso hoch ist wie es die langfristigen Durchschnittskosten der Produktionsmenge X_D sind. Der Output ist allerdings nicht effizient, da der Preis höher ist als die Grenzkosten von X_D, sodass zusätzliche Produktionseinheiten profitabel sind. Beabsichtigt der Staat, den kostendeckenden Preis festzulegen, steht er zwei Problemen gegenüber: Zum einen ist es für den Staat schwierig, wenn nicht gar unmöglich, die Durchschnittskosten adäquat zu schätzen. Zum anderen setzt ein kostendeckender Preis keine Anreize für Unternehmungen, ihre Kosten zu senken. Eine Versteigerung von Lizenzen für die Nutzung der Infrastruktur kann Abhilfe schaffen.

3.4.6 Preisdifferenzierung

Preisdifferenzierung ist eine Politik, die durch unterschiedliche Preise für das gleiche Gut Konsumentenrente zugunsten von Produzentenrente abschöpft. Unterschieden werden quantitative, lokale, temporale und personale Preisdifferenzierungen.

Bei vollständiger Konkurrenz hat der Unternehmer als Preisnehmer nicht die Möglichkeit, unterschiedliche Preise zu setzen, um den unterschiedlichen marginalen Zahlungsbereitschaften der Verbraucher Rechnung zu tragen. Auf unvollkommenen Märkten wie Monopolen können Unternehmer jedoch Preissetzer sein und versuchen, ihre Preise zumindest innerhalb eines bestimmten Rahmens anzupassen.

Eine typische Form quantitativer Preisdifferenzierung ist der Mengenrabatt: Großhändler erhalten bei Abnahme von Mindestmengen einen Preisnachlass, der Kleinhändlern nicht zusteht.

quantitative Preisdifferenzierung

Werden an unterschiedlichen Orten unterschiedliche Preise für das gleiche Produkt verlangt, sprechen wir von lokaler Preisdifferenzierung. Ein verpacktes industriell erzeugtes Eis am Stiel ist in der Regel am Strand teurer als in einem Supermarkt in der Innenstadt.

lokale Preisdifferenzierung

Variieren die Preise für das gleiche Produkt von Zeit zu Zeit, liegt eine temporale Preisdifferenzierung vor. Im Spätherbst ist eine Skiausrüstung in der Regel teurer als im Frühling, wenn die Wintersportsaison ihrem Ende entgegengeht.

temporale Preisdifferenzierung

Werden am selben Ort zur selben Zeit beim Kauf gleicher Mengen unterschiedliche Preise für unterschiedliche Personen genommen, sprechen wir von personaler Preisdifferenzierung. So zahlen zum Beispiel Kinder, Studenten und Rentner für den Besuch (privater) Schwimmbäder weniger als andere Personengruppen, weil sie meistens über geringe finanzielle Mittel verfügen und damit ihre marginalen Zahlungsbereitschaften nicht sehr hoch sind. Dagegen weisen berufstätige Erwachsene in der Regel eine höhere Konsumentenrente auf, die durch die personale Preisdifferenzierung zum Teil abgeschöpft werden soll.

personale Preisdifferenzierung

3.4.7 Zusammenfassung

1. Im (Angebots-) **Monopol** steht ein Anbieter vielen Nachfragern gegenüber.

2. Im **Gewinnmaximum** eines Monopols sind wie im Polypol die Grenzerlöse gleich den Grenzkosten.

3. Gemäß der **Amoroso-Robinson-Relation** liegt das Gewinnmaximum eines Monopolisten im preiselastischen Bereich der Nachfrage. Somit liegt der Preis über den Grenzerlösen.

4. Der **Cournot'sche Punkt** zeigt die gewinnmaximale Preis-Mengen-Kombination eines Monopolisten.

5. Die **Monopollösung** ist Pareto-ineffizient: Im Monopol ist die gewinnmaximale Menge bei höheren Preisen kleiner als im Polypol.

3

6. Der **Monopolisierungsgrad** ist die relative Differenz zwischen dem Preis, den der Monopolist setzt, und dem Preis, der sich bei der gewinnmaximalen Menge ergibt, wenn der Preis wie im Polypol gleich den Grenzkosten ist.

7. Gemäß dem **Lerner-Index** entspricht der Monopolisierungsgrad dem Betrag der inversen Preiselastizität der Nachfrage.

8. Eine **Marktwirtschaft** mit hohem Wettbewerb stärkt nicht die Macht der Unternehmer, sondern verringert sie.

9. Das **Harberger Dreieck** zeigt grafisch den Wohlfahrtsverlust eines Monopols gegenüber einem Polypol. Dieser entsteht aufgrund zweier Ineffizienzen, nämlich eines zu hohen Preises sowie einer zu geringen abgesetzten Menge.

10. Ein *natürliches* **Monopol** zeichnet sich durch sehr hohe *Fix*kosten (und niedrige Grenzkosten) aus. Es besteht *Subadditivität* der Kosten, das heißt, bei gegebener Absatzmenge liegen die Kosten eines *einzelnen* Anbieters unterhalb der Kosten, die sich bei derselben Absatzmenge aus der Addition der Kosten *mehrerer* Anbieter ergibt.

11. **Preis***differenzierung* ist eine Politik, die durch unterschiedliche Preise für das gleiche Gut Konsumentenrente zugunsten von Produzentenrente abschöpft. Unterschieden werden quantitative, lokale, temporale und personale Preisdifferenzierungen.

3.5 Monopolistische Konkurrenz

3.5.1 Einführung

Die monopolistische Konkurrenz ist eine Marktform, die in unserem Marktformenschema nicht berücksichtigt wird, dennoch eine weit verbreitete Marktform darstellt. Sie weist zwei entscheidende Merkmale auf, die ihren auf den ersten Blick widersprüchlich klingenden Namen rechtfertigen:

Erstens ist die monopolistische Konkurrenz durch eine atomistische Angebots- und Nachfragestruktur charakterisiert, wie wir sie von der vollständigen Konkurrenz kennen: Es gibt viele Anbieter und viele Nachfrager.

Konkurrenz

Zweitens sind die Güter, die angeboten beziehungsweise nachgefragt werden, nicht wie im Polypol homogen, sondern heterogen: Sie sind nicht gleich, sondern *ähnlich* und unterscheiden sich in Details, sodass der Wettbewerb unvollständig ist. Die Heterogenität der Güter reduziert die Transparenz des Preiswettbewerbs, da ähnliche Güter schwieriger zu vergleichen sind als gleiche Güter. Deshalb können Unternehmer wie Monopolisten agieren.

heterogene Güter

Im Fall der monopolistischen Nachfragekonkurrenz sind die Nachfrager Preisbewilliger, die Anbieter Preisnehmer. Es liegt eine asymmetrische Informationsverteilung zugunsten der Nachfrager vor: Diese verfügen über vollständige Information, nicht nur über die Nachfrage-, sondern auch über die Angebotsseite, während die Anbieter nur unvollständig informiert sind. *Nachfrager* haben die Möglichkeit, durch ihr *beschaffungs*politisches Instrumentarium in einen Wettbewerb zu treten, der nicht preislich orientiert ist.

monopolistische Nachfragekonkurrenz

Im Fall der monopolistischen Angebotskonkurrenz sind die Anbieter Preissetzer, die Nachfrager Preisnehmer. Es liegt eine asymmetrische Informationsverteilung zugunsten der Anbieter vor: Diese verfügen über vollständige Information, nicht nur über die Angebots-, sondern auch über die Nachfrageseite, wogegen die Nachfrager unvollständig informiert sind. *Anbieter* haben die Möglichkeit, durch ihr *absatz*politisches Instrumentarium in einen Wettbewerb zu treten, der nicht preislich orientiert ist.

monopolistische Angebotskonkurrenz

Die monopolistische Angebotskonkurrenz nennen wir kurz monopolistische Konkurrenz, während die monopolistische Nachfragekonkurrenz immer als solche zu bezeichnen ist.

In der *monopolistischen* **Konkurrenz** stehen wie im Polypol viele Anbieter vielen Nachfragern gegenüber. Aufgrund der *Heterogenität* der angebotenen Güter gibt es jedoch einen monopolistischen Bereich, in dem der Preiswettbewerb nur eine untergeordnete Rolle spielt.

Ebenso wie wir unsere Untersuchung über das Monopol auf das Angebotsmonopol beschränkt haben, verzichten wir im Folgenden auf nähere Ausführungen zur monopolistischen Nachfragekonkurrenz und konzentrieren uns auf die weit verbreitete monopolistische Angebotskonkurrenz. Zunächst ermitteln wir das kurzfristige, anschließend das langfristige Gleichgewicht. Schließlich gehen wir auf die für die monopolistische Angebotskonkurrenz typische Produktdifferenzierung ein.

3.5.2 Kurzfristiges Gleichgewicht

heterogene Konkurrenz

Im Fall *homogener* Konkurrenz wie im Polypol führt die von einem Anbieter veranlasste Preissenkung eines Gutes durch die Mobilisierung latenter Nachfrage sowie durch den Zustrom der von der Konkurrenz abwandernden Konsumenten zu steigender Nachfrage bei dem Anbieter, der den Preis senkt. Im Fall **heterogener Konkurrenz** hingegen bieten sich den Unternehmern Möglichkeiten, diesen Preiswettbewerb zumindest teilweise auszuhebeln, indem sie ihre Güter durch Produktdifferenzierung als „einzigartig" und „unverwechselbar" darstellen und ihre Alleinstellungsmerkmale hervorheben. Hohe Preisunterschiede veranlassen Konsumenten zwar weiterhin, den Anbieter zu wechseln, wenn die Güter im Wesentlichen substituierbar sind. Nicht-monetäre Präferenzen tragen jedoch bei (maßvollen) Preisunterschieden dazu bei, Konsumenten an sich zu binden und von einer möglichen Abwanderung zur Konkurrenz abzuhalten. Dieser Bereich ist der Kernbereich der monopolistischen Konkurrenz.

Produktdifferenzierung

Aufgrund der atomistischen Angebots- und Nachfragestruktur braucht der einzelne Unternehmer nicht auf Preisänderungen der Konkurrenz zu reagieren. Die Preiserhöhung eines Konkurrenten erhöht die jeweilige Nachfrage bei den anderen Anbietern nur geringfügig, weil sich die abwandernden Konsumenten auf die gesamte Konkurrenz verteilen. Die Preissenkung eines Konkurrenten reduziert die jeweilige Nachfrage bei den anderen Anbietern nur geringfügig, weil die den Preis senkende Unternehmung gar nicht über die Kapazitäten verfügt, alle Abwanderungswünsche der Konsumenten befriedigen zu können.

Unternehmer versuchen, sich dem Preiswettbewerb dadurch zu entziehen, dass sie ihre Aktivitäten auf einen nicht preislich orientierten Wettbewerb verlagern.

◘ Abb. 3.18 stellt die Marktform der monopolistischen Konkurrenz dar:

Die **Erlöskurve** weist in den Abschnitten I bis III eine positive Steigung auf, das heißt die erste Ableitung der Erlöskurve ist positiv. Am Ende des dritten Abschnitts erreicht sie in H ihren Gipfel, sinkt danach in den Abschnitten IV und V, um schließlich in den Abschnitten VI bis VIII wieder zu steigen. Auch in den beiden polypolistischen Bereichen I sowie VII/VIII unterscheidet sich die Steigung der Erlöskurve: Im ersten Segment ist die Erlöskurve steiler als im Abschnitt VII/VIII. Denn gemäß der Preis-Absatz-Kurve ist der Preis, den der Unternehmer fordern kann, in I höher als in VII/VIII, sodass in I auch die Erlöse pro Einheit höher sind als in VII/VIII.

Die **Grenzerlöskurve** weist in beiden polypolistischen Bereichen I sowie VII/VIII jeweils eine Steigung von null auf, da die Preise unterschiedlicher Mengeneinheiten in den jeweiligen Abschnitten gleich sind und die jeweiligen Grenzerlöse dem Preis entsprechen müssen. In den Bereichen II bis IV fällt die Grenzerlöskurve, weil die Preise mit zunehmender Menge sinken. In den Abschnitten IV und V, die sich durch eine relativ geringe Preiselastizität der Nachfrage auszeichnen, sind die Grenzerlöse sogar negativ, weil der Umsatzverlust aufgrund des negativen Preiseffekts nicht durch den

Erlöskurve

Grenzerlöskurve

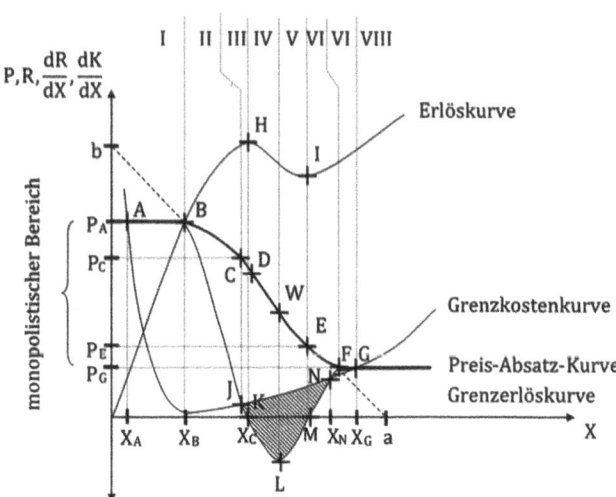

◘ **Abb. 3.18** Kurzfristiges Gleichgewicht in der monopolistischen Angebotskonkurrenz

3

geringen positiven Mengeneffekt, der durch zusätzliche Nachfrage entsteht, ausgeglichen wird. Erst mit der steigenden Preiselastizität der Nachfrage ab Abschnitt V nach dem Wendepunkt W wachsen die Grenzerlöse wieder, weil Preisnachlässe nun für immer mehr zusätzliche Nachfrage sorgen. In Abschnitt V sind die Grenzerlöse noch negativ, zu Beginn von Abschnitt VI gelangen sie jedoch wieder in den positiven Bereich. Im polypolistischen Abschnitt VII/VIII sind die Grenzerlöse konstant, weil sich die Preise mit zunehmender Absatzmenge aufgrund der extrem hohen Preiselastizität der Nachfrage nicht mehr ändern.

Grenzkostenkurve

Die **Grenzkostenkurve** fällt im ersten Bereich, weil die Grenzkosten aufgrund des sinkenden Fixkostenanteils abnehmen. Nicht notwendigerweise, aber in ◨ Abb. 3.18 nehmen die Grenzkosten ab Abschnitt II zu, weil beispielsweise die variablen Kosten steigen und den Effekt der sinkenden durchschnittlichen Fixkosten überkompensieren. Da Grenzkosten per definitionem nicht negativ werden können, bewegen sie sich immer im positiven Bereich des Koordinatensystems.

Preis-Absatz-Kurve

Die **Preis-Absatz-Kurve** zeigt, welche markträumenden Preise die Unternehmer in Abhängigkeit von ihren gewählten Absatzmengen festlegen können. In den beiden äußeren polypolistischen Bereichen I sowie VII/VIII gleicht die Preis-Absatz-Kurve derjenigen bei vollständiger Konkurrenz: Sie verläuft aufgrund der vollkommen preiselastischen Nachfrage parallel zur Abszisse. Im mittleren monopolistischen Bereich II–VI ist die Preiselastizität der Nachfrage geringer, sodass die Preis-Absatz-Kurve nicht mehr horizontal ist, sondern fällt. Dieser Verlauf soll verdeutlichen, dass es bei monopolistischer Konkurrenz einen monopolistischen Bereich gibt, in welchem dem Preiswettbewerb nur eine untergeordnete Bedeutung zukommt. Sind die Preise jedoch besonders hoch oder besonders niedrig, treten die nicht-preislichen Präferenzen in den Hintergrund. Stattdessen reagieren die Konsumenten auf Preisänderungen, indem sie bei sehr hohen Preisen ab- beziehungsweise bei sehr niedrigen Preisen zuwandern.

Die beiden polypolistischen Bereiche der Preis-Absatz-Kurve markieren die Preisober- beziehungsweise die Preisuntergrenze. Ein Preis, der über den Prohibitivpreis P_A hinausgeht, zieht überhaupt keine Konsumenten an, ein Preis, der unterhalb der Preisuntergrenze P_G gesetzt wird, ist suboptimal, da die Konsumenten bei gleicher Nachfrage bereit sind, einen höheren Preis zu entrichten.

Die Verlängerung des monopolistischen Bereichs der Preis-Absatz-Kurve ergibt eine fallende Strecke, welche die Abszisse in a und die Ordinate in b schneidet. Von den Preiselastizitäten linearer Nachfragekurven wissen wir, dass die Preiselastizität der Nachfrage in der Mitte dieser Strecke in D beziehungsweise in der Mitte des Abszissenabschnitts in K bei eins liegt. In diesem Fall sind die Grenzerlöse null. Die Amoroso-Robinson-Relation zeigt uns, dass die Einheitselastizität Bedingung für das Ertragsmaximum eines Monopolisten ist. Deshalb verkörpert H in ◘ Abb. 3.18 das Ertragsmaximum des monopolistischen Angebotskonkurrenten.

Grenzerlöse = Grenzkosten

Im Gewinnmaximum sind wie im Polypol und im Monopol die Grenzerlöse gleich den Grenzkosten.

In ◘ Abb. 3.18 erhalten wir vier Schnittpunkte von Grenzkosten- und Grenzerlöskurve, in denen diese notwendige Bedingung eines Gewinnmaximums erfüllt ist: A, J, N und G.

Wie aus der Unternehmungstheorie bereits bekannt, lautet die zweite Bedingung für ein Gewinnmaximum, dass die zweite Ableitung der Gewinngleichung kleiner als null ist:

$$\frac{d^2\Pi}{dX^2} = \frac{d^2R}{dX^2} - \frac{d^2K}{dX^2} < 0 \tag{3.47}$$

Daraus folgt, dass im Gewinnmaximum die Steigung der Grenzerlöskurve kleiner sein muss als die der Grenzkostenkurve:

$$\Rightarrow \frac{d^2R}{dX^2} < \frac{d^2K}{dX^2} \tag{3.48}$$

Dies bedeutet, dass die Grenzkostenkurve die Grenzerlöskurve von unten schneiden muss. In zwei der vier genannten Punkte schneidet die Grenzkostenkurve die Grenzerlöskurve aber von oben: Bei den Produktionsmengen X_A und X_N liegen relative Gewinnminima vor, da in A beziehungsweise in N die Steigung der Grenzkostenkurve kleiner ist als die der Grenzerlöskurve. In den Punkten J und G schneidet die Grenzkostenkurve die Grenzerlöskurve von unten, das heißt die Steigung der Grenzkostenkurve ist größer als die der Grenzerlöskurve. Somit liegen in den beiden korrespondierenden Punkten

3

C sowie G auf der Preis-Absatz-Kurve zwei relative Gewinnmaxima vor.

Die Preis-Mengen-Kombination in C wird der Kombination in G vorgezogen, da die Summe der Grenzkosten zwischen X_C und X_G größer ist als die Summe der Grenzerlöse zwischen X_C und X_G. Die Erträge in C sind größer als in G. Zudem sind die Kosten in C geringer als in G, weil in C weniger produziert wird als in G. In Abb. 3.18 repräsentiert C das Optimum der monopolistischen (Angebots-) Konkurrenz. Die Grafik veranschaulicht, dass jede zusätzliche Angebotsmenge, die über X_G hinausgeht, Verluste mit sich bringt, da die Grenzkosten höher sind als die Grenzerlöse.

> Im *kurzfristigen* **Gleichgewicht** produziert der Unternehmer wie im Monopol im preiselastischen Bereich. Wie im Polypol und Monopol entsprechen die Grenzkosten den Grenzerlösen, nicht aber dem Preis, der wie im Monopol in der monopolistischen Angebotskonkurrenz höher ist als im Polypol. Daher ist die Gleichgewichtsmenge in der monopolistischen Angebotskonkurrenz geringer als im Polypol.

3.5.3 Langfristiges Gleichgewicht

Im langfristigen Gleichgewicht ist zu berücksichtigen, dass die Kosten*struktur* variabel und der Markt für potentielle Mitbewerber offen ist. Solange Gewinne erzielt werden, treten neue Anbieter auf den Markt, sodass der Marktanteil eines einzelnen Anbieters sinkt. Deshalb verschiebt sich in ◘ Abb. 3.19 die Preis-Absatz-Kurve PAK_1 nach links. Die Verschiebung ist keine parallele, sondern eine prozentuale, da der Markt*anteil* um einen bestimmten Prozentsatz sinkt. Deshalb müssen die Streckenverhältnisse a/b sowie c/d gleich sein. Wir verschieben die Preis-Absatz-Kurve in Kombination mit einer Drehung so lange nach links, bis die neue Preis-Absatz-Kurve PAK_2 die Kurve der langfristigen Durchschnittskosten im Punkt B tangiert. In B erhalten wir das langfristige Gleichgewicht der monopolistischen Konkurrenz. Weil die Erlöse durch die Kosten vollständig aufgezehrt werden, fehlen die Anreize für weitere Unternehmungen, am Markt aktiv zu werden.

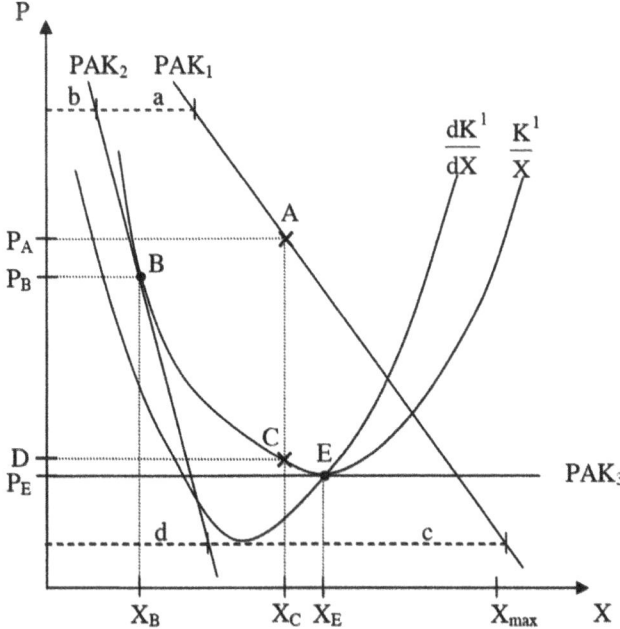

■ **Abb. 3.19** Langfristiges Gleichgewicht in der monopolistischen Angebotskonkurrenz

Unterhalb von B erleiden die Unternehmungen Verluste, da in diesem Fall ihre Kosten höher sind als ihre Erlöse, oberhalb von B erwirtschaften sie Gewinne, sodass weitere Konkurrenten auf den Markt strömen.

> Im *langfristigen* **Gleichgewicht** liegen die Gewinne bei null, weil nur in diesem Fall keine weiteren Anbieter auf dem Markt aktiv werden. Trotz des Ausbleibens von Gewinnen ist eine unternehmerische Tätigkeit dennoch attraktiv, da zu den Kosten auch die (kalkulatorischen) Faktorentgelte gerechnet werden, beispielsweise der kalkulatorische Unternehmerlohn und die Eigenkapitalverzinsung.

Zum Vergleich zwischen der monopolistischen und der polypolistischen Konkurrenz tragen wir für den Fall vollständiger Konkurrenz die Preis-Absatz-Kurve PAK_3 ab. Diese verläuft waagerecht, da die Preiselastizität des Angebots im Polypol gegen unendlich strebt. Punkt E repräsentiert die optimale Preis-Mengen-Kombination in

3

der vollständigen Konkurrenz: Im Vergleich zur optimalen Preis-Mengen-Kombination in der monopolistischen Konkurrenz im Punkt B sind bei vollständiger Konkurrenz im Punkt E die gehandelten Mengen größer und die Preise niedriger:

$$X_E > X_B \tag{3.49}$$

$$P_E < P_B \tag{3.50}$$

In unserem Beispiel produzieren die Unternehmer in der vollständigen Konkurrenz im Betriebsoptimum, in dem die langfristigen Durchschnittskosten minimal sind.

Um sich dem Preiswettbewerb zu entziehen, betreiben Unternehmer eine Politik der Produktdifferenzierung. Der Vorteil der monopolistischen Konkurrenz liegt in der Produktvielfalt, da die Produktdifferenzierung nicht einheitliche, sondern ähnliche, aber unterschiedliche Güter hervorbringt.

Diese Politik wird im Folgenden vorgestellt.

3.5.4 Produktdifferenzierung

> Die Politik der **Produktdifferenzierung** ist darauf ausgerichtet, geringe Unterschiede *ähnlicher* Produkte als signifikant herauszustreichen und den Verbrauchern zu suggerieren, dass jedes differenzierte Produkt einzigartig und nicht durch andere ähnliche Produkte zu substituieren ist. Aufgrund der vorgeblichen mangelnden Substituierbarkeit ist die Preiselastizität der Nachfrage niedriger, sodass sich der Preiswettbewerb verringert.

Wie erfolgreich eine Politik der Produktdifferenzierung ist, lässt sich beispielsweise daran erkennen, dass nicht wenige deutsche Haushalte eine Hundertschaft an Trinkgefäßen bereithalten: Wir kennen zum Beispiel Kaffeetassen, Milchkaffeetassen, Espresso-Tassen, Teetassen, Teegläser, Saft-Gläser, Cola-Gläser, Biergläser, Weizenbiergläser, Altbiergläser, Berliner-Weiße-Gläser, Rotweingläser, Weißweingläser, Sektgläser, Bowle-Gläser, Whisky-Gläser, Weinbrandgläser, Wodka-Gläser, Likör-Gläser, Obstler-Gläser, Calvados-Gläser, Tequila-Gläser, Cocktail-Gläser und viele andere mehr. Im Geschmack geschulte Gourmets mögen in Abhängigkeit von der Glassorte feine Unterschiede schmecken, aber für die Mehrheit ist die Ursache für die Vielfalt von Gläsern in der erfolgreichen Politik der Produktdifferenzierung zu sehen, die bei unterschiedlichen Getränken die Assoziationen auf unterschiedliche Glasformen lenkt.

Ein weiteres Beispiel ist das Produkt Zellstoff: „Toilettenpapier" besteht aus Zellstofftüchern, die an einem bestimmten Ort zu einem bestimmten Zweck zu verwenden sind. (Papier-) „Taschentücher" sind Zellstofftücher, die im Gegensatz zu Toilettenpapier in der (Jacken-) „Tasche" aufbewahrt werden können und für einen anderen Zweck vorgesehen sind. „Küchenrollen" setzen sich aus Zellstofftüchern zusammen, die in der Küche zu verwenden sind. „Papierhandtücher" sind Zellstofftücher, die blattweise ausgegeben werden und für die „Hände" zu benutzen sind. „Servietten" sind in besonderer Weise gefaltete Zellstofftücher, deren angemessener Platz der Esstisch ist. „Kleenex-Tücher" sind feine Zellstofftücher, die für das Beseitigen kleinerer Unbill im Esszimmer, Badezimmer oder Auto ein angemessenes Hilfsmittel darstellen. „Kosmetiktücher" sind noch feinere Zellstofftücher, die für den kosmetischen Bereich gedacht sind. „Babytücher" sind Zellstofftücher, die für die Reinigung von Kleinkindern zu verwenden sind. In allen beschriebenen acht Fällen handelt es sich um Zellstoff. Dass die adäquate Verwendung des in viele Produkte differenzierten Zellstoffs subtil durch Gewohnheit beeinflusst wird, zeigt die unterschiedliche Handhabung: So ist es beispielsweise in vielen asiatischen Ländern durchaus üblich, in Restaurants Toilettenpapierrollen auf dem Esstisch zu platzieren.

3.5.5 Zusammenfassung

1. In der *monopolistischen* Konkurrenz stehen wie im Polypol viele Anbieter vielen Nachfragern gegenüber. Aufgrund der *Heterogenität* der angebotenen Güter gibt es jedoch einen monopolistischen Bereich, in dem der Preiswettbewerb nur eine untergeordnete Rolle spielt.

2. Im *kurzfristigen* Gleichgewicht produziert der Unternehmer wie im Monopol im preiselastischen Bereich. Wie im Polypol und Monopol entsprechen die

Grenzkosten den Grenzerlösen, nicht aber dem Preis, der wie im Monopol in der monopolistischen Angebotskonkurrenz höher ist als im Polypol. Daher ist die Gleichgewichtsmenge in der monopolistischen Angebotskonkurrenz geringer als im Polypol.

3. Im *langfristigen* **Gleichgewicht** liegen die Gewinne bei null, weil nur in diesem Fall keine weiteren Anbieter auf dem Markt aktiv werden. Trotz des Ausbleibens von Gewinnen ist eine unternehmerische Tätigkeit dennoch attraktiv, da zu den Kosten auch die (kalkulatorischen) Faktorentgelte gerechnet werden, beispielsweise der kalkulatorische Unternehmerlohn und die Eigenkapitalverzinsung.

4. Die Politik der **Produkt***differenzierung* ist darauf ausgerichtet, geringe Unterschiede *ähnlicher* Produkte als signifikant herauszustreichen und den Verbrauchern zu suggerieren, dass jedes differenzierte Produkt einzigartig und nicht durch andere ähnliche Produkte zu substituieren ist. Aufgrund der vorgeblichen mangelnden Substituierbarkeit ist die Preiselastizität der Nachfrage niedriger, sodass sich der Preiswettbewerb verringert.

3.6 Oligopol

3.6.1 Einführung

Im (Angebots-) **Oligopol** stehen wenige Anbieter vielen Nachfragern gegenüber.

Für die oligopolistische Marktform ist strategisches Verhalten der Marktteilnehmer kennzeichnend: Aktionen Einzelner haben durch Übertragungs- (spillovers) und Rückwirkungseffekte (feedbacks) Auswirkungen auf den gesamten Markt. Handelnde sind bestrebt, die möglichen Verhaltensweisen der anderen Marktakteure zu antizipieren und ein Instrumentarium angemessener Reaktionsmuster bereitzuhalten. Hingegen ist die gedankliche Vorwegnahme des Verhaltens der Konkurrenten im Polypol nicht ergiebig, weil ein einzelner Akteur nur einen verschwindend geringen Einfluss auf den Markt ausübt, und im Monopol nicht notwendig, weil es keine Konkurrenz gibt.

Im Folgenden unterscheiden wir mehrere Formen strategischen Verhaltens: **simultane** Interaktionen, bei denen die Akteure ihre Entscheidungen über Menge und Preis gleichzeitig treffen, ohne die Entscheidung des jeweils anderen zu kennen; **sequentielle** Interaktionen, bei denen die Marktteilnehmer ihre Entscheidungen über Menge und Preis nacheinander treffen und auf die Entscheidung ihres jeweiligen Gegenübers reagieren können; **Kartelle,** bei denen die Handelnden gemeinsame Absprachen treffen.

strategisches Verhalten

> Für Oligopolisten ist **strategisches Verhalten** charakteristisch. Zu unterscheiden sind fünf unterschiedliche Strategien: simultane Mengenfestsetzung, simultane Preisfestsetzung, (sequentielle) Mengenführerschaft, (sequentielle) Preisführerschaft, Kartell.

3.6.2 Isogewinnkurven und Reaktionskurven

Um die Marktform des Oligopols zu untersuchen, gehen wir vom einfachsten Fall eines Oligopols aus: von einem Duopol, in dem es nur zwei Unternehmer U_1 und U_2 gibt, die einer Vielzahl von Nachfragern gegenüberstehen.

Zunächst ermitteln wir für beide Unternehmer alle denkbaren Gewinnsituationen. Sämtliche Kombinationen möglicher Verkaufsmengen beider Unternehmer, die zum gleichen Gewinn eines Unternehmers führen, liegen auf dessen Isogewinnkurve. Mögliche Isogewinnkurven sind in ◘ Abb. 3.20 dargestellt:

Isogewinnkurve

> Die **Isogewinnkurve** eines Unternehmers ist der geometrische Ort aller Kombinationen von Gütermengen dieses Unternehmers und seines Konkurrenten, bei denen der „Gewinn" dieses Unternehmers „gleich" hoch ist.

Betrachten wir zunächst **Unternehmer zwei,** dessen Güterangebot auf der Ordinate gemessen wird: Den höchsten

3

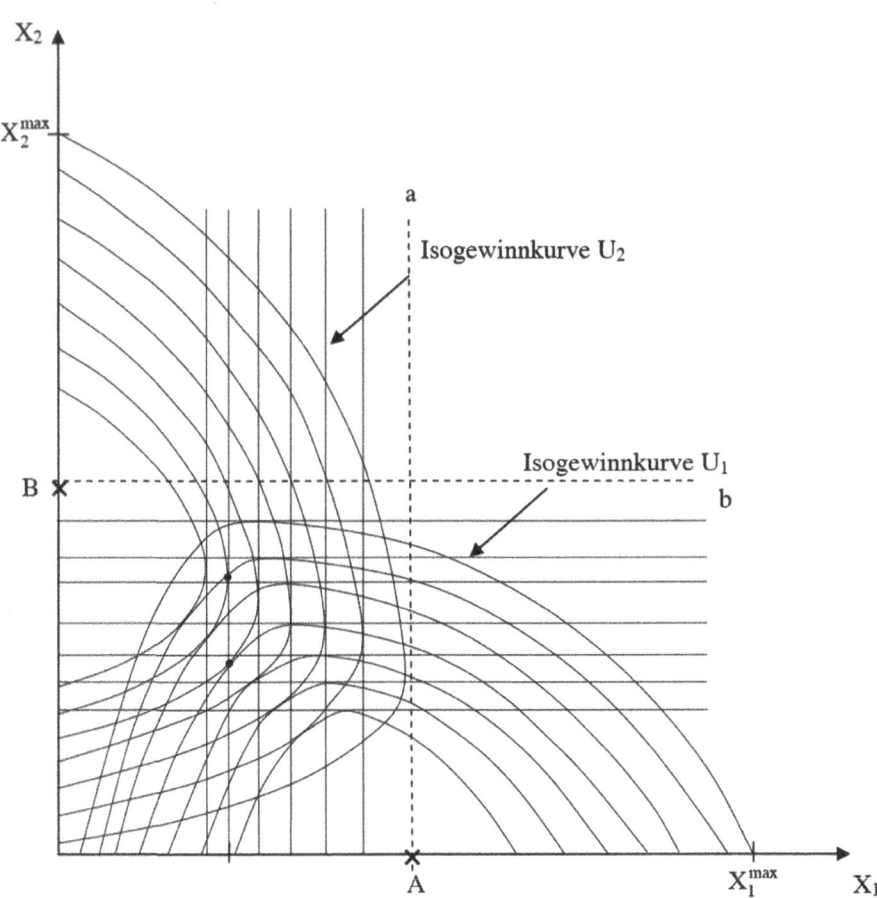

□ Abb. 3.20 Isogewinnkurven von Oligopolisten

Gewinn erzielt er, wenn er als Monopolist agiert, wenn also die konkurrierende Unternehmung eins, deren Güterangebot auf der Abszisse gemessen wird, überhaupt nichts produziert. Gemäß der Amoroso-Robinson-Relation versucht der als Monopolist agierende Oligopolist bei Vernachlässigung der Produktionskosten genau die halbe Sättigungsmenge zu produzieren, weil bei dieser Menge die Grenzerlöse null sind. Sein **gewinnmaximaler Punkt** ist **B**. Es gilt:

$$B = \frac{X_2^{max}}{2} \tag{3.51}$$

Isogewinnkurven, die weiter rechts liegen, bedeuten für Unternehmer zwei einen geringeren Gewinn. In diesem Fall bietet nämlich auch Unternehmer eins seine Güter am Markt an und macht dem zweiten Unternehmer dessen Marktanteile streitig. Mit zunehmendem Angebot des Konkurrenten steigt ceteris paribus die Marktmenge, was einen dämpfenden Preiseffekt nach sieht zieht. Entweder wird Unternehmer zwei weniger Menge als in seinem Optimum anbieten, was durch die Abschnitte seiner Isogewinnkurven repräsentiert wird, die unterhalb seines gewinnmaximalen Güterangebots $X_2^B = B$ und damit unterhalb der Strecke b liegen. Oder er wird mehr Menge zu einem geringeren Preis anbieten, was durch die Abschnitte seiner Isogewinnkurven repräsentiert wird, die oberhalb seiner gewinnmaximalen Menge und damit oberhalb der Linie b liegen.

Für die Isogewinnkurven von **Unternehmer eins** erfolgt die Erklärung analog: Sein **Gewinnmaximum** liegt im Punkt **A,** in dem sein Konkurrent Unternehmer zwei überhaupt nichts anbietet, Unternehmer eins also eine monopolistische Position innehat. Es gilt:

$$A = \frac{X_1^{max}}{2} \qquad (3.52)$$

Isogewinnkurven, die weiter oben liegen, bedeuten für Unternehmer eins einen geringeren Gewinn. In diesem Fall bietet nämlich auch Unternehmer zwei seine Güter am Markt an. Entweder wird Unternehmer eins weniger Menge anbieten, was durch die Abschnitte seiner Isogewinnkurven repräsentiert wird, die links von seinem gewinnmaximalen Güterangebot $X_1^A = A$ und damit links von der Linie a liegen. Oder er wird mehr Menge zu einem geringeren Preis anbieten, was durch die Abschnitte seiner Isogewinnkurven repräsentiert wird, die rechts von seiner gewinnmaximalen Menge und damit rechts von der Linie a liegen.

Eine Isogewinnkurve zeigt uns, dass der Gewinn eines Unternehmers grundsätzlich bei zwei unterschiedlich hohen Produktionsmengen gleich sein kann: Mit zunehmender Produktion steigt das Marktangebot, sodass der Preis und der durchschnittliche Gewinn sinken. Mit abnehmender Produktion sinkt das Marktangebot, sodass der Preis und der durchschnittliche Gewinn steigen. Gleichen sich der Mengen- und der Preiseffekt aus, bleiben die Gewinne unverändert.

Nachdem wir uns mit den möglichen Gewinnsituationen der Unternehmer vertraut gemacht haben, wenden wir uns ihrem strategischen Verhalten zu: Wenn keiner der beiden Unternehmer zum Entscheidungszeitpunkt vollständige Information über das Verhalten seines Konkurrenten hat, muss jeder versuchen,

Reaktionskurve

3

die möglichen Verhaltensweisen des anderen zu antizipieren, um darauf adäquat reagieren zu können. Die optimalen Reaktionsmöglichkeiten werden grafisch durch die Reaktionskurven beschrieben.

> Die **Reaktionskurve** eines Unternehmers ist der geometrische Ort aller Kombinationen von Gütermengen, die dieser Unternehmer in Abhängigkeit von der angebotenen Menge seines Konkurrenten anbietet.

Diese Kurve zeigt, mit welchem Angebot der Unternehmer auf die Mengenentscheidung seines Konkurrenten reagiert. Betrachten wir die Reaktionskurve des Unternehmers zwei in ▢ Abb. 3.21: Unternehmer zwei *reagiert* auf

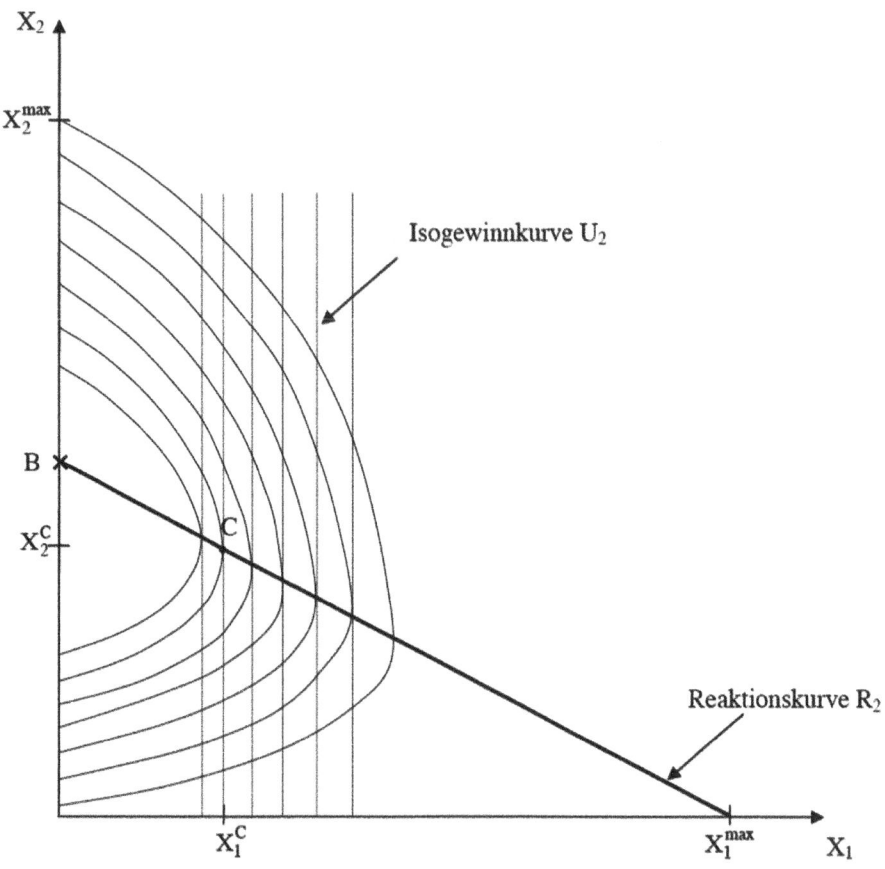

▢ **Abb. 3.21**   Reaktionskurve des Unternehmers 2

die Entscheidungen des Unternehmers eins. Da er diese im Vorhinein nicht kennt, verhält er sich strategisch und spielt alle Möglichkeiten durch, die Unternehmer eins offenstehen. Weil Unternehmer eins grundsätzlich sämtliche Mengeneinheiten X_1 wählen kann, die auf der Abszisse gemessen werden, können wir gedanklich an jeder dieser Mengeneinheiten eine Vertikale abtragen, welche eine bestimmte Menge des Unternehmers eins festlegt und alle Möglichkeiten aufzeigt, mit welchen Mengen Unternehmer zwei reagieren kann. Dieser wird entlang der Senkrechten den Punkt wählen, der für ihn gewinnmaximal ist. Dies ist genau der Punkt, der eine Isogewinnkurve tangiert und deshalb den höchstmöglichen Gewinn des reagierenden Unternehmers zwei auf eine Mengenfestsetzung des Unternehmers eins markiert. Ziehen wir gedanklich von diesem Tangentialpunkt eine Horizontale zur Ordinate, kennen wir die gewinnmaximale Angebotsmenge des Unternehmers zwei für den Fall, dass Unternehmer eins eine bestimmte Menge wählt. Wählt Unternehmer eins beispielsweise die Menge X_1^C, tragen wir eine Senkrechte ab, die ihren Ausgang in X_1^C nimmt und im Punkt C einen Tangentialpunkt mit einer Isogewinnkurve des Unternehmers zwei aufweist. Wandern wir von C parallel zur Abszisse nach links zur Ordinate, erhalten wir die für Unternehmer zwei gewinnmaximale Angebotsmenge X_2^C. Wenden wir dieses Verfahren auf sämtliche möglichen Angebotsmengen des Unternehmers eins an, erhalten wir unendlich viele Tangentialpunkte von Isogewinnkurven des Unternehmers zwei und von Senkrechten, die ihren Ursprung auf der Abszisse haben. Verbinden wir alle Berührungspunkte, generieren wir wie in ◧ Abb. 3.21 die Reaktionskurve des Unternehmers zwei. Die Reaktionskurve des zweiten Unternehmers beginnt in seinem Gewinnmaximum in B auf der Ordinate und endet in der Sättigungsmenge des ersten Unternehmers auf der Abszisse.

Analog ermitteln wir in ◧ Abb. 3.22 die Reaktionskurve des Unternehmers eins:

Unternehmer eins *reagiert* auf die Entscheidungen von Unternehmer zwei. Da Unternehmer zwei grundsätzlich sämtliche Mengeneinheiten X_2 wählen kann, die auf der Ordinate gemessen werden, können wir gedanklich an jeder dieser Mengeneinheiten eine Horizontale abtragen, welche eine bestimmte Menge des Unternehmers zwei festlegt und alle Möglichkeiten aufzeigt, mit

3

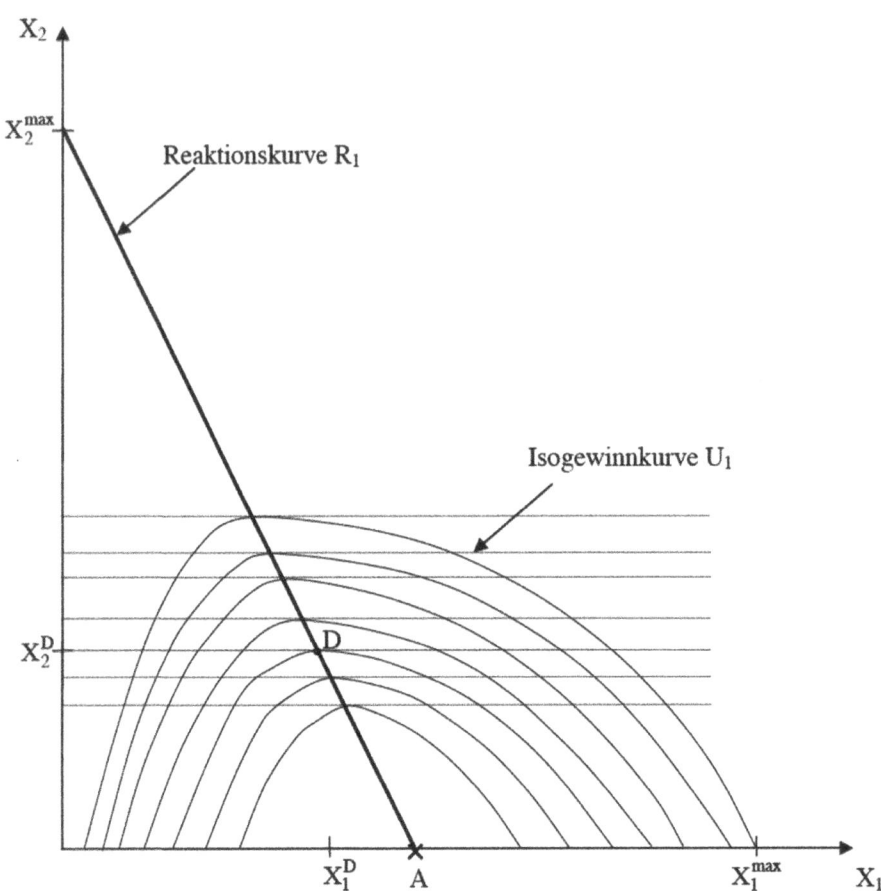

□ **Abb. 3.22**   Reaktionskurve des Unternehmers 1

welchen Mengen Unternehmer eins reagieren kann. Dieser wird entlang der Waagerechten den Punkt wählen, der für ihn gewinnmaximal ist. Dies ist beispielsweise der Punkt D, der eine Isogewinnkurve tangiert. Ziehen wir gedanklich eine Vertikale von diesem Punkt zur Abszisse, kennen wir die gewinnmaximale Angebotsmenge X_1^D des Unternehmers eins für den Fall, dass Unternehmer zwei die Menge X_2^D anbietet. Wenden wir dieses Verfahren auf sämtliche möglichen Angebotsmengen des Unternehmers zwei an, erhalten wir unendlich viele Tangentialpunkte von Isogewinnkurven des Unternehmers eins und von Waagerechten, die ihren Ursprung auf der Ordinate haben. Verbinden wir sämtliche Berührungspunkte, entwickeln wir die Reaktionskurve des Unternehmers eins. Die Reaktionskurve des ersten Unternehmers beginnt in seinem Gewinnmaximum in A auf der Abszisse und endet in der Sättigungsmenge des zweiten Unternehmers auf der Ordinate.

3.6.3 Simultane Mengenfestsetzung

Simultane Interaktionen sind Interaktionen, bei denen beide Unternehmer ihre Entscheidungen gleichzeitig fällen, ohne die Entscheidung des jeweils anderen abwarten zu können. Beide Unternehmer handeln autonom. Wir unterscheiden zwischen der simultanen Mengenfestsetzung sowie der simultanen Preisfestsetzung.

> Bei **simultaner Mengenfestsetzung** kennen die Oligopolisten die Pläne ihrer Konkurrenten nicht und haben auch keine marktbeherrschende Stellung inne. Jede Unternehmung muss die mögliche Mengenentscheidung der *anderen* Unternehmung in ihren Kalkül miteinbeziehen.

Somit hängt die geplante Menge X_1 des ersten Unternehmers von der geplanten Menge X_2 des zweiten Unternehmers ab, und umgekehrt:

$$X_1 = X_1(X_2) \tag{3.53}$$

$$X_2 = X_2(X_1) \tag{3.54}$$

◘ Abb. 3.23 zeigt die Lösung für den Fall der simultanen Mengenfestsetzung, die auch Cournot-Gleichgewicht genannt wird:

Beide Unternehmer lassen die Entscheidung ihres Konkurrenten unmittelbar in ihre Entscheidung einfließen, sodass beide einen Algorithmus aufstellen, der sämtliche Reaktionen auf die potentiellen Entscheidungen des Mitbewerbers einbezieht. Unternehmer zwei bereitet sich auf seine jeweils optimale Reaktion auf die Mengenentscheidung des Unternehmers eins vor. Grafisch wählt er einen Punkt auf seiner Reaktionskurve. Andernfalls verhält er sich suboptimal. Analog gilt die Argumentation für Unternehmer eins, der in Abhängigkeit von der Mengenentscheidung des Unternehmers zwei ebenfalls eine Wahl trifft, die grafisch auf

3

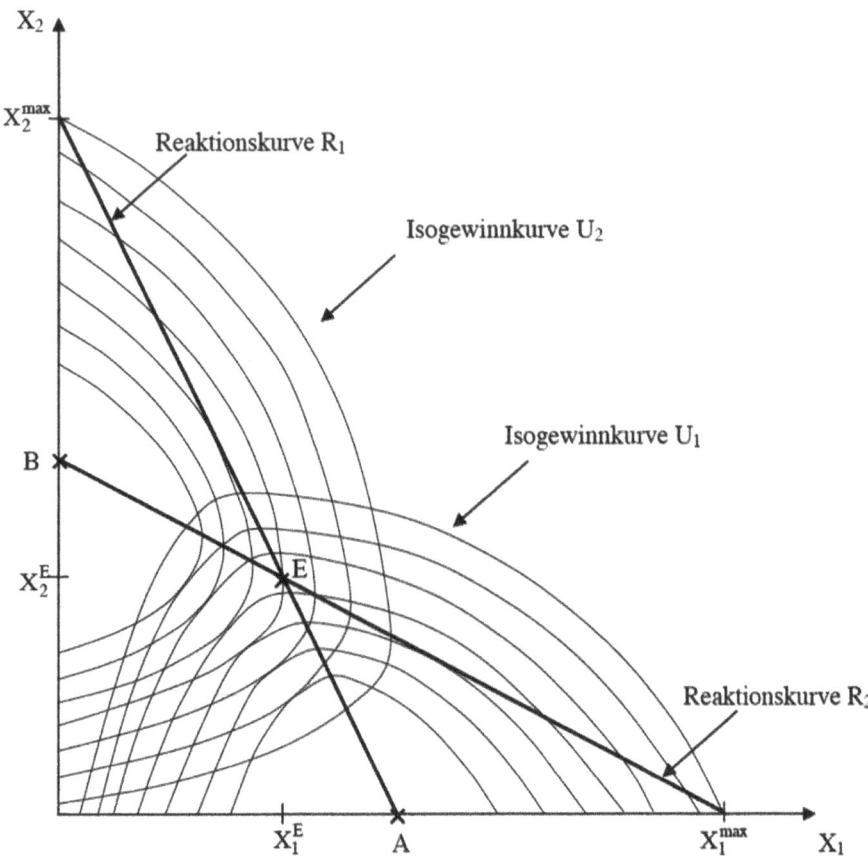

Abb. 3.23   Cournot-Gleichgewicht bei simultaner Mengenfestsetzung

seiner Reaktionskurve liegt, da sie alle seine optimalen Reaktionen repräsentiert. Gilt für beide Unternehmer, dass sie jeweils einen Punkt auf ihrer Reaktionskurve präferieren, ist das Gleichgewicht simultaner Mengenfestsetzung erst dann erreicht, wenn Unternehmer zwei die Menge X_2^E und Unternehmer eins die Menge X_1^E wählt. Denn die Koordinaten dieser beiden Mengen liegen genau in E, dem Schnittpunkt beider Reaktionskurven. In allen anderen Fällen stellt sich zumindest einer der beiden Unternehmer schlechter. Nur in E sind die Reaktionen beider Unternehmer kompatibel.

Gemäß der Amoroso-Robinson-Relation versucht jeder Unternehmer bei Vernachlässigung seiner Produktionskosten, die halbe Sättigungsmenge anzubieten. Dies wird ihm im Fall mehrerer Oligopolisten jedoch nicht gelingen. Jeder Unternehmer kann nur die Hälfte der Menge anbieten, die ihm der Markt überlässt. Einem Monopolisten steht die gesamte Marktmenge zur Verfügung, er entscheidet sich somit für die halbe Sättigungsmenge. Ein Duopolist muss die Marktmenge mit einem Konkurrenten unter sich aufteilen. Wir unterstellen, dass die produktionsrelevanten Daten für alle Unternehmer gleich sind. Deshalb befinden wir uns im Gleichgewicht, wenn jeder der beiden Duopolisten genau ein Drittel der Sättigungsmenge anbietet: Bietet beispielsweise Unternehmer eins ein Drittel der Sättigungsmenge an, stehen Unternehmer zwei noch zwei Drittel der Sättigungsmenge zur Verfügung. Davon wählt er gemäß der Amoroso-Robinson-Relation die Hälfte, sodass er ebenfalls ein Drittel der Sättigungsmenge produziert. In einem Duopol liegt das aggregierte Marktangebot somit bei zwei Dritteln der Sättigungsmenge.

Sind drei Oligopolisten auf dem Markt aktiv, wird jeder jeweils ein Viertel der Sättigungsmenge anbieten: Produzieren zum Beispiel Unternehmer eins sowie Unternehmer zwei jeweils ein Viertel der Sättigungsmenge, verbleibt für Unternehmer drei die Hälfte der Sättigungsmenge. Davon wählt er die Hälfte, also ein Viertel. Das Marktangebot eines Oligopols mit drei Anbietern liegt bei drei Vierteln der Sättigungsmenge.

Tritt ein vierter Oligopolist auf den Markt, wird jeder Unternehmer jeweils ein Fünftel der Sättigungsmenge produzieren, sodass das aggregierte Marktangebot auf vier Fünftel der Sättigungsmenge steigt. Mit zunehmender Zahl von Oligopolisten wird im Cournot-Gleichgewicht das aggregierte Marktangebot steigen und der Preis sinken. Je näher wir einem Polypol kommen, desto mehr nähern wir uns einem Marktangebot, das – bei Vernachlässigung der Kosten – der Sättigungsmenge entspricht.

Bei simultaner Mengenfestsetzung ist das Optimum das **Cournot-Gleichgewicht,** in dem sich die Reaktionskurven der Oligopolisten schneiden. In einem Duopol liegt die gewinnmaximale Menge bei je einem Drittel der Sättigungsmenge, in einem Oligopol mit drei Anbietern bei je einem Viertel, in einem Oligopol mit vier Anbietern bei je einem Fünftel der Sättigungsmenge.

3

3.6.4 Simultane Preisfestsetzung

> Bei **simultaner Preisfestsetzung** kennen die Oligopolisten die Pläne ihrer Konkurrenten nicht und haben auch keine marktbeherrschende Stellung inne. Die Unternehmer bestimmen ihre Preise, jedoch werden die Mengen, die sie zu ihren jeweils festgelegten Preisen absetzen können, vom Markt bestimmt.

Im Fall simultaner Preisfestsetzung bestimmen beide Unternehmer ihre Preise, ohne dass sie wissen, wie die Konkurrenz reagiert.

Bertrand-Wettbewerb

Da zwar ein Oligopol vorliegt, sich beide Oligopolisten aber im Fall *homogener* Güter wie bei vollständiger Konkurrenz verhalten, bezeichnen wir den Fall der simultanen Preisfestsetzung in Würdigung des französischen Mathematikers Joseph Bertrand (1822–1900) auch als Bertrand-Wettbewerb. Obwohl die formalen Voraussetzungen für ein Oligopol erfüllt sind, sind die Ergebnisse nicht anders als im Polypol. In ihrem Verhalten unterscheiden sich die Marktteilnehmer nur dadurch, dass Polypolisten den Preis als Datum ansehen und ihre Mengen anpassen, wogegen Oligopolisten Preissetzer sind. Diese treten in einen Preiswettbewerb, der erst endet, wenn der Preis den Grenzkosten entspricht. Bei Vernachlässigung der Produktionskosten liegen die Grenzkosten bei null, sodass im Duopol beide Unternehmer jeweils die Hälfte der Sättigungsmenge anbieten. Das Marktangebot entspricht somit der Sättigungsmenge, der Preis ist gleich den Grenzkosten. Im Vergleich zur vollständigen Konkurrenz treten keine Wohlfahrtsverluste auf.

heterogene Güter

Handeln die Unternehmer nicht mit homogenen, sondern mit *heterogenen* Gütern, stellt sich die Lage anders dar: Oligopolisten verhalten sich wie Produzenten in der monopolistischen Konkurrenz und versuchen durch Produktdifferenzierung innerhalb des monopolistischen Bereichs so viel Konsumentenrente wie möglich abzuschöpfen.

> Bei simultaner Preisfestsetzung *homogener* Güter ist das Optimum das **Bertrand-Gleichgewicht,** in dem sich die Oligopolisten wie Polypolisten verhalten und der Preis

den Grenzerlösen und den Grenzkosten entspricht. Bei simultaner Preisfestsetzung *heterogener* Güter entspricht das Gleichgewicht demjenigen der **monopolistischen Konkurrenz.**

3.6.5 Mengenführerschaft

Sequentielle Interaktionen sind Interaktionen, bei denen die Unternehmer ihre Entscheidungen nacheinander fällen können. Nach der Entscheidung des führenden Unternehmers für eine bestimmte Menge beziehungsweise für einen bestimmten Preis passt sich der andere Unternehmer an.

Im Fall der Mengenführerschaft, den wir in ◘ Abb. 3.24 darstellen, wird zwischen einem **Mengenführer** und einem **Mengen***folger* unterschieden. Unternehmer eins sei Mengenführer, Unternehmer zwei Mengenfolger.

Bei (sequentieller) **Mengenführerschaft** kennt der Mengen*folger* vor seiner eigenen Entscheidung die Entscheidung des Mengen*führers,* der eine marktbeherrschende Stellung innehat. Der Mengen*führer* orientiert sich an der vermeintlichen Reaktion des Mengen*folgers,* sodass für den Mengenführer das Gewinnmaximierungsproblem des Mengen*folgers* relevant ist.

Die Angebotsmenge des *Mengenfolgers* ist negativ abhängig von der Angebotsmenge des Mengenführers, die für den Mengenfolger ein Datum darstellt. Je mehr der Mengenführer anbietet, desto weniger bietet der Mengenfolger an. Die Reaktionsfunktion des Mengenfolgers lautet:

$$X_2 = X_2 \underset{(-)}{(X_1)} \tag{3.55}$$

Der Mengenfolger U_2 wählt seine Angebotsmenge entlang seiner Reaktionskurve, die ihm die gewinnmaximale Absatzmenge in Abhängigkeit von der angebotenen Menge des Mengenführers U_1 zeigt. Der Mengenführer muss sich in die Lage des Mengenfolgers

von-Stackelberg-Gleichgewicht

3

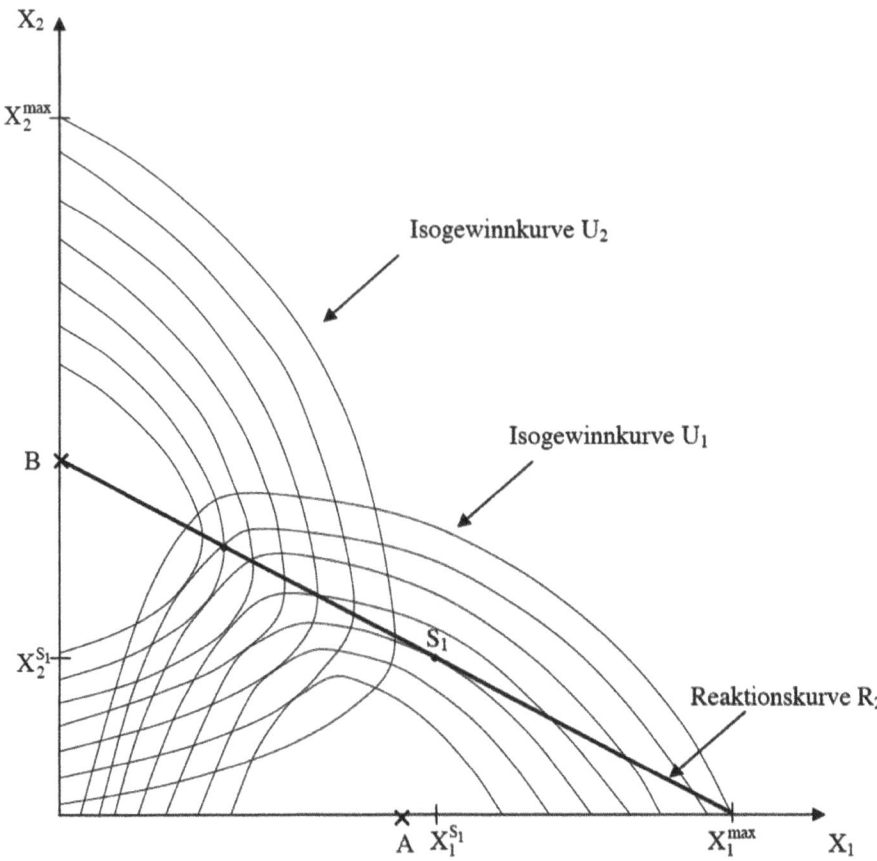

□ **Abb. 3.24**   von-Stackelberg-Gleichgewicht bei Mengenführerschaft des Unternehmers 1

versetzen und überlegen, welche Menge für ihn als Mengenführer die optimale ist, wenn er davon ausgeht, dass der Mengenfolger nur Kombinationen auf seiner Reaktionskurve wählt. Grafisch entscheidet sich der Mengenführer für die Menge, bei welcher die Reaktionskurve des Mengenfolgers die höchstmögliche Isogewinnkurve des Mengenführers tangiert, wie dies im Punkt S_1 der Fall ist. Zum Gedenken an den deutschen Ökonomen Heinrich Freiherr von Stackelberg (1905–1946) nennen wir die optimale Mengenkombination bei Mengenführerschaft von-Stackelberg-Gleichgewicht.

> Bei (sequentieller) Mengenführerschaft ist das Optimum das **von-Stackelberg-Gleichgewicht**, in dem der Mengen-

> *führer* die Menge wählt, bei welcher die Reaktionskurve
> des Mengen*folgers* die höchstmögliche Isogewinnkurve
> des Mengen*führers* tangiert.

Ist Unternehmer zwei Mengenführer und Unternehmer
eins Mengenanpasser, liegt das von-Stackelberg-Gleichgewicht in ◘ Abb. 3.25 im Punkt S_2:

Die Argumentation erfolgt analog: Unternehmer
zwei nimmt als Mengenführer zur Kenntnis, dass Unternehmer eins als Mengenfolger auf die Mengenvorgabe
des Mengenführers optimal reagieren und deshalb einen Punkt auf seiner Reaktionskurve wählen wird. Dem
Mengenführer fällt die Aufgabe zu, unter den möglichen
Reaktionen des Mengenfolgers diejenige zu provozieren,

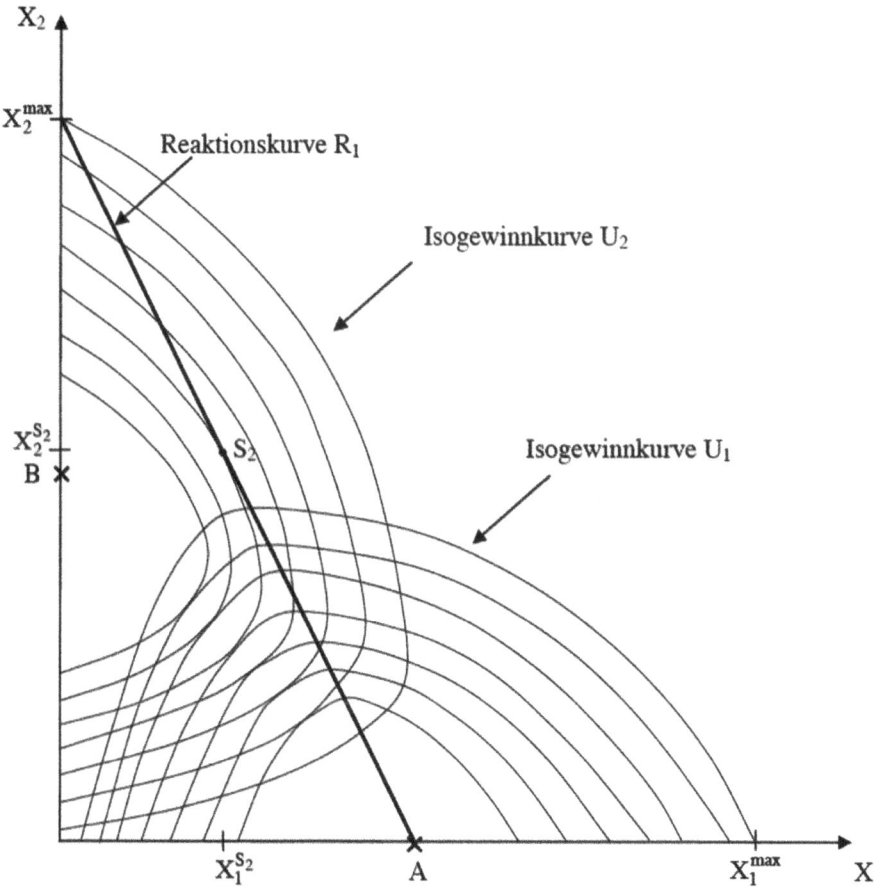

◘ **Abb. 3.25**   von-Stackelberg-Gleichgewicht bei Mengenführerschaft des Unternehmers 2

3

die für Unternehmer zwei die gewinnmaximale ist. Deshalb entscheidet sich der Mengenführer grafisch für den Tangentialpunkt S_2 der Reaktionskurve des Mengenfolgers mit der höchstmöglichen Isogewinnkurve des Mengenführers.

3.6.6 Preisführerschaft

Im Fall der Preisführerschaft hat einer der Oligopolisten eine bedeutende Marktstellung inne, die es ihm erlaubt, einen Preis festzusetzen, an den sich der andere Duopolist anzupassen hat. Denn beim Angebot homogener Güter kann es nur einen Marktpreis geben, weil andernfalls nur der günstigere Anbieter auf dem Markt zum Zuge kommt.

> Bei (sequentieller) **Preisführerschaft** kennt der Preis*folger* vor seiner eigenen Entscheidung die Entscheidung des Preis*führers,* der eine marktbeherrschende Stellung innehat. Der Preis*führer* entscheidet wie ein Monopolist, der Preis*folger,* für den der Preis ein Datum ist, wie ein Polypolist.

Unternehmer eins ist der Preisführer, Unternehmer zwei der Preisfolger. Der Preisführer eins analysiert zunächst das voraussichtliche Verhalten seines Konkurrenten, um darauf aufbauend die für ihn optimale Preis-Mengen-Kombination zu ermitteln. Für Unternehmer zwei ist der Preis ein Datum. Er wählt wie in der vollständigen Konkurrenz seine gewinnmaximale Angebotsmenge so, dass der Preis seinen Grenzkosten entspricht. Somit bestimmt er für jeden denkbaren Preis seine geplante Angebotsmenge. Diesen Zusammenhang spiegelt in ◻ Abb. 3.26 die Angebotskurve X_2^S des Unternehmers zwei wider:

Die Marktnachfrage kann durch die Angebotsmengen beider Unternehmer befriedigt werden. Daher ergibt sich die Residualnachfrage für den Preisführer bei unterschiedlichen Preisen aus der jeweiligen Differenz der gesamten Marktnachfrage und des Teils der Marktnachfrage, der durch das Angebot des Preisfolgers befriedigt wird. In dem Punkt, in dem die Residualnachfragekurve in ◻ Abb. 3.26 im selben Punkt wie die Marktnachfragekurve auf die Abszisse trifft, bietet der Preisfolger

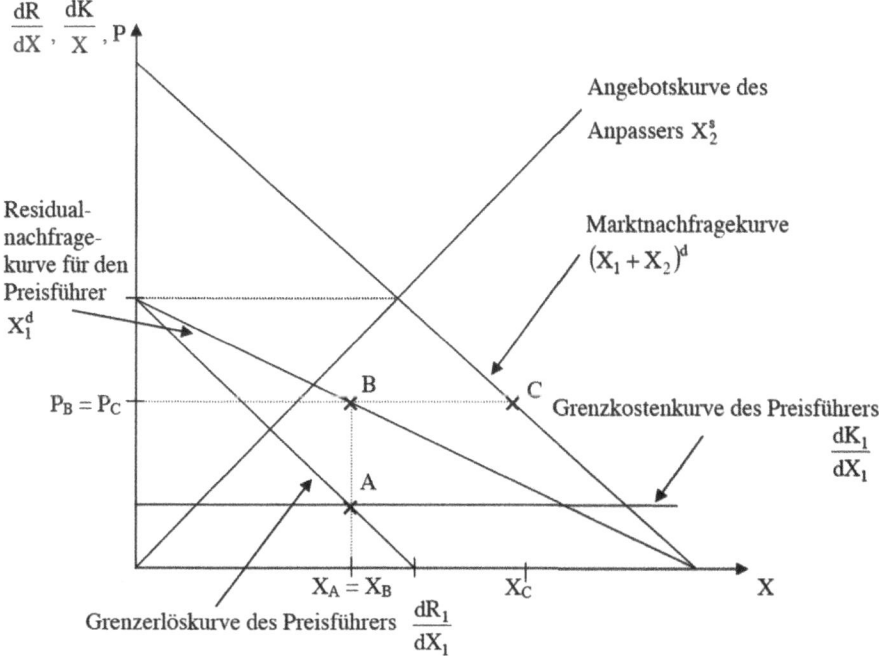

$\dfrac{dR}{dX}, \dfrac{dK}{X}, P$

Angebotskurve des
Anpassers X_2^s

Residual-
nachfrage-
kurve für den
Preisführer
X_1^d

Marktnachfragekurve
$(X_1 + X_2)^d$

$P_B = P_C$

B

C Grenzkostenkurve des Preisführers
$\dfrac{dK_1}{dX_1}$

A

$X_A = X_B$ X_C X

Grenzerlöskurve des Preisführers $\dfrac{dR_1}{dX_1}$

☐ **Abb. 3.26** Preisführerschaft des Unternehmers 1

zwei überhaupt keine Güter an. Deshalb ist die Marktnachfrage identisch mit der Residualnachfrage für den
Preisführer eins. In dem Fall, in dem die Residualnachfragekurve auf die Ordinate trifft, verteilt sich die Marktnachfrage ausschließlich auf Gütereinheiten des Unternehmers zwei. Somit ist die Restnachfrage für Unternehmer
eins null.

Da die für den Preisführer relevante Residualnachfragekurve linear verläuft, liegt die Preiselastizität der
Nachfrage in der Mitte dieser Kurve und in der Mitte des
entsprechenden Abszissenabschnitts bei eins. Solange die
Preiselastizität der Nachfrage wie im linken Bereich der
Residualnachfragekurve größer als eins ist, führen Preissenkungen zu Erlössteigerungen. Sobald die Preiselastizität kleiner als eins ist, schlagen sich Preissenkungen
in sinkenden Erlösen nieder. Daher trifft die Grenzerlöskurve des Preisführers genau im Fall der Preiselastizität von eins auf die Abszisse. Die Grenzerlöskurve des
Unternehmers eins ist doppelt so steil wie die Residualnachfragekurve.

Unternehmer zwei, für den der Preis ein Datum ist,
bestimmt seine gewinnmaximale Menge wie ein Polypolist: In seinem Gewinnmaximum ist der Preis gleich

den Grenzerlösen und gleich den Grenzkosten. Unternehmer eins, der Preissetzer ist, ermittelt seine gewinnmaximale Menge wie ein Monopolist: In seinem Gewinnmaximum sind die Grenzerlöse nur gleich den Grenzkosten.

Im Punkt A schneiden sich die Grenzerlös- und die Grenzkostenkurve des Preisführers. Somit ist X_A seine gewinnmaximale Angebotsmenge. Um den gewinnmaximalen Preis zu bestimmen, wandern wir von A aus senkrecht nach oben, bis wir in B auf die Residualnachfragekurve für Unternehmer eins treffen. Weil der Preisführer im Gegensatz zum Monopolisten nicht die gesamte Marktnachfrage absorbieren kann, sondern nur die Residualnachfrage, erhalten wir den optimalen Preis in P_B. Die optimale Preis-Mengen-Kombination des Preisführers ist durch die Koordinaten (X_B/P_B) gegeben. Unternehmer zwei muss denselben Preis wählen wie Unternehmer eins. Auf dem Markt kann der Preis*folger* die Menge $(X_C - X_B)$ anbieten, die Differenz zwischen der Marktnachfrage X_C zum Preis P_C und der Menge X_B, die der Preis*führer* zum Preis von P_B absetzt.

> Bei (sequentieller) Preisführerschaft ist das **Optimum** das Gleichgewicht, in dem der Preis*führer* den Preis wie ein Monopolist setzt, im Gegensatz zum Monopolisten aber nicht die gesamte Marktnachfrage, sondern nur die *Residual*nachfrage bedienen kann. Der Preis*folger* wählt die Angebotsmenge, bei welcher der Preis seinen Grenzkosten entspricht.

3.6.7 Kartell

> Ein **Kartell** ist eine Absprache zwischen Unternehmern, um ihren Branchengewinn zu maximieren.

Nur ein Pareto-optimaler Punkt kann wie in ◘ Abb. 3.27 ein Gleichgewicht verkörpern. Ist die Bedingung der Pareto-Optimalität nicht erfüllt, kann die Absprache immer dahingehend geändert werden, dass die Situation eines Unternehmers verbessert wird, ohne diejenige des anderen zu verschlechtern. Pareto-optimal können aber nur

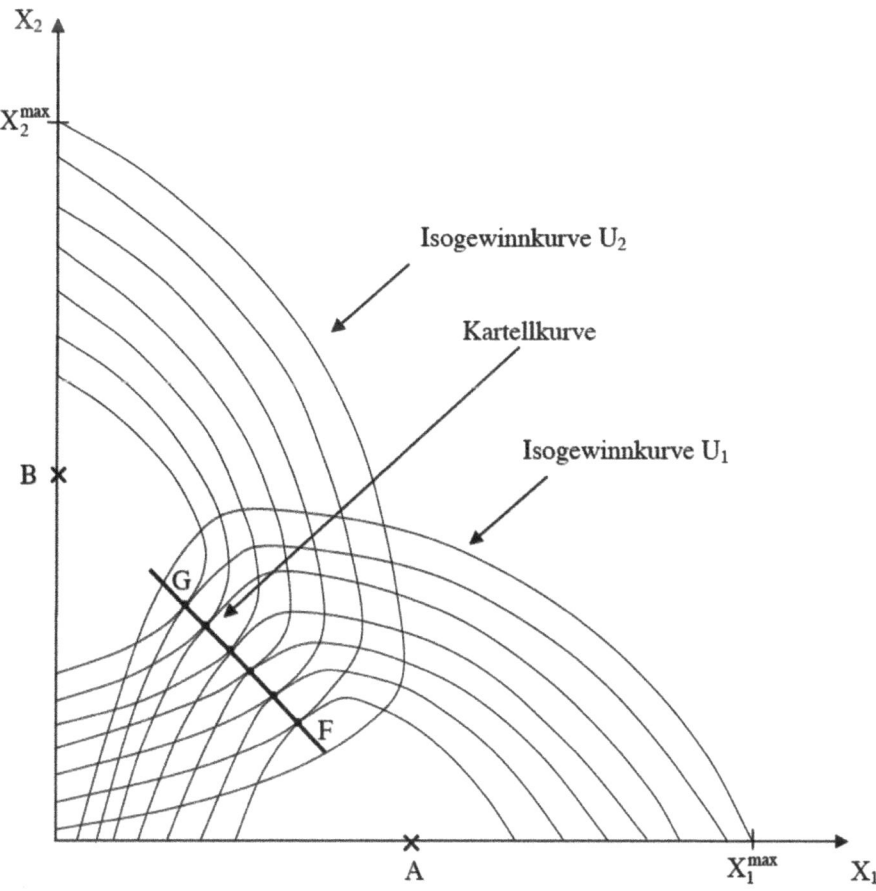

Abb. 3.27 Kartell

Tangentialpunkte der Isogewinnkurven beider Unternehmer sein. Verbinden wir sämtliche Tangentialpunkte, erhalten wir eine Kurve, die wir Kartellkurve nennen. Die
Kartellkurve bildet die Gerade zwischen den Punkten
A und B, die den jeweiligen maximalen Gewinn beider
Duopolisten widerspiegeln. Diese Gerade repräsentiert
die möglichen Pareto-optimalen Verhandlungsergebnisse.

Notwendige Bedingung für ein Kartellgleichgewicht
ist, dass der Gleichgewichtspunkt auf dieser Kartellkurve
liegt. Wo genau er liegt, hängt von der Verhandlungs-
macht beider Duopolisten ab: Ist Unternehmer eins der
stärkere Verhandlungspartner, wird es ihm gelingen, sich
in Absprache mit seinem Konkurrenten auf einen Punkt
zu verständigen, der näher an seinem Gewinnmaximum
liegt, also beispielsweise Punkt F. Ist hingegen Unter-

Kartellgleichgewicht

3

nehmer zwei der einflussreichere Verhandlungspartner, wird er einen Punkt durchsetzen, der näher an seinem Gewinnmaximum liegt, zum Beispiel Punkt G.

> In einem Kartell ist das Optimum die **Pareto-optimale Aufteilung des Marktes**, sodass nur Tangentialpunkte beider Isogewinnkurven infrage kommen. Ob der schließlich gewählte Tangentialpunkt mehr Angebotsmenge für den einen oder für den anderen Unternehmer bedeutet, hängt von deren jeweiliger Verhandlungsmacht ab.

In ▫ Abb. 3.28 sind das Cournot-Gleichgewicht im Punkt E, das von-Stackelberg-Gleichgewicht mit Unternehmer eins als Mengenführer in S_1, das von-Stackel-

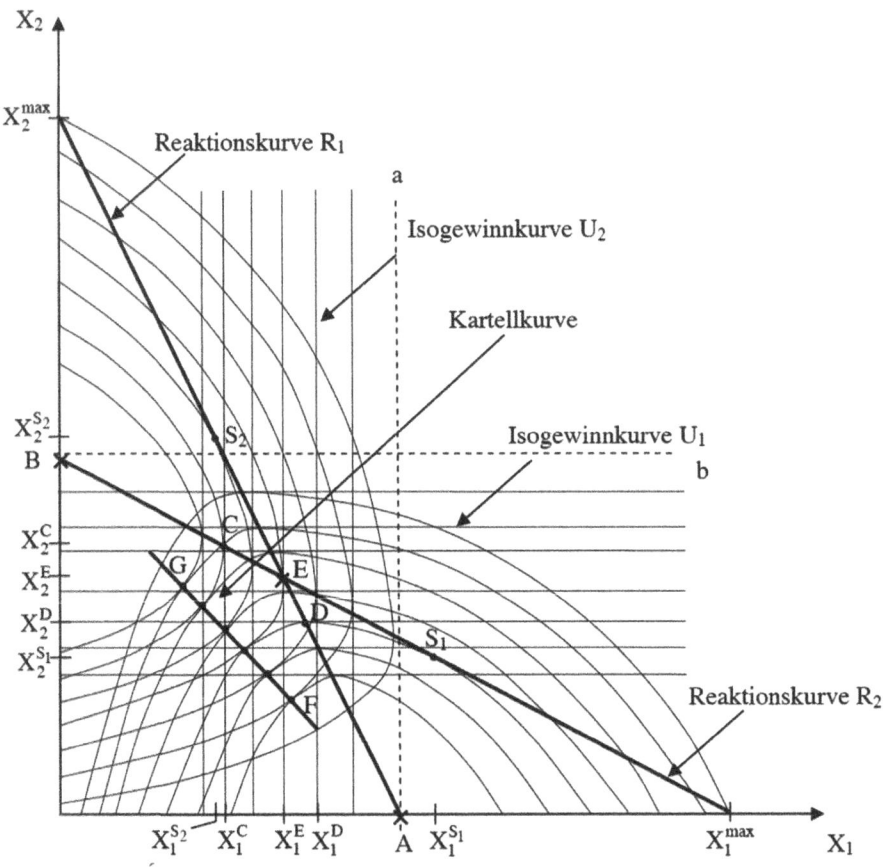

▫ **Abb. 3.28**   Cournot-Gleichgewicht, von-Stackelberg-Gleichgewichte und Kartellgleichgewicht

berg-Gleichgewicht mit Unternehmer zwei als Mengenführer in S_2 sowie die möglichen Gleichgewichte im Kartell entlang der Kartellkurve $\overline{FG}$ in einer einzigen Grafik abgetragen:

3.6.8 Zusammenfassung

1. Im (Angebots-) **Oligopol** stehen wenige Anbieter vielen Nachfragern gegenüber.

2. Für Oligopolisten ist **strategisches Verhalten** charakteristisch. Zu unterscheiden sind fünf unterschiedliche Strategien: simultane Mengenfestsetzung, simultane Preisfestsetzung, (sequentielle) Mengenführerschaft, (sequentielle) Preisführerschaft, Kartell.

3. Die **Isogewinnkurve** eines Unternehmers ist der geometrische Ort aller Kombinationen von Gütermengen dieses Unternehmers und seines Konkurrenten, bei denen der „Gewinn" dieses Unternehmers „gleich" hoch ist.

4. Die **Reaktionskurve** eines Unternehmers ist der geometrische Ort aller Kombinationen von Gütermengen, die dieser Unternehmer in Abhängigkeit von der angebotenen Menge seines Konkurrenten anbietet.

5. Bei **simultaner Mengenfestsetzung** kennen die Oligopolisten die Pläne ihrer Konkurrenten nicht und haben auch keine marktbeherrschende Stellung inne. Jede Unternehmung muss die mögliche Mengenentscheidung der *anderen* Unternehmung in seinen Kalkül miteinbeziehen.

6. Bei simultaner Mengenfestsetzung ist das Optimum das **Cournot-Gleichgewicht**, in dem sich die Reaktionskurven der Oligopolisten schneiden. In einem Duopol liegt die gewinnmaximale Menge bei je einem Drittel der Sättigungsmenge, in einem Oligopol mit drei Anbietern bei je einem Viertel, in einem Oligopol mit vier Anbietern bei je einem Fünftel der Sättigungsmenge.

7. Bei **simultaner Preisfestsetzung** kennen die Oligopolisten die Pläne ihrer Konkurrenten nicht und haben auch keine marktbeherrschende Stellung

3

inne. Die Unternehmer bestimmen ihre Preise, jedoch werden die Mengen, die sie zu ihren jeweils festgelegten Preisen absetzen können, vom Markt bestimmt.

8. Bei simultaner Preisfestsetzung *homogener* Güter ist das Optimum das **Bertrand-Gleichgewicht**, in dem sich die Oligopolisten wie Polypolisten verhalten und der Preis den Grenzerlösen und den Grenzkosten entspricht. Bei simultaner Preisfestsetzung *heterogener* Güter entspricht das Gleichgewicht demjenigen der **monopolistischen Konkurrenz**.

9. Bei (sequentieller) **Mengenführerschaft** kennt der Mengen*folger* vor seiner eigenen Entscheidung die Entscheidung des Mengen*führers,* der eine marktbeherrschende Stellung innehat. Der Mengen*führer* orientiert sich an der vermeintlichen Reaktion des Mengen*folgers,* sodass für den Mengen*führer* das Gewinnmaximierungsproblem des Mengen*folgers* relevant ist.

10. Bei (sequentieller) Mengenführerschaft ist das Optimum das **von-Stackelberg-Gleichgewicht**, in dem der Mengen*führer* die Menge wählt, bei welcher die Reaktionskurve des Mengen*folgers* die höchstmögliche Isogewinnkurve des Mengen*führers* tangiert.

11. Bei (sequentieller) **Preisführerschaft** kennt der Preis*folger* vor seiner eigenen Entscheidung die Entscheidung des Preis*führers,* der eine marktbeherrschende Stellung innehat. Der Preis*führer* entscheidet wie ein Monopolist, der Preis*folger,* für den der Preis ein Datum ist, wie ein Polypolist.

12. Bei (sequentieller) Preisführerschaft ist das **Optimum** das Gleichgewicht, in dem der Preis*führer* den Preis wie ein Monopolist setzt, im Gegensatz zum Monopolisten aber nicht die gesamte Marktnachfrage, sondern nur die *Residual*nachfrage bedienen kann. Der Preis*folger* wählt die Angebotsmenge, bei welcher der Preis seinen Grenzkosten entspricht.

13. Ein **Kartell** ist eine Absprache zwischen Unternehmern, um ihren Branchengewinn zu maximieren.

14. In einem Kartell ist das Optimum die **Pareto-opti-male Aufteilung des Marktes,** sodass nur Tangential-punkte beider Isogewinnkurven infrage kommen. Ob der schließlich gewählte Tangentialpunkt mehr Ange-botsmenge für den einen oder für den anderen Unter-nehmer bedeutet, hängt von deren jeweiliger Verhand-lungsmacht ab.

3.7 Wiederholungsfragen

1. Welche Marktformen kennen Sie?
   Lösung: ▶ Abschn. 3.2 und 3.5.
2. Was ist der Unterschied zwischen Pareto-Effizienz und Pareto-Optimalität?
   Lösung: ▶ Abschn. 3.3.
3. Wie ist die Kontraktkurve definiert?
   Lösung: ▶ Abschn. 3.3.
4. Was verstehen Sie unter der Amoroso-Robinson-Rela-tion?
   Lösung: ▶ Abschn. 3.4.
5. Was verstehen Sie unter dem Harberger Dreieck?
   Lösung: ▶ Abschn. 3.4.
6. Welche Besonderheiten kennzeichnet die monopolisti-sche Konkurrenz?
   Lösung: ▶ Abschn. 3.5.
7. Wie verhält sich ein Mengenführer in einem Oligopol?
   Lösung: ▶ Abschn. 3.6.

3.8 Übungsaufgaben

1. *Erläutern Sie im Rahmen der Allgemeinen Gleichge-wichtstheorie die ökonomische Bedeutung des Schnitt-punkts zweier Tauschkurven.*
   Lösungsvorschlag: Die Tauschkurve repräsentiert im Zwei-Güter-Fall bei gegebener Anfangsausstat-tung und Variation der Preisverhältnisse alle optima-len Gütermengenkombinationen eines privaten Haus-halts. Auf jedem Punkt der Tauschkurve entspricht die Grenzrate der Substitution dem umgekehrten Verhältnis der Grenznutzen sowie dem umgekehrten Preisverhältnis. Im Schnittpunkt zweier Tauschkur-ven gilt demzufolge, dass bei einem bestimmten Preis-verhältnis die Grenzraten der Substitution und die re-lativen Grenznutzen beider privaten Haushalte gleich sind.

3

2. *Erläutern Sie, warum das Kartell der erdölproduzierenden Länder (OPEC) nicht stabil ist.*
Lösungsvorschlag: Wenige bedeutende Anbieter von Erdöl stehen vielen Nachfragern nach Erdöl gegenüber, sodass die Marktform eines Oligopols vorliegt, die grundsätzlich ein Kartell ermöglicht. Die Interessen der erdölproduzierenden Länder divergieren allerdings: Ländern mit großen Erdölreserven wie den Vereinigten Arabischen Emiraten oder Saudi-Arabien ist in der Regel daran gelegen, große Mengen auf dem Weltmarkt anzubieten, um ihre Erlöse zu steigern. Dieser Politik stehen Länder mit geringen Erdölreserven entgegen. Diese bevorzugen eine künstliche Drosselung der Angebotsmenge auf dem Weltmarkt, um den Preis hoch zu halten. Denn anstatt ihre versiegenden Ressourcen zu niedrigen Preisen zu verkaufen, bevorzugen sie, Erdöl über einen längeren Zeitraum hinweg zu höheren Preisen zu exportieren. Wenn ihr Staatshaushalt und ihr politisches Überleben von den Einnahmen aus dem Erdölgeschäft abhängen, müssen sie sich jedoch auch niedrigeren Preisen fügen.

Literatur

Amoroso, L. (1954). The static supply curve. A. T. Peacock et al. (Hrsg.), *International economic papers*, Bd. 4, 39–65 (Erstveröffentlichung 1930).

Arrow, K. J. (1974). General economic equilibrium: Purpose, analytic techniques, collective choice (Nobel lecture). *American Economic Review, 64*(3), 253–272.

Arrow, K. J. & Debreu, G. (1954). Existence of an equilibrium for a competitive economy. *Econometrica, 22*(3), 265–290.

Cournot, A.-A. (1838). *Recherches sur les Principes Mathématiques de la Théorie des Richesses*. Hachette.

Harberger, A. C. (1954). Monopoly and resource allocation. *American Economic Review, 44*(2), 77–87.

Harberger, A. C. (1964). The measurement of waste. *American Economic Review, 54*(3), 58–76.

Jevons, W. S. (1871). *Theory of political economy*. Macmillan.

Lerner, A. P. (1934). The concept of monopoly and the measurement of monopoly power. *Review of Economic Studies, 1*(3), 157–175.

Pareto, V. (1919). *Manuale Di Economia Politica Con Una Introduzione Alla Scienza Sociale*. Tip. Mariani.

Robinson, J. (1932). Imperfect competition and falling supply price. *Economic Journal, 42*(168), 544–554.

Robinson, J. (1933). *The economics of imperfect competition*. Macmillan.

Samuelson, P. A. (1941). The stability of equilibrium: Comparative statics and dynamics. *Econometrica, 9*(2), 97–120.

Smith, A. (2010). *Theorie der ethischen Gefühle* (Erstveröffentlichung 1759). Meiner.

Smith, A. (2018a). *Der Wohlstand der Nationen. Eine Untersuchung seiner Natur und seiner Ursachen* (Erstveröffentlichung 1776). CreateSpace.

Smith, A. (2018b). *An inquiry into the nature and causes of the wealth of nations* (Erstveröffentlichung 1776). dtv.

Wald, A. (1935). Über die eindeutige positive Lösbarkeit der neuen Productionsgleichungen. *Ergebnisse eines Mathematischen Colloquiums, 6,* 12–18.

Wald, A. (1936a). Über die Productionsgleichungen der ökonomischen Wertlehre. *Ergebnisse Eines Mathematischen Colloquiums, 7,* 1–6.

Wald, A. (1936b). Uber einige Gleichungssysteme der mathematischen Ökonomie. *Zeitschrift Für Nationalökonomie, 7,* 637–670.

Walras, L. (1874). *Éléments D'Économie Politique Pure, Ou, Théorie de la Richesse Sociale.* Imprimerie Corbaz.

Serviceteil

© Springer-Verlag GmbH Deutschland, ein Teil von Springer Nature 2021
R. Richert, *Mikroökonomik – Schnell erfasst*, Wirtschaft – Schnell erfasst,
https://doi.org/10.1007/978-3-662-63189-8

Literatur zur Vertiefung

Auf dem Lehrbuchmarkt wird eine Vielzahl mikroökonomischer Schriften angeboten. Der Student sollte seine Auswahl danach ausrichten, welche Darstellungsweise ihm am meisten entgegenkommt: Es existieren algebraisch orientierte beziehungsweise grafisch orientierte, knappe, das Wesentliche kompakt darstellende beziehungsweise ausführliche, mit zahlreichen Beispielen unterfütterte Einführungen zur Mikroökonomik. Eines der besten Lehrbücher ist seit Jahrzehnten dasjenige Jochen Schumanns, das inzwischen unter Mitarbeit Ulrich Meyers und Wolfgang Ströbeles herausgegeben wird:

Schumann, J., Meyer, U. & Ströbele, W. (2011^9). *Grundzüge der mikroökonomischen Theorie* (Erstveröffentlichung 1971).

Wer die grafische Darstellungsweise bevorzugt, sei auf das weltbekannte Buch des früheren Berkeley-Professors und späteren Google-Chefökonomen Hal Ronald Varian verwiesen:

Varian, H. R. (2016^9). *Grundzüge der Mikroökonomik* (Erstveröffentlichung 1987).

Zwei grundlegende, in der Welt führende Werke, die nicht nur den mikro-, sondern auch den makroökonomischen Lehrstoff abdecken, existieren in deutscher und englischer Sprache, sodass sie sich besonders für Studenten eignen, die ein bilinguales ökonomisches Studium durchlaufen oder sich zumindest mit der englischsprachigen Fachterminologie vertraut machen möchten. Das eine schrieb der Harvard-Professor Nicholas Gregory Mankiw zusammen mit dem Briten Mark Taylor. Das andere Lehrbuch stammt von zwei Wirtschaftsnobelpreisträgern: dem früheren MIT-Professor Paul Anthony Samuelson (1915–2009) sowie dem Yale-Professor William Dawbney Nordhaus:

Mankiw, N. G. & Taylor, M. P. (2018^7). *Grundzüge der Volkswirtschaftslehre* (Erstveröffentlichung 2006).
Mankiw, N. G. & Taylor, M. P. (2020^5). *Economics* (Erstveröffentlichung 2006).
Samuelson, P. A. & Nordhaus, W. D. (2009^{19}). *Economics* (Erstveröffentlichung 1948).
Samuelson, P. A. & Nordhaus, W. D. (2016^5). *Volkswirtschaftslehre* (Erstveröffentlichung 1948).

Stichwortverzeichnis

The manufacturer's authorised representative in the EU is Springer
Nature Customer Service Centre GmbH, Europaplatz 3, 69115 Heidelberg,
Germany. If you have any concerns regarding our products, please
contact ProductSafety@springernature.com

Printed and bound by CPI Group (UK) Ltd, Croydon, CR0 4YY
28/04/2026
02098487-0008